EXAMPRESS®

福祉教科書®

第4版

社会福祉士要点ブック

出る！出る！

社会福祉士
試験対策研究会 著

SHOEISHA

福祉年表

■ 高齢者福祉

西暦	和暦	日本
1895	明治28	聖ヒルダ養老院設立
1935	昭和10	
1956	31	家庭養護婦派遣制度
1962	37	全国老人クラブ連合会が発足
1963	38	老人福祉法
1965	40	
1971	46	中高年齢者雇用促進法（現：高年齢者等の雇用の安定等に関する法律（高年齢者雇用安定法））
1972	47	老人福祉法改正（老人医療費支給制度）
1973	48	福祉元年　老人医療費無料化　年金に物価スライド制導入
1980	55	
1982	57	老人保健法
1987	62	老人保健法改正（老人保健施設創設等）
1988	63	
1989	64／平成元	ゴールドプラン（高齢者保健福祉推進10か年戦略）
1990	2	老人福祉法等の一部を改正する法律（福祉関係八法改正）
1992	4	
1993	5	福祉用具の研究開発及び普及の促進に関する法律
1994	6	新ゴールドプラン（高齢者保健福祉推進10か年戦略の見直しについて）
1995	7	高齢社会対策基本法
1996	8	高齢社会対策大綱
1997	9	介護保険法
1999	11	ゴールドプラン21（今後5か年間の高齢者保健福祉施策の方向）
2000	12	「介護予防・生活支援事業」創設（介護予防・地域支え合い事業）
2001	13	新たな高齢社会対策大綱 高齢者住まい法（高齢者の居住の安定確保に関する法律）
2002	14	
2003	15	「2015年の高齢者介護」報告
2004	16	高年齢者雇用安定法改正（継続雇用制度導入等）
2005	17	高齢者虐待防止法（高齢者虐待の防止，高齢者の養護者に対する支援等に関する法律） 介護保険法改正（地域支援事業創設等）
2006	18	バリアフリー法（高齢者，障害者等の移動等の円滑化の促進に関する法律）
2008	20	高齢者医療確保法（高齢者の医療の確保に関する法律） 介護従事者等の人材確保のための介護従事者等の処遇改善に関する法律
2009	21	介護報酬改定（初のプラス）
2010	22	
2011	23	高齢者住まい法改正（サービス付き高齢者向け住宅創設等） 介護保険法改正（複合型サービス創設等）
2012	24	高年齢者雇用安定法改正（継続雇用制度対象拡大等）
2014	26	医療介護総合確保推進法 介護保険法改正（自己負担割合引き上げ等）
2015	27	介護報酬改定（9年ぶりにマイナス）
2017	29	介護保険法改正（介護医療院、共生型サービスの導入等）
2020	令和2	介護保険法改正（介護人材確保、データ基盤整備）
2021	3	介護報酬改定（自立支援、重度化防止の推進、感染症や災害への対策強化）

■ 障害者福祉

西暦	和暦	日本
1948	昭和23	
1949	24	身体障害者福祉法
1950	25	精神衛生法（現：精神保健福祉法）
1955	30	

西暦	国際社会	
1895		
1935	米	社会保障法
1956		
1962	仏	ラロック報告
1963		
1965	米	メディケア，メディケイド
1971		
1972		
1973		
1980	スウェーデン	社会サービス法
1982		
1987		
1988	英	ワグナー報告，グリフィス報告
1989		
1990	英	国民保健サービス及びコミュニティケア法
1992	スウェーデン	エーデル改革
1993		
1994	独	介護保険法
1995		
1996		
1997		
1999	国連	国際高齢者年
2000	英	ケア基準法
2001		
2002	スウェーデン	新社会サービス法
2003		
2004		
2005		
2006		
2008		
2009		
2010	米	医療保険改革法
2011		
2012		
2014		
2015		
2017		
2020		
2021		

西暦	国際社会	
1948	国連	世界人権宣言
1949		
1950		
1955	ILO	障害者のリハビリテーションに関する勧告

西暦	和暦	日本
1959	34	
1960	35	精神薄弱者福祉法（現：知的障害者福祉法） 身体障害者雇用促進法（現：障害者雇用促進法）
1964	39	重度精神薄弱児扶養手当法（現：特別障害児扶養手当法）
1966	41	特別児童扶養手当法
1970	45	心身障害者対策基本法（現：障害者基本法）
1971	46	
1975	50	
1979	54	
1980	55	国際障害者年日本推進協議会が発足
1981	56	
1982	57	障害に関する用語の整理に関する法律
1983	58	
1987	62	障害者の雇用の促進等に関する法律（旧・身体障害者雇用促進法） 精神保健法（旧・精神衛生法）
1990	平成2	
1993	5	障害者基本法（旧・心身障害者対策基本法）
1995	7	障害者プラン～ノーマライゼーション7か年戦略～ 精神保健及び精神障害者福祉に関する法律（旧・精神保健法）
1998	10	精神薄弱の用語の整理のための関係法律の一部を改正する法律
2001	13	
2002	14	身体障害者補助犬法 新障害者プラン（重点施策5か年計画）
2003	15	支援費制度 医療観察法（心神喪失等の状態で重大な他害行為を行った者の医療及び観察等に関する法律）
2004	16	障害者基本法改正（差別禁止規定等） 発達障害者支援法
2005	17	障害者自立支援法
2006	18	バリアフリー法（高齢者，障害者等の移動等の円滑化の促進に関する法律）
2007	19	障害者の権利に関する条約への署名 新たな重点施策実施5か年計画
2010	22	障害者自立支援法改正（応能負担等）
2011	23	障害者虐待防止法（障害者虐待の防止，障害者の養護者に対する支援に関する法律） 障害者基本法改正（国民の責務規定等）
2012	24	障害者総合支援法（障害者の日常生活及び社会生活を総合的に支援するための法律） 障害者優先調達推進法
2013	25	障害者基本計画（第3次） 障害者差別解消法（障害を理由とする差別の解消の推進に関する法律） 精神保健福祉法改正（保護者制度廃止等） 障害者雇用促進法改正（精神障害者算定基礎等）
2014	26	障害者権利条約の批准 難病の患者に対する医療等に関する法律 障害者総合支援法改正（ケアホームがグループホームに一元化等）
2016	28	発達障害者支援法改正（定義の改正等） 障害者総合支援法改正（自立生活援助の創設等）
2018	30	障害者基本計画（第4次）
2019	31／令和元	障害者雇用促進法改正（障害者の活躍の場の拡大に関する措置等）
2020	2	障害者雇用促進法改正（事業主に対する給付制度の創設等）

■ 児童福祉

西暦	和暦	日本
1874	明治7	岩永マキが浦上養育園を創設
1883	16	池上雪枝が池上感化院を創設
1885	18	高瀬真卿が東京感化院を創設
1887	20	石井十次が岡山孤児院を設立

西暦	国際社会	
1959	デンマーク	1959年法
1960		
1964		
1966	国連	国際人権規約採択
1970		
1971	国連	知的障害者の権利宣言
1975	国連	障害者の権利宣言
1979	国連	国際障害者年行動計画
1980	WHO	国際障害分類（ICIDH）
1981	国連	国際障害者年
1982	国連	障害者に関する世界行動計画
1983	国連	国連・障害者の10年（～1992年）
1987		
1990	米	障害をもつアメリカ人法（ADA）
1993	スウェーデン	LSS（身体障害者に対する援助とサービス法）
	国連	障害者の機会均等化に関する標準規則
		障害者対策に関する新長期計画
		アジア太平洋障害者の10年（～2002年）
1995		
1998		
2001	WHO	国際生活機能分類（ICF）
2002		
2003	国連	アジア太平洋障害者の10年（～2012年）
2004		
2005		
2006	国連	障害者権利条約採択
2007		
2010	米	医療保険改革法
2011		
2012		
2013	国連	アジア太平洋障害者の10年（～2022）
2014		
2016		
2018		
2019		
2020		

西暦	国際社会	
1874		
1883		
1885		
1887		

西暦	和暦	日本
1890	23	小橋勝之助が博愛社を創設
		赤沢鐘美が日本初の託児所である保育施設を創設
1891	24	石井亮一が滝乃川学園を設立
1897	30	原胤昭が免因保護所を創設
1899	32	留岡幸助が家庭学校を設立
1900	33	野口幽香が二葉幼稚園を設立
1909	42	
1924	大正13	
1932	昭和7	高木憲次が光明学校を設立
1933	8	児童虐待防止法，少年教護法
1942	17	高木憲次が整肢療護園を設立
1946	21	糸賀一雄が近江学園を設立
1947	22	教育基本法
		児童福祉法
1948	23	少年法
1951	26	児童憲章
1959	34	
1961	36	児童扶養手当法
1963	38	糸賀一雄がびわこ学園を設立
1964	39	母子福祉法
1965	40	母子保健法
1971	46	児童手当法
1979	54	
1981	56	母子及び寡婦福祉法
1989	64／平成元	
1990	2	
1994	6	エンゼルプラン　児童の権利に関する条約を批准
1997	9	児童福祉法改正
1999	11	少子化対策推進基本方針（新エンゼルプラン）
		児童買春・児童ポルノ禁止法
2000	12	児童虐待の防止等に関する法律
2002	14	少子化対策プラスワン
2003	15	次世代育成支援対策推進法
		出会い系サイト規制法
		少子化社会対策基本法
2004	16	少子化社会対策大綱　子ども・子育て応援プラン
2006	18	認定こども園法
2010	22	子ども・子育てビジョン
		子ども手当（2012年に児童手当）
2012	24	子ども・子育て関連三法
2013	25	子どもの貧困対策法
		いじめ防止対策推進法
2014	26	児童福祉法改正
		母子及び父子並びに寡婦福祉法
2016	28	児童福祉法改正
2017	29	子育て安心プラン
2019	31／令和元	児童福祉法改正
		児童虐待防止法改正
2020	2	新子育て安心プラン
2022	4	こども基本法

■ 社会保障（年金・医療）

西暦	和暦	日本
1883	明治16	
1911	44	
1919	大正8	
1922	11	健康保険法
1935	昭和10	

西暦	国際社会	
1890		
1891		
1897		
1899		
1900		
1909	米	第1回ホワイトハウス会議
1924	国連	児童の権利に関するジュネーブ宣言
1932		
1933		
1942		
1946		
1947		
1948		
1951		
1959	国連	児童権利宣言
1961		
1963		
1964		
1965		
1971		
1979	国連	国際児童年
1981		
1989	国連	児童の権利に関する条約（子どもの権利条約）
1990	国連	子どものための世界サミット
1994		
1997		
1999		
2000		
2002		
2003		
2004		
2006		
2010		
2012		
2013		
2014		
2016		
2017		
2019		
2020		
2022		

西暦	国際社会	
1883	独	疾病保険法
1911	英	国民保険法
1919	独	ワイマール憲法
1922		
1935	米	社会保障法

西暦	和暦	日本
1938	13	国民健康保険法（任意設立・任意加入）
1939	14	職員健康保険法（1942年に健康保険法と統合） 船員保険法
1941	16	労働者年金保険法（現：厚生年金保険法）
1942	17	
1944	19	厚生年金保険法
1945	20	
1946	21	旧生活保護法
1947	22	労働者災害補償保険法 失業保険法（現：雇用保険法）
1948	23	医療法
1949	24	社会保障制度審議会が設置される
1950	25	生活保護法 社会保障制度に関する勧告（50年勧告）
1952	27	
1958	33	新国民健康保険法（市町村国保は強制設立に）
1959	34	国民年金法
1961	36	国民皆年金・国民皆保険 児童扶養手当法
1962	37	社会保障制度の総合調整に関する基本方策についての答申および社会保障制度の推進に関する勧告（62年勧告）
1965	40	
1971	46	児童手当法
1973	48	福祉元年
1974	49	雇用保険法
1982	57	老人保健法
1985	60	年金制度改革（基礎年金の導入）
1991	平成3	学生の国民年金強制加入
1994	6	
1995	7	社会保障体制の再構築に関する勧告（95年勧告）
1997	9	介護保険法
1999	11	
2001	13	確定拠出年金法 確定給付企業年金法
2002	14	健康増進法
2004	16	年金制度改革（マクロ経済スライドの導入）
2006	18	医療制度改革（高齢者医療制度，協会けんぽの実施）
2008	20	後期高齢者医療制度
2010	22	子ども手当（2012年に児童手当）
2012	24	社会保障・税一体改革
2013	25	社会保障制度改革国民会議報告書
2015	27	被用者年金制度の一元化
2018	30	国民健康保険制度改革（都道府県も国民健康保険の保険者に）

■ 公的扶助

西暦	和暦	日本
1601	慶長6	
1722	享保7	
1782	天明2	
1795	寛政7	
1834	天保5	
1852	嘉永5	
1874	明治7	恤救規則
1886	19	
1899	32	行旅病人及行旅死亡人取扱法
1908	41	中央慈善協会

西暦	国際社会	
1938	ニュージーランド	社会保障法
1939		
1941		
1942	英	ベヴァリッジ報告
	ILO	「社会保障への途」
1944		
1945	仏	ラロック・プラン
1946		
1947		
1948	国連	世界人権宣言
	英	NHS（国民保健サービス）実施
1949		
1950		
1952	ILO	社会保障の最低基準に関する条約
1958		
1959		
1961		
1962	仏	ラロック報告
1965	米	メディケア，メディケイド
1971		
1973		
1974		
1982		
1985		
1991		
1994		
1995	独	介護保険
1997		
1999	韓	国民皆年金
2001		
2002		
2004		
2006		
2008		
2010	米	医療保険改革法
2012		
2013		
2015		
2018		

西暦	国際社会	
1601	英	エリザベス救貧法
1722	英	労役場（ワークハウス）テスト法
1782	英	ギルバート法
1795	英	スピーナムランド制度
1834	英	新救貧法
1852	独	エルバーフェルト制度
1874		
1886	英	ロンドンの生活調査
1899	英	ヨーク市調査（1901年，ラウントリー『貧困一都市生活の研究』）
1908		

西暦	和暦	日本
1909	42	
1917	大正6	岡山県済世顧問制度
1918	7	大阪府方面委員制度
1929	昭和4	救護法
1936	11	方面委員令
1938	13	社会事業法
1942	17	
1945	20	GHQ「救済ならびに福祉計画の件」に基づき「生活困窮者緊急生活援護要綱」
1946	21	GHQ「社会救済に関する覚書」（福祉4原則）をもとに旧生活保護法
		民生委員令
1948	23	
1950	25	社会保障制度に関する勧告（50年勧告）
		生活保護法
1951	26	社会福祉事業法
1962	37	社会保障制度の総合調整に関する基本方策についての答申および社会保障制度の推進に関する勧告（62年勧告）
1996	平成8	
1998	10	「社会福祉基礎構造改革について」
2000	12	社会福祉法
		生活保護法改正
2002	14	ホームレス自立支援法（ホームレスの自立の支援等に関する特別措置法）
2004	16	生活保護制度の在り方に関する専門委員会報告書
2005	17	自立支援プログラムの導入
2013	25	生活保護法改正
		生活困窮者自立支援法
2016	28	成年後見制度の利用の促進に関する法律
2018	30	生活保護法改正
		生活困窮者自立支援法改正

■ その他

西暦	和暦	日本
1819	文政2	
1844	天保15／弘化元	
1869	明治2	
1872	5	東京府養育院を創設
1878	11	
1884	17	
1886	19	
1888	21	金原明善が静岡県出獄人保護会社を設立（日本の更生保護施設の祖）
1891	24	アダムス，A．P．岡山博愛会を創設
1894	27	矢嶋楫子が慈愛館を創設
1895	28	山室軍平が日本救世軍を設立
1897	30	片山潜がキングスレー館（隣保館）を創設
1899	32	横山源之助『日本之下層社会』
1905	38	執行猶予制度の導入
1909	42	賀川豊彦がセツルメント運動を開始
1912	45／大正元	鈴木文治が友愛会を設立
1918	7	
1921	10	大阪市民館（日本最初の公設セツルメント）
1922	11	起訴猶予制度の導入
		旧少年法が成立
1923	12	『社会事業綱要』発刊
1942	昭和17	
1947	22	地方自治法
		労働基準法
1948	23	民生委員法

西暦		国際社会
1909	英	救貧法及び失業救済に関する勅命委員会
1917		
1918		
1929		
1936		
1938		
1942	英	ベヴァリッジ報告
1945		
1946		
1948	英	国民扶助法
1950		
1951		
1962		
1996	米	個人責任・就労調停法
1998		
2000		
2002		
2004		
2005		
2013		
2016		
2018		

西暦		国際社会
1819	英	隣友運動
1844	英	キリスト教青年会（YMCA）設立
1869	英	慈善組織協会（COS）設立
1872		
1878	英	救世軍設立
1884	英	バーネットがトインビーホール設立
1886	米	セツルメント運動
1888		
1891		
1894		
1895		
1897		
1899		
1905		
1909		
1912		
1918	米	コミュニティ・チェスト
1921		
1922		
1923	米	ミルフォード会議
1942	英	ベヴァリッジ報告
1947	米	ニューステッター『インターグループワーク論』
1948		

西暦	和暦	日本
1951	26	社会福祉事業法 中央社会福祉協議会の設立（全国社会福祉協議会）
1952	27	日本赤十字社法
1953	28	牧賢一『社会福祉協議会読本』
1959	34	最低賃金法 保健福祉地区組織育成中央協議会の設立
1960	35	
1962	37	社会福祉協議会基本要項策定
1965	40	
1967	42	住民基本台帳法
1968	43	
1970	45	
1972	47	労働安全衛生法
1975	50	
1979	54	全国社会福祉協議会『在宅福祉サービスの戦略』
1982	57	全国社会福祉協議会『社協基盤強化の指針―解説・社協モデル』
1983	58	社会福祉事業法改正（市町村社会福祉協議会の法制化）
1985	60	労働者派遣法
1987	62	社会福祉士及び介護福祉士法
1988	63	消費税法
1990	平成2	社会福祉関係八法改正
1993	5	「ふれあいのまちづくり事業」開始 社会福祉事業に従事する者の確保を図るための措置に関する基本的な指針 短時間労働者の雇用管理の改善等に関する法律
1997	9	精神保健福祉士法成立
1998	10	特定非営利活動促進法
1999	11	地方分権の推進を図るための関係法律の整備等に関する法律 民法改正（2000年，成年後見制度創設） 後見登記等に関する法律 任意後見契約に関する法律
2000	12	消費者契約法 社会福祉法
2001	13	DV防止法
2003	15	個人情報保護法
2005	17	医療観察法（心神喪失等の状態で重大な他害行為を行った者の医療及び観察等に関する法律）
2006	18	高齢者、障害者等の移動等の円滑化に関する法律（バリアフリー新法）
2007	19	更生保護法 労働者派遣法改正 労働契約法 「これからの地域福祉のあり方に関する研究会」設置
2012	24	最低賃金法改正 労働契約法改正 認定社会福祉士制度
2014	26	短時間労働者の雇用管理の改善等に関する法律改正 過労死等防止対策推進法
2015	27	労働安全衛生法改正 労働基準法改正 個人情報保護法改正 国勢調査でインターネット回答が可能に
2016	28	社会福祉法改正（社会福祉法人制度の改革）
2018	30	働き方改革関連法
2019	31／令和元	
2020	2	個人情報保護法改正 社会福祉法改正（重層的支援体制整備事業の創設） 日本ソーシャルワーカー連盟による「ソーシャルワーカーの倫理綱領」改定

西暦	国際社会	
1951		
1952		
1953		
1959	英	ヤングハズバンド報告
1960	米	バイスティック『ケースワークの原則』
1962		
1965	国連	あらゆる形態の人種差別の撤廃に関する国際条約
1967		
1968	英	シーボーム報告
1970	英	地方自治体社会サービス法
	米	バートレット『ソーシャルワーク実践の共通基盤』
1972		
1975	国連	国際婦人年
1979	国連	女子に対するあらゆる形態の差別の撤廃に関する条約
1982	英	バークレイ報告
1983		
1985		
1987		
1988	米	勤労機会基礎技術訓練事業（JOBS）
	英	グリフィス報告
1990		
1993		
1997		
1998		
1999		
2000	IFSW	国際ソーシャルワーカー連盟のソーシャルワークの定義（カナダ·モントリオールの総会）
2001		
2003		
2005		
2006		
2007		
2012		
2014	IFSW	国際ソーシャルワーカー連盟のソーシャルワークのグローバル定義（オーストラリア・メルボルンの総会）
2015		
2016		
2018	IFSW・IASSW	国際ソーシャルワーカー連盟と国際ソーシャルワーク学校連盟による「倫理原則に関するグローバルソーシャルワークの声明文」改定
2019	ILO	仕事の世界における暴力及びハラスメントの撤廃に関する条約

contents

第5章

地域福祉の理論と方法

第6章

福祉行財政と福祉計画

第7章

社会保障

第8章
障害者に対する支援と障害者自立支援制度

第9章
低所得者に対する支援と生活保護制度

第10章
保健医療サービス

第11章
権利擁護と成年後見制度

第12章

社会調査の基礎

第13章

相談援助の基盤と専門職

第14章

相談援助の理論と方法

第15章

福祉サービスの組織と経営

本書内容に関するお問い合わせについて

このたびは翔泳社の書籍をお買い上げいただき、誠にありがとうございます。弊社では、読者の皆様からのお問い合わせに適切に対応させていただくため、以下のガイドラインへのご協力をお願い致しております。下記項目をお読みいただき、手順に従ってお問い合わせください。

●ご質問される前に

弊社Webサイトの「正誤表」をご参照ください。これまでに判明した正誤や追加情報を掲載しています。

正誤表　https://www.shoeisha.co.jp/book/errata/

●ご質問方法

弊社Webサイトの「刊行物Q&A」をご利用ください。

刊行物Q&A　https://www.shoeisha.co.jp/book/qa/

インターネットをご利用でない場合は、FAXまたは郵便にて、下記"翔泳社 愛読者サービスセンター"までお問い合わせください。
電話でのご質問は、お受けしておりません。

●回答について

回答は、ご質問いただいた手段によってご返事申し上げます。ご質問の内容によっては、回答に数日ないしはそれ以上の期間を要する場合があります。

●ご質問に際してのご注意

本書の対象を越えるもの、記述個所を特定されないもの、また読者固有の環境に起因するご質問等にはお答えできませんので、予めご了承ください。

●郵便物送付先およびFAX番号

送付先住所　〒160-0006　東京都新宿区舟町5
FAX番号　03-5362-3818
宛先　（株）翔泳社 愛読者サービスセンター

●免責事項

※著者および出版社は、本書の使用による社会福祉士試験の合格を保証するものではありません。
※本書の記載内容は、2023年6月現在の法令等に基づいています。
※本書の出版にあたっては正確な記述に努めましたが、著者および出版社のいずれも、本書の内容に対してなんらかの保証をするものではありません。
※本書に記載されたURL等は予告なく変更される場合があります。

本書の使い方

本書は、第26回（平成25年度）〜第35回（令和4年度）の社会福祉士国家試験の出題頻度を基準に、19科目別にまとめています。試験前の最終チェックはもちろん、本格的に学習を始める前に各科目の出題傾向をつかみたい方、問題演習を中心に勉強を進めたい方

出題頻度の高いテーマを取り上げています

診療報酬

診療報酬制度の概要

- 保険診療は、[被保険者]（患者）、[医療保険者]、[保険医療機関等]、[審査支払機関]の4者によって行われる
- 保健医療機関等は、[被保険者]への診療行為の費用を、診療報酬点数表をもとに計算し、レセプト（診療報酬明細書）として[審査支払機関]に請求する
- 審査支払機関は、[レセプト]が保険医療機関及び保険医療養担当規則等に合致しているか、また医学的に妥当かなどを審査し、その療養の給付に関する費用を[保険医療機関等]へ支払う
- ◆診療報酬には、[医科診療報酬]、[歯科診療報酬]、[調剤報酬]がある
- 医科の外来診療報酬は、[病院]と[診療所]で共通の点数表となっている
- 診療報酬点数表において、1点単価は[10]円とされており、[全国一律]
- 診療報酬の決定は[厚生労働大臣]の権限と規定されている
- 健康保険に係る診療報酬の審査、支払いは、[社会保険診療報酬支払基金]が行い、国民健康保険の場合は[国民健康保険団体連合会]が行う

過去10年間の試験で3回以上出題された項目や重要度の高い項目には、◆マークが付いています

保険診療の仕組み

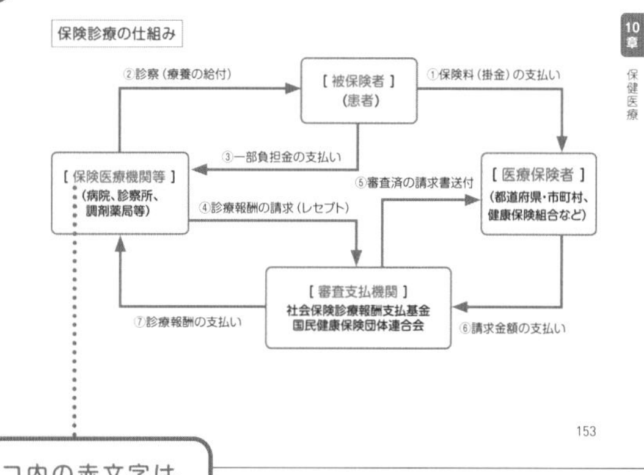

10章 保健医療

153

カッコ内の赤文字は、付属の赤シートで隠せます。知識の定着に役立ててください

にもおススメです。また、福祉教科書シリーズの『完全合格問題集』や『出る！出る！ 一問一答』と併用すると、知識の定着により効果的です。

関連する補足事項などを説明しています

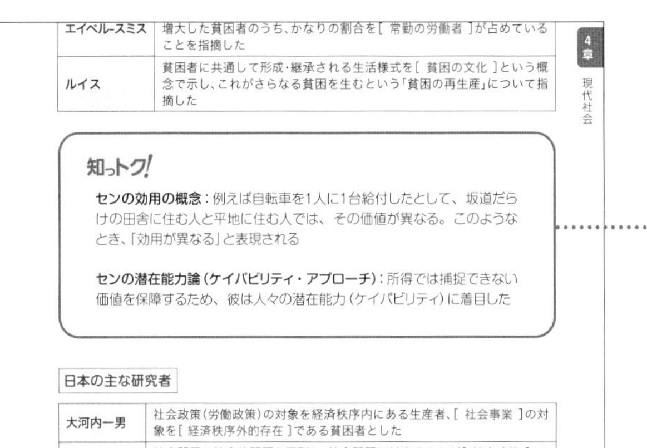

エイベル-スミス	増大した貧困者のうち、かなりの割合を[常勤の労働者]が占めていることを指摘した
ルイス	貧困者に共通して形成・継承される生活様式を[貧困の文化]という概念で示し、これがさらなる貧困を生むという「貧困の再生産」について指摘した

4章 現代社会

知っトク!

センの効用の概念：例えば自転車を1人に1台給付したとして、坂道だらけの田舎に住む人と平地に住む人では、その価値が異なる。このようなとき、「効用が異なる」と表現される

センの潜在能力論（ケイパビリティ・アプローチ）：所得では捕捉できない価値を保障するため、彼は人々の潜在能力（ケイパビリティ）に着目した

日本の主な研究者

大河内一男	社会政策（労働政策）の対象を経済秩序内にある生産者、[社会事業]の対象を[経済秩序外的存在]である貧困者とした
孝橋正一	社会問題と社会的問題を区別し、社会問題に対応するのが[社会政策]で、社会的問題に対応するのが[社会事業]とした
岡村重夫	福祉組織化活動の目的は[社会コミュニティ]づくりであるとした

第37回以降は、新カリキュラムに対応した試験が実施されます。各章扉の科目名の下に、第37回試験以降の科目名（もしくは統合される科目名）を表記しています

本書の記載内容は、2023年6月現在の法令等に基づいています。変更される場合もありますので、各省庁、都道府県・市町村等の公表する情報をご確認ください

西暦和暦対応表

西暦	和暦
1868	明治 1　9/ 8〜
1869	明治 2
1870	明治 3
1871	明治 4
1872	明治 5
1873	明治 6
1874	明治 7
1875	明治 8
1876	明治 9
1877	明治10
1878	明治11
1879	明治12
1880	明治13
1881	明治14
1882	明治15
1883	明治16
1884	明治17
1885	明治18
1886	明治19
1887	明治20
1888	明治21
1889	明治22
1890	明治23
1891	明治24
1892	明治25
1893	明治26
1894	明治27
1895	明治28
1896	明治29
1897	明治30
1898	明治31
1899	明治32
1900	明治33
1901	明治34
1902	明治35
1903	明治36
1904	明治37
1905	明治38
1906	明治39
1907	明治40
1908	明治41
1909	明治42
1910	明治43
1911	明治44
1912	明治45　〜7/30
	大正 1　7/30〜
1913	大正 2
1914	大正 3
1915	大正 4
1916	大正 5
1917	大正 6
1918	大正 7
1919	大正 8

西暦	和暦
1920	大正 9
1921	大正10
1922	大正11
1923	大正12
1924	大正13
1925	大正14
1926	大正15　〜12/25
	昭和 1　12/25〜
1927	昭和 2
1928	昭和 3
1929	昭和 4
1930	昭和 5
1931	昭和 6
1932	昭和 7
1933	昭和 8
1934	昭和 9
1935	昭和10
1936	昭和11
1937	昭和12
1938	昭和13
1939	昭和14
1940	昭和15
1941	昭和16
1942	昭和17
1943	昭和18
1944	昭和19
1945	昭和20
1946	昭和21
1947	昭和22
1948	昭和23
1949	昭和24
1950	昭和25
1951	昭和26
1952	昭和27
1953	昭和28
1954	昭和29
1955	昭和30
1956	昭和31
1957	昭和32
1958	昭和33
1959	昭和34
1960	昭和35
1961	昭和36
1962	昭和37
1963	昭和38
1964	昭和39
1965	昭和40
1966	昭和41
1967	昭和42
1968	昭和43
1969	昭和44
1970	昭和45
1971	昭和46
1972	昭和47

西暦	和暦
1973	昭和48
1974	昭和49
1975	昭和50
1976	昭和51
1977	昭和52
1978	昭和53
1979	昭和54
1980	昭和55
1981	昭和56
1982	昭和57
1983	昭和58
1984	昭和59
1985	昭和60
1986	昭和61
1987	昭和62
1988	昭和63
1989	昭和64　〜1/7
	平成 1　1/ 8〜
1990	平成 2
1991	平成 3
1992	平成 4
1993	平成 5
1994	平成 6
1995	平成 7
1996	平成 8
1997	平成 9
1998	平成10
1999	平成11
2000	平成12
2001	平成13
2002	平成14
2003	平成15
2004	平成16
2005	平成17
2006	平成18
2007	平成19
2008	平成20
2009	平成21
2010	平成22
2011	平成23
2012	平成24
2013	平成25
2014	平成26
2015	平成27
2016	平成28
2017	平成29
2018	平成30
2019	平成31　〜4/31
	令和1　5/ 1〜
2020	令和2
2021	令和3
2022	令和4
2023	令和5
2024	令和6

人体の構造と機能及び疾病

【第37回試験以降】
医学概論

人の成長・発達

発育・発達

◆各器官の発育パターンは、スキャモンの発育・発達曲線により［ 4 ］つに分けられる

スキャモンの発育・発達曲線

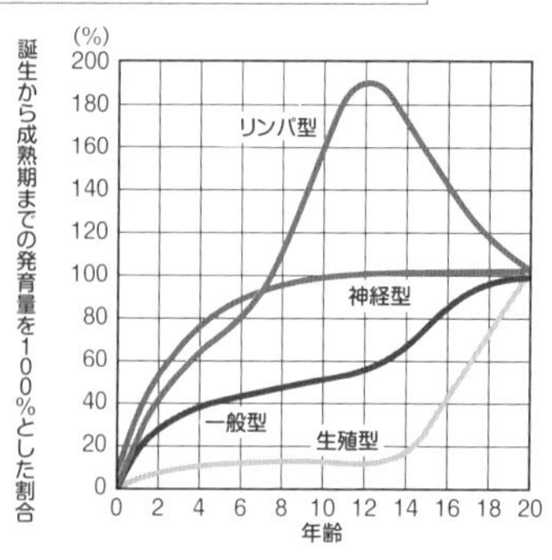

一般型	身長、体重、呼吸器や消化器、肝臓などの発育
神経型	脳や脊髄、視覚器など運動機能の発達
リンパ型	胸腺やリンパ組織など免疫機能の発達
生殖型	精巣、卵巣、前立腺など生殖器の発達

老化

主な機能的変化

免疫機能	細菌などの病原体から人体を守る免疫機能が低下することにより、感染症にかかりやすく、重症化することが多くなる
咀嚼機能	歯の摩耗や喪失、歯周病、［ 唾液分泌量 ］の減少、咬筋力の低下などにより咀嚼機能が低下すると食物を噛み砕きにくくなる
嚥下機能	嚥下するときの喉頭挙上が不十分になり、喉頭閉鎖が弱まることで［ 誤嚥 ］をしやすくなる
消化・吸収機能	消化酵素の減少、胃壁の運動や腸管の蠕動運動の低下などにより、便秘や下痢を起こしやすく、栄養素の消化吸収の低下が起こりやすくなる
循環器の機能	［ 高血圧 ］になりやすく、不整脈の頻度が増加する
呼吸器の機能	肺実質の弾力性の低下、呼吸筋の活動の不足などにより、肺活量や換気量の低下が起こり、肺の［ 残気量 ］が増加する
泌尿器の機能	腎臓の機能が低下すると、体内の老廃物を濾過する機能が低下して、薬剤が排出されにくくなり、薬剤の作用・副作用が増大する
感覚機能の変化	目の水晶体の弾力性が弱まって調整力が衰えることにより老視(老眼)になる。聴力は高音域から低下が始まり、加齢が原因となって［ 難聴(老人性難聴) ］を引き起こすこともある

02 国際生活機能分類（ICF）

国際生活機能分類（ICF）の概要

- 2001年、[WHO](世界保健機関)により、ICIDH（国際障害分類）の改訂版として、健常者も障害者も区別なく、個別性はあっても「健康状態」という概念でとらえる[ICF](国際生活機能分類)が承認された
- ICFは、個人の生活機能を[健康状態]と[背景因子]（環境因子と個人因子）との間の相互作用、あるいは複合的な関係とみなす

生活機能	[心身機能]：身体系の生理的機能（心理的機能を含む） [身体構造]：器官・肢体とその構成部分等、身体の解剖学的部分 [活動]：課題や行為の個人による遂行 [参加]：生活・人生場面のかかわり
背景因子	[環境]因子：人々が生活し、人生を送っている物的な環境や社会環境、人々の社会的な態度による環境を構成する因子 [個人]因子：個人の人生や生活の特別な背景（性別、人種、年齢、職業など）

ICFの相互作用モデル

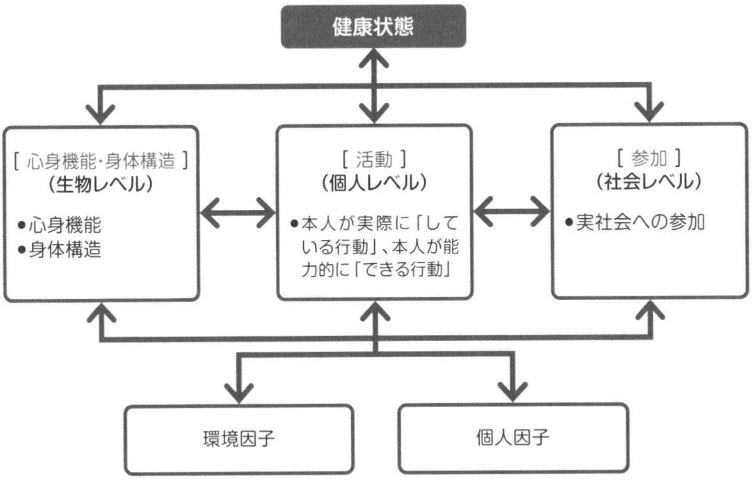

03 健康の概念と健康増進

健康の概念

◆世界保健機関（WHO）は、健康を「単に病気がないだけではなく、[身体]的、[精神]的、[社会]的にも良好な状態」と定義している

● 1978年のアルマ・アタ宣言では「すべての人に健康を」という目標のもと、[プライマリ・ヘルスケア]という理念が提唱された

● 1986年のオタワ憲章は、「人々が自ら健康をコントロールし、改善することができるプロセス」として、[ヘルスプロモーション]を定義した

◆[健康寿命]とは、健康上の問題で制限されることなく生活ができる期間のことをいう

● クラークとリーベルは疾病予防の考え方として、一次予防、二次予防、三次予防を提案している

一次予防	[健康増進]、[発病予防]
二次予防	疾病の[早期発見と早期治療]
三次予防	疾病の[再発予防]、リハビリテーション

健康増進

●「 健康日本21 」とは、2000（平成12）年より始まった「21世紀における国民の健康づくり運動」のことであり、2013（平成25）年からの10年間（2023（令和5）年度まで延長されたため、実際は11年間）の取り組みが[「健康日本21」（第二次）]である

● [健康増進法]は国民の健康の増進の総合的な推進を図るための基本事項を示し、「健康日本21」を推進するものとして2003（平成15）年に施行された

●「健康日本21」（第二次）は[健康寿命]の延伸、[健康格差]の縮小、健康を支え守るための社会環境の整備などを基本方針としており、[一次予防]を重視している

● 特定健康診査では 血圧測定、血液検査、尿検査、腹囲測定などが含まれ、[メタボリックシンドローム]に着目している

● 特定健康診査の結果、メタボリックシンドロームの該当者・予備群となった人には[特定保健指導]が実施され、生活習慣を改善するサポートを行う

04 人体の構造と各器官

脳

- 大脳半球は、運動を司る[前頭葉]、感覚を司る[頭頂葉]、聴覚の中枢である[側頭葉]、視覚の中枢である[後頭葉]に分けられる
- 大脳半球の間にある灰白色の塊を[間脳]といい、視床、視床上部、視床下部などに分かれる
- [中脳]、[橋]、[延髄]を合わせて脳幹という
- [小脳]は脳幹の背側にあり、身体の平衡を保ち、運動の円滑化を図る
- [脊髄]は脊柱管内にあり、反射機能などを司る

大脳半球（外側面）の構造

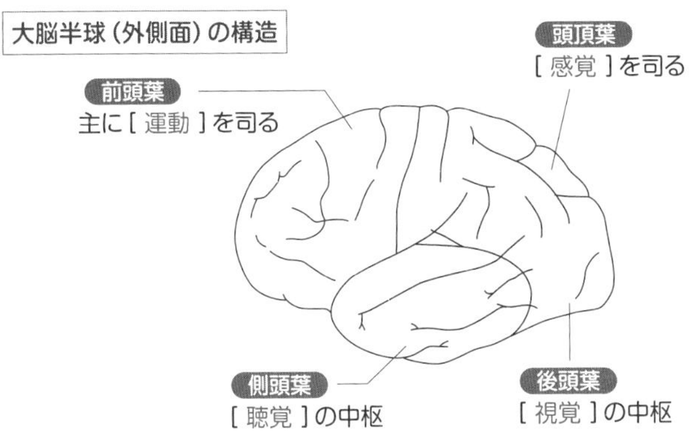

大脳半球（内側面）の構造

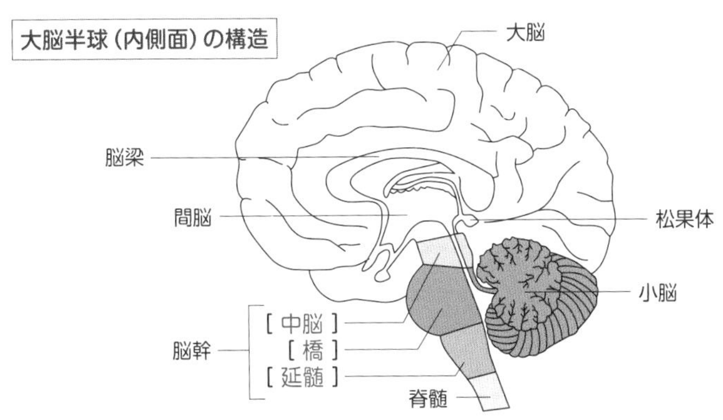

循環器系

- 血液は、全身をめぐる[体循環]と、肺をめぐる[肺循環]を交互に繰り返しながら体内をめぐり続けている
- 心臓から出ていく血管を[動脈]、心臓に入る血管を[静脈]という
- 肺から出ていく血液は[動脈血](酸素が多い血液)、肺へ向かう血液は[静脈血](酸素が少ない血液)であるため、肺静脈の中の血液は、肺で酸素を取り込んだ後の酸素濃度の高い[動脈血]である

体循環	血液は心臓の[左心室]から大動脈に送り出されて末梢臓器に到達し、全身に酸素や栄養分を運ぶ。代わりに二酸化炭素や老廃物を受け取り、小静脈、静脈から大静脈に集められ、[右心房]に返ってくる
肺循環	右心房に返ってきた血液は、[右心室]から肺動脈に送り出されて肺へ回り、二酸化炭素と酸素を取り換えるガス交換が行われる。ガス交換を終えた血液は、肺静脈を経て[左心房]に戻る

心臓の構造

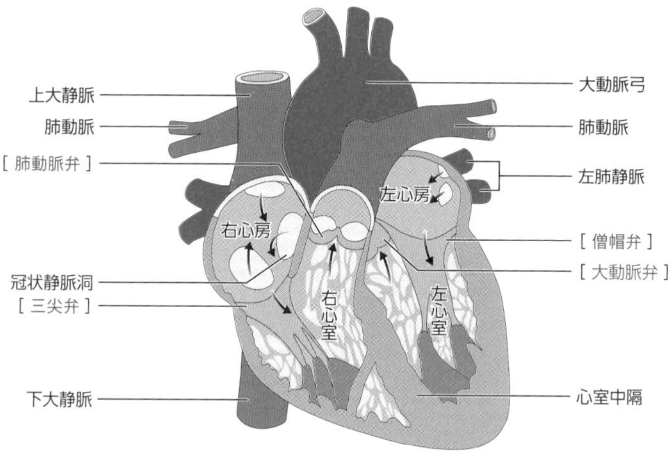

血液

- 体重のおよそ[7〜8]%を占め、その量は成人で平均[4.5〜5.5]ℓに達する
- 血漿と血球(有形細胞成分)から構成され、血球は[骨髄]でつくられている

[血漿] 55%	電解質に加え、アルブミン(血液の浸透圧の維持や様々な物質の運搬)、免疫グロブリン(病原体などに抵抗)、多種の血液凝固因子(血を止めるタンパク質)を含む	
[血球] 45%	[赤血球]	血色素(ヘモグロビン)を含み、身体の各組織に酸素を送り届けるとともに、各組織でできた炭酸ガスを肺に持ち帰る
	[白血球]	体内に侵入してきた細菌、ウイルス、有害物などを取り込んで食べる働き(貪食作用)を持ち、免疫と関係する
	[血小板]	出血を抑える働き(止血作用)を持ち、血液凝固に関与する

呼吸器系

- 呼吸器系は大きく[気道]と[肺]に分けられ、肺は右肺が上葉、中葉、下葉、左肺が上葉、下葉に分けられる
- [横隔膜]は肺の下に位置し、吸気時には収縮して下降して、呼気時には弛緩して挙上する
- 肺でのガス交換を[外呼吸]といい、細胞でのガス交換を[内呼吸]という

消化器系

- 消化器系は消化管(口腔、咽頭、食道、胃、小腸、大腸、肛門)と、[肝臓]、[胆嚢]、[膵臓]に分けられる
- 肝臓は[代謝]や[解毒]、[胆汁]の分泌を行う
- 胆嚢は[胆汁]を蓄え濃縮する
- 膵臓には消化酵素を含む[膵液]を分泌し、それを消化管に送り込む外分泌腺と、インスリンなどの[ホルモン]を血液中に分泌する内分泌腺がある

小腸	・[十二指腸]、[空腸]、[回腸]に区分される ・[腸絨毛]によって、水分と栄養素を効率よく消化・吸収する
大腸	・盲腸、虫垂、上行結腸、横行結腸、下行結腸、S字結腸、直腸に区分される ・小腸の残りカスから水分や電解質を吸収し、糞便を形成・排泄する

05 疾病の概要

メタボリックシンドローム（内臓脂肪症候群）

- 内臓肥満に[高血糖]、[高血圧]、[脂質異常]のうち、2つ以上を合併した状態
- 危険因子が重複した場合は、[動脈硬化]を促進させて虚血性心疾患や脳血管疾患等の発症リスクが高まる
- 内臓肥満の指標には[腹囲]が用いられる

高血圧

- 日本高血圧学会のガイドラインによると、[140／90]mmHg以上は高血圧とされる
- 原因不明の[本態性高血圧]と、何らかの原因疾患によって起こる二次性高血圧があり、40歳以上では[90]%が本態性である
- 脳血管疾患の主要な危険因子で、[脳出血]や[脳梗塞]などの原因となる
- 老年期には、[収縮期血圧]が上昇する

糖尿病

- インスリンの作用不足や分泌不足から生じる、[慢性的]な[高血糖]を特徴とする代謝疾患

1型糖尿病	・膵臓のランゲルハンス島のβ細胞破壊により[インスリン]の生産能力が障害されている ・[インスリン注射]を必要とする ・比較的[若年層]に多い
2型糖尿病	・インスリンの分泌低下と作用不足が混在している ・[生活習慣]が関与 ・食事療法や運動療法、生活習慣の変更を必要とする ・[壮年・高齢者]に多い

- 軽症の場合は無症状だが、口渇、多飲、多尿、体重減少などがみられる
- 糖尿病の三大合併症は、[糖尿病性網膜症]、[糖尿病性腎症]、[糖尿病性神経障害]である
- 糖尿病性腎症は、人工透析導入に至る原因の第[1]位

脳血管疾患

- 血管が詰まる[脳梗塞]と、血管が破れて出血する[脳出血]に分けられ、これらを総称して[脳卒中]と呼ぶ
- 小さな脳梗塞(ラクナ梗塞)が多発した状態を[多発性脳梗塞]という

感染症

- 病原体(細菌、ウイルス、カビ等の病気を起こすもとになる生物)が体内に侵入し、定着・増殖した結果、何らかの生体反応が起こった疾患のこと

ウイルス性肝炎	・肝炎ウイルスによる感染症 ・急性肝炎では[A型(HAV)]と[B型(HBV)]の肝炎ウイルスによるものが多い ・慢性肝炎では[B型(HBV)]と[C型(HCV)]の肝炎ウイルスによるものが多く、肝硬変、肝がんに進行しやすい ・高齢者では[C型肝炎]が多い ・感染経路は、A型(HAV)が[経口]感染、B型(HBV)が[血液]感染([母子]感染が多い)、C型(HCV)が[血液]感染である
[エイズ(後天性免疫不全症候群)／HIV感染症]	・HIVウイルスに感染し、免疫細胞が破壊され、免疫不全を起こすことで様々な病気を発症するようになる(感染しても免疫不全が起きていない状態は、HIV感染症と呼ばれる) ・HIVは、血液、精液、膣分泌液に含まれ、主な感染経路は、性的接触、血液媒介(血液製剤、汚染注射針)のほか、[母子]感染もある
[結核]	・[結核菌群]による感染症 ・空気中に浮遊する病原菌を吸入することで感染し、咳、体重減少、発熱、全身倦怠感、血痰などの症状が2週間以上続く
インフルエンザ	・インフルエンザウイルスによる感染症 ・風邪のような症状に高熱、関節痛、筋肉痛を伴うことが多く、[肺炎]を合併する危険性もある
感染性胃腸炎	・ウイルスなどによる感染症で、腹痛、発熱、吐き気、嘔吐、下痢の症状がある ・原因となるウイルスには、[ノロウイルス]、ロタウイルス、アデノウイルスなどがあり、経口感染のほか、下痢便や吐物からも感染が拡がる ・ノロウイルスには[消毒用アルコール]は効果がないため、[次亜塩素酸]を使う必要がある
腸管出血性大腸炎	・激しい腹痛と頻回の下痢・血便が特徴 ・代表的な腸管出血性大腸菌である[O-157]は感染力が強く、口から入った細菌の大部分が胃酸にも負けずに生き残る。熱に弱いため加熱処理が有効

パーキンソン病

- [中脳]の黒質神経細胞が減少し、神経伝達物質である[ドーパミン(ドパミン)]が[欠乏]して発症する
- [四大徴候]と呼ばれる症状のほか、嚥下障害、排尿障害(頻尿、夜間頻尿)、自律神経の症状(起立性低血圧、便秘)などがみられる

四大兆候	安静時振戦	静止時に手足が[震える]
	筋強剛(筋固縮)	筋肉の緊張が高くなり[こわばる]
	無動・寡動	動作が緩慢になる
	姿勢反射障害	体のバランスが悪くなり転びやすく、[小刻み歩行]になる

筋萎縮性側索硬化症(ALS)

- 上位と下位の[運動ニューロン]が同時に侵される進行性の疾患
- 発症から[2〜5]年という短期間で、呼吸不全によって死に至る
- 症状は四肢の筋力低下、[球麻痺]による発声困難や[嚥下]障害、体重減少、また呼吸筋の麻痺による自発呼吸困難など

進行性筋ジストロフィー

- 遺伝性の筋疾患で、主症状は筋力低下(筋脱力)と筋萎縮
- 男性に発症する[デュシェンヌ型]筋ジストロフィーが最頻
- 転びやすい、走れない、階段を登れないなどの初発症状が3〜5歳頃に出現し、運動機能障害が進行してから呼吸不全が生じる

小脳変性症

- 原因不明の小脳の変性疾患で、遺伝性と孤発性に大別される
- 主症状は、歩くときにふらつく(歩行障害)、手がうまく使えない、話すときに口や舌がもつれる等の[運動失調]であり、筋力低下は伴わない

先天性疾患

- 先天性疾患には、遺伝子または染色体の異常による[遺伝]障害、奇形・変形などの[胎児]障害、分娩・出産時に起きる[周産期]障害に分けられる

06 障害の概要

主な障害の種類

- 視覚障害(視力や視野の障害)
- 聴覚障害(ろう、伝音性難聴、感音性難聴、混合性難聴)
- 平衡機能障害(身体の姿勢を調節する機能の障害)
- 音声・言語(失語症)・咀嚼障害
- 肢体不自由(手足や体幹の永続的な障害)
- 内部障害(心臓・腎臓・呼吸器・膀胱または直腸・小腸・肝臓・ヒト免疫不全ウイルスによる免疫機能の永続的な機能障害)
- 知的障害(全般的な知的機能の発達の遅れ)
- 精神障害(統合失調症、うつ病、躁病、アルコール使用障害、摂食障害)
- 発達障害(自閉症、アスペルガー症候群、学習障害、注意欠陥多動性障害などの脳機能の障害)

身体障害

- 視覚障害の原因疾患には、糖尿病の合併症である[糖尿病性網膜症]も含まれる
- 聴覚障害の原因疾患には、先天性風疹症候群、先天性難聴などの[先天性]の疾患も含まれる
- 平衡機能障害の原因には内耳の疾患、視覚の異常、頸や腰の異常、脳の疾患などがあり、[四肢体幹]の異常によるものではない
- 肢体不自由の原因疾患には、脳性麻痺や脳血管疾患などの脳性疾患のほか、脊髄損傷などの[脊椎・脊髄]疾患、進行性筋ジストロフィーなどの[神経・筋]疾患なども含まれる
- 内部障害に含まれる免疫機能障害は、[ヒト免疫不全ウイルス]によるものである

高次脳機能障害

- 脳損傷に起因する認知障害全般のこと
- ◆症状には、[記憶]障害、[注意・情報処理]障害、[遂行機能]障害、病識欠落、社会的行動障害などがある

発達障害

- 発達障害者支援法では、発達障害とは自閉症、アスペルガー症候群その他の広汎性発達障害、学習障害、注意欠陥多動性障害などの脳機能の障害で、通常低年齢で発現する障害と定義
- 精神疾患の診断・統計マニュアル（DSM-5）では発達障害を［ 神経発達症群 ］として、日常生活、社会生活、学習、仕事上で支障を来たすほどの発達上の問題が発達期に顕在化するものと定義し、知的能力障害群、自閉スペクトラム症（ASD）、コミュニケーション症群、注意欠如・多動症（ADHD）、限局性学習症（SLD）、運動症群などが含まれる

自閉スペクトラム症（ASD）	・［ 社会的コミュニケーション ］および相互関係における持続的障害と、［ 限局的反復 ］行動（感覚刺激に対する過敏さ／鈍感さも含む）の2つの主要徴候が発達の早期に出現する ・知的障害が［ 併存する ］こともある
注意欠如・多動症（ADHD）	・不注意、多動性、衝動性の症状が［ 12 ］歳以前から存在し、［ 6か月 ］以上持続する ・［ 男児 ］の有病率が高い ・自閉スペクトラム症（ASD）と注意欠如・多動症（ADHD）の両方が［ 併存する ］ことがある
限局性学習症（SLD）	・［ 読み ］、［ 書き ］、［ 算数 ］の特異的な障害である ・全般的な知的障害は伴わない

精神障害:統合失調症

◆ 精神疾患の診断・統計マニュアル（DSM-5）において、統合失調症と診断するための5つの症状とは、①［ 妄想 ］、②［ 幻覚 ］、③まとまりのない思考（発語）、④ひどくまとまりのない、または緊張病性の行動、⑤陰性症状である

- 急性期にみられる妄想や幻覚などを［ 陽性症状 ］といい、長い経過をとるうちに出てくる情動表出の減少、意欲の欠如などを［ 陰性症状 ］という

精神障害:躁病（躁病エピソード）

- 精神疾患の診断・統計マニュアル（DSM-5）によると、気分が異常かつ持続的に［ 高揚 ］し、開放的で、またはいらだたしい気分および目標志向性の活動またはエネルギーが持続的に増大する状態である。
- 自尊心の肥大・誇大、睡眠欲求の減少、多弁、［ 誇大妄想 ］などの症状もみられる

認知症の種類と特徴

認知症の中核症状とBPSD

中核症状	記憶障害、見当識障害、理解・判断力の低下、実行機能障害、失行・失認・失語
BPSD（精神症状）	幻覚、妄想、抑うつ状態、不安、焦燥
BPSD（行動障害）	徘徊、異食、過食、不潔行為、暴言、暴力、失禁、収集癖、介護への抵抗

アルツハイマー型認知症（アルツハイマー病）

- 神経細胞が死滅して、脳萎縮が生じることで起こる認知症
- 最も多い認知症の原因疾患で、ゆっくり確実に進行し、末期には寝たきりの状態になる
- アルツハイマー型認知症の薬物治療には、認知機能を改善して認知症の進行を[抑制]する薬が用いられる

脳血管性認知症

- 脳血管疾患を原因として起こる認知症で、初期症状として、ささいなことで泣く・怒るなど、感情調整ができなくなる[感情失禁]がみられる
- 認知症症状や他の神経症候、病巣、病態が不均一な状態を[まだら認知症]という

レビー小体型認知症

- レビー小体が脳全体に沈着して、神経細胞を障害することで起こる認知症
- ◆[幻視]が出現しやすく、[パーキンソン病症状]がみられる
- 被害妄想や嫉妬妄想を示すこともあるが、記憶障害が強く出ることはない

前頭側頭型認知症

- 大脳の前頭葉と側頭葉が萎縮していくことにより生じる認知症
- 初期に[人格の著しい変化]がみられ、記憶障害は目立たない
- 同じことを繰り返す[常同行動]や、衝動をコントロールできない[脱抑制]、自己中心的な行為や反社会的行動がみられる

リハビリテーション

リハビリテーションの概要

WHOによる定義
リハビリテーションは、能力低下やその状態を改善し、障害者の社会的統合を達成するためのあらゆる手段を含んでいる

- リハビリテーションの目的には、機能回復、重症化・再発予防、[心身の機能低下・障害]予防、[残存機能、補装具や補助具]の活用などがある
- [高齢者]や[廃用症候群]の人のほかに、視力障害・聴覚障害・言語障害、脳血管疾患による肢体不自由、心臓病や腎臓病の[内部障害]、[がん]もリハビリテーションの対象となる
- [フレイル]とは加齢により心身が衰えた状態のことであり、健常から[要介護状態]に移行する中間の段階と考えられることから予防的リハビリテーションが重要になる
- 脳卒中のリハビリテーションは3つに区分され、発症から約1か月が[急性期]、その後の約3か月が[回復期]、それ以降が[生活期(維持期)]リハビリテーションである

知っトク!
リハビリテーションにかかわる主な専門職

職種	内容
理学療法士(PT)	基本的動作能力(座る、立つ、歩くなど)の回復を図るために、医師の指示のもとに運動療法や物理療法を行う
作業療法士(OT)	応用的動作能力や社会的適応能力の回復を図るために、医師の指示のもとに手芸や工作、その他の作業を通して日常生活動作訓練を行う
言語聴覚士(ST)	音声機能や言語機能、聴覚機能、摂食・[嚥下機能]などの検査や評価、訓練、指導を行う

心理学理論と心理的支援

【第37回試験以降】
心理学と心理的支援

01 欲求／動機づけ

マズローの欲求段階説

- アメリカの心理学者マズローが、人間の欲求を5つに分類し、それらには出現する順位があるとした理論
- [生理的欲求]は、最も優先される欲求として基底部に位置づけられる
- [安全欲求]は、安心や安定を求め、恐れや混乱のないことへの欲求である
- [所属と愛情の欲求]は、家族や地域、学校や社会といった集団に属したい、愛情に包まれたいという欲求である
- [承認欲求]には、他者から尊敬されたいと願う欲求と、自尊の欲求が含まれる
- [自己実現欲求]は、「自分の能力を発揮したい」「自分らしく精一杯生きたい」という欲求で、生理的欲求や承認欲求など4つの欲求が充足すると出現する

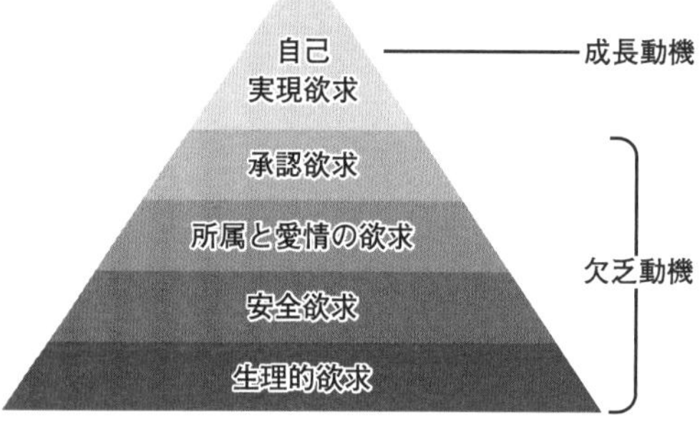

動機づけ

- 目標に向かって行動を起こし、方向づけ、それを持続させるために欲求を操作すること
- 行動を引き起こす内部要因を[動因]、外部要因を[誘因]という

[外発的]動機づけ	[内発的]動機づけ
外部からの賞罰による動機づけ	内部からの知的好奇心（興味・関心など）による動機づけ

感覚と知覚

感覚

- 感覚には視覚、聴覚、味覚、嗅覚、皮膚感覚の五感や、平衡感覚、運動感覚などがある
- 感覚受容器(眼、耳、舌、鼻、皮膚)が通常感受する刺激を[適刺激]、感受できない刺激を[不適刺激]という
- 刺激を感じる最小の量を[絶対閾](刺激閾)、感覚の変化が生じる刺激の最小の変化量を[弁別閾](丁度可知差異)という
- 刺激を感じる最小の量を[絶対閾](刺激閾)、感覚の変化が生じる刺激の最小の変化量を[弁別閾](丁度可知差異)という
- 暗い場所から明るい場所に移動した際に、次第に明るさに目が慣れる現象を[明順応]、明るい場所から暗い場所に移動した際、徐々に暗さに目が慣れる現象を[暗順応]という

知覚

- 感覚から得た情報に基づき、過去の経験や知識に照らし合わせながら外界の事物や現象を知ること
- 知覚者の[主体的条件]によって、事物の知覚のされ方が異なる

知覚の特徴

◆知覚の[恒常性]	物理的刺激(網膜上)が変化しても、そのものの性質(大きさ、形、色)を保とうとする働き(恒常現象)
[運動残効]	一方向の動きを見続けた後に静止した物を見ると、それが逆方向に動いているかのように感じられる現象
[仮現運動]	静止画像を連続して提示すると画像が動いているように見える現象。[見かけの運動]ともいう
知覚の[体制化]	まとまりある全体として意味づける働き。基本的な現象は[図と地の分化](分離)
[錯視]	実際には同じ大きさや長さのものが、異なっているように知覚される現象。水平線に近い月のほうが中空にある月より大きく見える現象を[月の錯視]という
[選択的注意]	個人の欲求や経験などに関係する刺激や、そのとき注意を向けている刺激など、特定の刺激だけを選択抽出して知覚する働き

03 パーソナリティ理論

パーソナリティ理論

- パーソナリティの理論には、主に類型論と特性論がある

類型論 ある原理に基づいて、人格をいくつかのタイプに分類	クレッチマー	体型(体格)に基づく3類型 ([分裂] 気質/[躁うつ] 気質/[粘着] 気質)
	ユング	心的エネルギーの向きに基づく2類型 ([内向性] / [外向性])
	シェルドン	体型(体格)に基づく3類型 ([内臓]緊張型/[身体]緊張型/[頭脳]緊張型)
	シュプランガー	主観的価値方向に基づく6類型 (理論型/経済型/審美型/社会型/権力型/宗教型)
特性論 人格の違いは、人格を構成する特性の程度の差によると考える	オールポート	人格特性を表す用語約[18,000]語を辞典から取り出し、[14]の特性(個人特性と共通特性)に整理
	キャッテル	オールポートの研究に[因子分析]という統計技法を用いて、人格特性を[16]に整理
	ゴールドバーグ	パーソナリティは5つの特性の組み合わせで構成されるとする、[ビッグファイブ](5因子説)を提唱

ビッグファイブ(5因子説)の5つの特性

Neuroticism/神経症傾向	感情が不安定、心配性、傷つきやすい
Extraversion/外向性	ポジティブ思考、上昇志向、社交的
Openness/開放性	頭の回転が速い、変化や新奇を好む
Agreeableness/協調性	社会や共同体への志向性、穏和、親切
Conscientiousness/誠実性	几帳面、計画的、秩序を好む

集団

集団

集団の定義

①2人あるいは、それ以上の人々から構成されている
②メンバー間に相互作用やコミュニケーションがみられる
③[集団規範]が共有されている
④地位や役割の関係が成立している
⑤外部との境界を設定し、一体性を維持する人々が構成している

集団が及ぼす影響(集団レベルの社会行動)

◆[同調]行動	集団規範から逸脱しないようにと自他の圧力がかかると、意見や行動を合わせてしまう
[内集団バイアス]	内集団には好意的な態度をとり、外集団には差別的な態度をとる(内集団ひいき)
◆社会的[促進]	周囲の他者の存在によって、人々の行動が起こりやすくなる。単純課題・機械的作業を集団で行うと、作業量が向上する
社会的[抑制]	周囲の他者の存在によって、人々の行動が起こりにくくなる。複雑な課題や未学習な課題を集団で行うと、作業量が低下する
社会的[手抜き]	集団作業の成果が個人に問われない場合、個人の作業への遂行量・努力が低下する
社会的[補償]	集団作業の成果が個人に重要な意味を与える場合、個人の作業への遂行量・努力が向上する
◆[集団極性化]	個人による決定よりも、集団での決定がより極端なほうに傾く。リスクが高いほうに傾くこともあれば、より慎重なほうに傾くこともある
社会的[ジレンマ]	集団のメンバーの多くが個人的利益を追求した行動をとることで、集団全体にとって不利益な結果になる
[傍観者効果]	緊急の援助を必要とする場面であっても、周囲の他者の存在によって援助行動が抑制される現象

05 適応

コンフリクト（葛藤）

コンフリクトの3つの基本型		
	接近ー接近型	接近したい欲求が2つ同時にある場合の葛藤 （例）「あれも欲しいし、これも欲しい」
	回避ー回避型	回避したい欲求が2つ同時にある場合の葛藤 （例）「あれも嫌だし、これも嫌だ」
	接近ー回避型	同じ対象に対して、接近したい欲求と回避したい欲求の両方を同時にもつ場合の葛藤 （例）「元気になりたいが、手術は受けたくない」

フラストレーション（欲求不満）

- 何らかの原因により、欲求が満たされない状態をフラストレーション（欲求不満、欲求阻止）という
- フラストレーション状態では、怒りや不安などの内的な緊張を緩和するため、次のような[フラストレーション反応]がみられる

  [攻撃反応]：八つ当たりをする

  [固着反応]：無意味な行動を繰り返す

  [退行反応]：未熟な行動をとる
- 不安定な心理状態を抜け出し、現実的、合理的に状況に対処・適応していく力を、[フラストレーション耐性]（フラストレーショントレランス）という

主な適応機制（心理的な安定を保つ働き）

[抑圧]：欲求・感情を無意識の層に押し込める

[退行]：以前の発達段階に逆戻りして未熟な行動をとる

◆[合理化]：失敗や欠点を正当化する、理屈づけ・言い訳をする

◆[昇華]：そのままでは社会的に承認されない欲求・衝動を、社会的に認められる形で満たそうとする

[同一化]：願望を実現している他者と自分を重ね合わせて、代理的に満足する

[投射（投影）]：自分の内にある欲求や感情を、他者の中にあるかのように指摘・非難する

◆[反動形成]：本当の欲求や感情を隠そうとして、正反対の行動をとる

[知性化]：知的思考をすることで、不安などの感情をコントロールする

06 記憶／学習

記憶

- 記憶は、情報を[記銘]（入力する）→[保持]（入力した情報を蓄える）→[想起]（蓄えた情報を引き出す）するプロセスを経て構成される

<table>
<tr><td colspan="2">[短期]記憶</td><td>・ごく短時間に見たこと・聞いたことを、すぐ後に思い出すまでの間の記憶
・[貯蔵容量]が限られているため常に内容が入れ替わる</td></tr>
<tr><td colspan="2">[作動]記憶
（作業記憶、
ワーキングメモリ）</td><td>・処理途中の情報や、長期記憶から取り出した情報を一時的に蓄えておく記憶
・情報の保持だけでなく、情報[操作]や[処理]を行う</td></tr>
<tr><td rowspan="5">長期記憶</td><td>◆[手続き]記憶</td><td>車の運転や楽器の演奏など、運動を学習することに関する記憶</td></tr>
<tr><td>[エピソード]記憶</td><td>「いつ」「どこで」などの個人にまつわる出来事の記憶</td></tr>
<tr><td>[自伝的]記憶</td><td>幼い頃の思い出など、個人自身の生活史に関する記憶</td></tr>
<tr><td>◆[意味]記憶</td><td>事物の意味や概念など、知識に関する記憶</td></tr>
<tr><td>[展望]記憶</td><td>今より先の時点で行うべき行為など、予定や約束に関する記憶</td></tr>
</table>

学習

条件づけ理論

[レスポンデント]条件づけ （[古典的]条件づけ）	条件づけされた刺激（条件刺激）に対して、同じ反応（条件反応）が、意思に関係なく生じるとする学習様式
◆[オペラント]条件づけ （[道具的]条件づけ）	報酬によって行動が促進（強化）され、罰によって行動が抑制（弱化）されることによる学習様式

- バンデューラが提唱した[社会的学習（観察学習）]は、モデルの行動を観察するだけで成立する学習様式であり、実在の人物のほか、本やテレビなどの登場人物、歴史上の人物も学習の対象となる
- ケーラーが提唱した[洞察学習]とは、「課題状況全体に対する目標と手段関係の洞察」「解決への見通し」などの内的な思考過程を経て問題解決の方法を見出す学習様式である

人の成長／発達と心理

発達

発達の規定要因に関する理論

要因	提唱者	概要
[成熟優位]説	ゲゼル	人の発達では、遺伝により個体の中に含まれている素質が重要であり、環境の影響を受けない
[環境優位]説	ワトソン	人の発達は、生育環境における経験の影響が重要で、遺伝的な要因の影響を受けない
[輻輳(ふくそう)]説	シュテルン	人の発達には、遺伝的要因と環境的要因が作用する

- ピアジェは、[思考・認知]の発達を、質的に高次なものへと発展していく4つの段階にまとめた

◆ **ピアジェの発達段階**

発達段階	年齢の目安	特徴
感覚運動期	出生〜2歳頃	・見たり触れたりして知識を獲得する ・ものが隠されて目の前から消えても、どこかで存在していると考えられるようになる<[対象の永続性]の獲得> ・行動において[手段と目的]の関係が理解できるようになる
前操作期	2〜7歳	・「ごっこ遊び」のような[シンボル機能](象徴機能)が生じる ・思考の[自己中心性]が強くみられる
具体的操作期	7〜11、12歳	・外観が変化しても体積や量そのものは変わらないことが理解できるようになる<[保存の概念]の獲得> ・元に戻せば最初の状態になることが理解され、[可逆的操作]が可能になる ・他者の視点や立場に立って思考できるようになる
形式的操作期	11、12歳以降	・抽象的な概念の理解や論理的思考ができるようになる

- エリクソンは、発達の概念を[人生周期](ライフサイクル)へ拡張し、社会的・対人関係の視点から心理・社会的側面の発達を8つの段階にまとめた

エリクソンの発達段階

発達段階	発達課題 対 危機	概要
乳児期	[信頼感]対[不信]	自分を取り巻く周囲や自身に対して信頼を感じる段階
幼児前期	[自律感]対[恥・疑惑]	自分をコントロールすることを学習する段階
幼児後期	[自発性]対[罪悪感]	自発的に行動することを学習する段階
児童期	[勤勉性]対[劣等感]	勤勉性あるいは有能感を獲得する段階
青年期	[同一性]対[同一性拡散]	アイデンティティを確立する段階
成人前期	[親密性]対[孤立・孤独]	親密な人間関係と連帯感を獲得する段階
成人後期	[生殖性]対[停滞]	社会に意味や価値のあるものを生み、次世代を育てる段階
老年期	[統合感]対[絶望]	これまでの人生を統合する段階

アタッチメント(愛着)

- 乳幼児期に形成される、子どもと養育者との特別な心の結びつきのことを[アタッチメント(愛着)]という
- 愛着形成により獲得される[内的ワーキングモデル]は、生涯にわたって存在し続け、対人関係パターンに影響する
- 乳幼児にみられる[分離不安]の出現の強弱には、養育者との[愛着関係]も反映する

高齢期の知能

- 高齢期には、[流動性知能]の低下が認められている
- [結晶性知能]には成人期以降も加齢に伴い上昇し続ける特徴があり、高齢期においても比較的よく維持されると考えられている

[流動性知能]	・新しい環境への適応や、情報処理と問題解決の基本能力
[結晶性知能]	・過去の[学習経験]から得られた判断力や、文化特有の言語や[知識]に適用される能力

08 ストレスに対する心理的反応

ストレスとストレッサー

- 身体的健康や心理的幸福感を脅かすと知覚される出来事を[ストレッサー]、ストレッサーに対する反応を[ストレス反応]と呼ぶ
- [アパシー]とは、ストレス状態が続いたときにうまく対処できない場合に陥る心理状態のことであり、無感動、無感情、無関心、感情鈍麻を意味する
- [ハーディネス]とは頑健さを意味し、ストレスに直面しても身体的・情緒的健康を損なうことが少ない性格特性のことをいう
- [ホメオスタシス]とは恒常性維持とも呼ばれ、外的内的環境の絶え間ない変化に応じて、生体を一定の安定した状態に保つ働きのことをいう
- [タイプA行動パターン]はストレスと関連した行動様式と考えられており、心臓疾患との関連が指摘されている。目標達成への持続的で強い要求や野心をもっている、他者への競争心がある、時間的切迫感がある、などが特徴である

コーピング

- [コーピング]は、意識的な水準でのストレスへの対処法である

[問題焦点]型コーピング	[情動焦点]型コーピング
ストレッサー(ストレス要因)や、ストレスと感じる環境を改善・変革して、ストレスに対処しようとする方法	ストレッサー自体ではなく、それによってもたらされる反応を統制・軽減することで、ストレスに対処しようとする方法

燃え尽き症候群(バーンアウト・シンドローム)

- 仕事に対する気力を失い、心身ともに疲れ果てた状態
- ◆ 主な症状は、[情緒的]消耗感、[個人的達成感]の低下、[脱人格化]など
- 主な原因として、職場や利用者との人間関係、個人の能力・スキルの不足、緊張状態が続く環境などが挙げられ、福祉・介護・医療・教育など[対人援助]職に生じることが多い
- 対応策としては、職場配置や勤務体制、職場内外での職員研修などを通じた組織的な対応と、上司や同僚への[自己開示](悩みを相談する)などの個人的な対応が必要

PTSD(心的外傷後ストレス障害)

- 死亡、重傷、性暴力を直接体験あるいは目撃する、近親者や友人の体験を伝聞するなどが原因で発症する
- 再体験、回避、否定的感情と認知、覚醒亢進(過覚醒)の症状が[長期間]続く
- 日常では起こらないような極めて強いストレスを受けた直後に発症して、1か月以内に症状が治まるものを[急性ストレス障害(ASD)]という

2章 心理学

PTSDの主な症状

再体験	心的外傷体験が繰り返し思い起こされたり(フラッシュバック)、悪夢として反復されたりする
回避	心的外傷体験に関して考えたり、話したりすることや、体験を思い出させるような事物や状況を避けようとする
否定的感情と認知	感情が麻痺しているかのように鈍くなる。怒りや罪悪感などのネガティブな感情が続く
覚醒亢進(過覚醒)	過剰な驚愕反応を示す。物音に過敏反応したり、過剰な警戒心や集中困難などがみられたりする

うつ病(抑うつ障害群)

- 真面目で几帳面な人がなりやすいとされている
- 持続的なストレスや環境の変化、身近な人の死などが原因で起こることが多い
- 対応策としては、[決して励まさず]に、長い目で見守り、自殺の兆候を見逃さないこと

うつ病の主な症状

気分	・[抑うつ気分]:気が滅入る、気が沈む、落ち込む、憂うつなど ・不安・焦燥感 ・[興味・関心・喜びの消失]:身だしなみに関心がなくなる、好きなことに興味がなくなったなど
意欲	・億劫感、[気力]の減退
思考	・思考停止:質問に対して、返事がなかなか返せないなど ・思考内容の障害:取り越し苦労が増える、自責的、悲観的など ・死についての反復思考:生きていても仕方がない
身体的症状	・[不眠]または睡眠過多 ・体重減少、あるいは体重増加、[日内変動]

心理的支援の方法と実践

心理検査

- 心理検査は、人間に起こる心理的現象について数値化して測定する方法で、人格検査、知能検査、発達検査、認知症検査などが含まれる
- 人格検査には、[投影法]、[質問紙法]、[作業検査法]の3つの方法がある

主な知能検査

[ビネー]式	・[精神年齢(MA)]÷[生活年齢(CA)]×100という計算式で[知能指数(IQ)]を算出 ・改訂版鈴木ビネー知能検査(2歳～18歳11か月)、田中ビネー知能検査V(2歳～成人)
[ウェクスラー]式	・当該年齢集団の中での個人の知能水準を[偏差知能指数(DIQ)]として算出 ・[WAIS](成人用/16歳～90歳11か月)、[WISC](児童用/5歳～16歳11か月)、[WPPSI](低年齢用/2歳6か月～7歳3か月)

投影法

- 曖昧な刺激に対して自由に連想・想像したものの中に、[性格特徴]が映し出されると考える方法
- 「心の問題」を抱えている人の[潜在的]あるいは[無意識的側面]を明らかにしようとする検査である
- 被検者の自由な表現を守り、無関係な反応をコントロールしたり、抽象的な反応を解釈する必要があるため、[検査者]によって検査結果が異なる可能性がある

代表的な投影法の人格検査

絵画-欲求不満テスト(P-Fスタディ)	・図示された[欲求不満]に陥る場面での反応を、空白の吹き出しに記入する ・書き込まれた反応について[攻撃方向]と[自我状態]を分類し、その組み合わせから人格を評価する
主題(絵画)統覚テスト(TAT)	・抽象的な人物画や風景画から自由に物語を作る ・その物語から、その人の[欲求]やコンプレックスを明らかにする
ロールシャッハテスト	・左右対称のインクの染みから連想するものを述べる ・その反応から、その人の[内面]を分析する

質問紙法

- 質問項目に「○×」や「はい・いいえ」などの回答を自分で記入する方法

メリット	デメリット
・短時間で実施できる ・集計や解釈の仕方がわかりやすい	検査の意図がわかりやすいため、被検者が意図的に質問の答えを変える可能性がある

代表的な質問紙法の人格検査

<table>
<tr><td rowspan="6">[矢田部・ギルフォード]
性格検査(YGPI/Y-Gテスト)</td><td colspan="3">[120]の質問項目に答え、代表的性格タイプの特徴を5類型で示す</td></tr>
<tr><td>A型</td><td>平均</td><td>目立った特徴がない平均タイプ</td></tr>
<tr><td>B型</td><td>不安定</td><td>積極的で活発だが、対人関係の面で問題を起こしやすい</td></tr>
<tr><td>C型</td><td>安定</td><td>情緒は安定しているが、行動が消極的でリーダーシップは弱い</td></tr>
<tr><td>D型</td><td>安定</td><td>行動的でリーダーシップがある</td></tr>
<tr><td>E型</td><td>不安定</td><td>不安が強く悩みがち</td></tr>
<tr><td>ミネソタ多面的人格目録(MMPI-3日本版)</td><td colspan="3">・[335]の質問項目からなる
・多種多様な52の尺度から人格を把握する</td></tr>
<tr><td>[CMI健康調査表]</td><td colspan="3">・日本版CMI(コーネル・メディカル・インデックス)
・身体的項目、精神的項目、男女それぞれの質問項目からなる(男性211項目、女性213項目)</td></tr>
<tr><td>[新版TEG3]
(東大式エゴグラム)</td><td colspan="3">・[53]の質問項目からなる
・[交流分析理論]に基づき、親心(批判的な親、養育的な親)、大人心、子ども心(自由な子ども、順応した子ども)の5つの自我状態のバランスから性格分析を行う</td></tr>
</table>

作業検査法

- 一定の作業を課し、その作業の過程や結果から[心理的特性]を把握しようとする方法
- 主な作業検査法に、[内田・クレペリン]精神作業検査があり、ランダムに並んだ数字を2つずつ加算する[連続加算]作業を行う

10 心理療法

精神分析療法

- [フロイト]によって始められた心理療法
- ◆その基礎をなす精神分析理論では、人格の構造や機能について、[イド]・[自我]・[超自我]の概念を提唱している
- フロイトは、人は自分の行動の動機についてすべてを意識しているとは限らないと考え、無意識という心の領域の存在を仮定した
- 夢分析などで抑圧されたものを明らかにし、欲望や葛藤を[意識化]する

行動療法

- 誤った[学習]により形成された問題のある反応・行動を、適切な反応・行動の再学習を行うことで変えさせようとする療法

行動療法の技法

技法	概要
[エクスポージャー]法（暴露療法）	不安を感じる場面に直面しても、予期する脅威を感じる状況が生じないことを体験させ、回避行動を消去する技法
[系統的脱感作]法	不安・恐怖を感じさせる行動をリラックスした状態で体験させて慣れさせ、段階的（系統的）に反応の消去を行う技法
[シェーピング]法	強化子（報酬）をコントロールしながら、目標とする行動や特定の反応へと次第に近づけていく技法
[モデリング]法	手本となる適切な行動（モデル）を示し、その行動を観察することで望ましい行動を獲得する技法

認知行動療法

- [行動療法]の技法と[認知療法]の技法を効果的に組み合わせて用いることによって、問題の改善を図ろうとする治療アプローチの総称。行動と認知の両方に注目して、非適応的な行動や不適切な認知のパターンの変容を目的としている
- 認知行動療法ではセッション（面接）や日常生活において、クライエントの頭に浮かんでくる[自動思考]に目を向けて、その根拠と反証を検証することによって[認知の偏り]を修正する作業や練習課題などを行う

森田療法

- [森田正馬]によって創始された、神経症の治療に用いられる療法
- 不安や葛藤などの状態をあるがままに受け入れて、心身の不調や症状がある状態のままで具体的な行動を実行する
- 食事と排泄以外は横になる[絶対臥褥期]、部屋の掃除など軽い作業を行う[軽作業期]、手芸等を行う[作業期]、外出も行う[生活訓練期]を経る

心理劇

- モレノによって始められた、改善すべき問題などを劇の主題として、筋書きのない[即興劇]を演じさせる療法
- 参加者は演者か観客のどちらかの役を担う
- 役割を演じることで、参加者の行為や心理面に変化がもたらされる

遊戯療法(プレイセラピー)

- 遊具等を利用しながら[遊び]を主な手段とする療法で、遊び自体が自己治癒的な意味を持つことに治療的価値が認められる
- 言語能力が未発達な子どもが、自分の考えや感情を言葉で表現することが困難な場合に用いられる
- 子どもの先導を重視した[自由]な環境で行われる

自律訓練法

◆ 身体感覚への[受動的注意集中]を通して、心身の状態を緊張から[弛緩]へ切り替えて、受動的態度をつくる

家族療法

◆ 家族を1つのシステムとしてとらえ、個人の問題を[家族全体]の問題としてとらえる療法

- ミニューチンが提唱し、家族システムの構造特性に焦点を当てて、構造変革を重視する理論モデルを[構造派]家族療法という
- ヘイリーが提唱し、家族相互作用の意味、ルール、流れを変えることを重視する理論モデルを[戦略派]家族療法という

11 カウンセリング

カウンセリング

- 心理学におけるカウンセリングとは、何らかの問題を抱えている人（クライエント）に対して、[自己表現]と[自己理解]を促す技法

カウンセリングの主な介入方法

[心理教育的] **カウンセリング**	クライエントに正しい知識や情報を伝えることで、問題への対処法を習得させる
[来談者中心] **カウンセリング**	クライエント個人の感情に焦点を合わせることに重点を置く
[認知的・行動的] **カウンセリング**	不適切な思考が苦しみや有害な行動の原因であるととらえ、非合理的な認知を修正することにより、行動の改善を目指す
[家族システム] **カウンセリング**	問題を抱えた個人だけに焦点を当てるのではなく、その家族を対象にし、家族全体で問題解決していくことを目指す

カウンセラーの態度条件

態度	態度の意味
自己一致	カウンセラーが自分の気持ちも大事にし、自己が一致している状態にあること
無条件の肯定的関心	クライエントが示す言動や感情をありのままに肯定的に受け入れること
共感的理解	クライエントの世界を自分のことのように経験すること

ピアカウンセリング

- 同じ背景をもつ[仲間]（ ピア ）で集まり、それぞれの話を聞くことで、対等な立場から共感的にリポートし合う相互援助

社会理論と社会システム

【第37回試験以降】
社会学と社会システム

01 社会学

主な社会学研究者

コント

- 社会学の祖で、[三状態(段階)]の法則を主張

人間精神の変化	[神学的]精神→[形而上学的]精神→[実証的]精神
人間が営む組織	[軍事型]組織→[法律型]組織→[産業型]組織

ヴェーバー

◆ 支配の類型化

[伝統的]支配	伝統的な規範に基づき、首長などの権限によって維持される支配(恣意性あり)
[カリスマ的]支配	超人間的な力を有する人物(カリスマ)への信仰によって維持される支配
[合法的]支配	合理的に制定された規則を根拠とする没主観的な服従による支配

◆ 社会的行為を[感情的]行為、[伝統的]行為、[目的合理的]行為、[価値合理的]行為に分類した

◆ **官僚制のポイント**

①[権限]の原則
②一元的で明確な上下関係(ヒエラルキー)
③専門化した活動
④[職務]への専念
⑤[文書](一般的な規則)による職務遂行

デュルケム

- 社会の大きな変化によって人々の欲望が肥大化し、無規制状態になったが、それが実現せず、失望感が大きくなって社会が混乱する状態を[アノミー]とした

◆ 社会は分業の体系であるとし、同質的な人々の[機械的]連帯から異質的な人々の[有機的]連携に移行するとした

マルクス

- 『 資本論 』を著し、マルクス主義(資本主義によって生まれた経済格差を批判し、平等な社会の実現を目指す[社会主義]思想)を確立した
- 歴史が階級闘争からなるとする[唯物史観]を展開し、資本主義社会はプロレタリア革命によって、将来[共産主義]に移行するとした

マートン

- 官僚制は規則と組織への信頼性を重視するあまり、臨機応変な処置がとれなくなるといった、官僚制の[逆機能]を指摘
- 個人の態度形成や意思決定の基準となる集団のことを[準拠集団]とした
- 社会緊張理論を提唱し、目標とそれを達成するための制度的手段との不統合が生じている社会状態を「 アノミー 」と呼び、貧しい人々を犯罪へ押し出す要因になっていると主張した
- 状況を[誤って]定義すれば、その定義が、最初の誤った考えを現実のものとしてしまうような新しい行動を引き起こすことを「 予言の自己成就 」と呼んだ

テンニース

- ◆本質意志に基づく感情的な融合を特徴とする共同的な社会のことを[ゲマインシャフト](共同社会)とした
- ◆選択意志に基づく「利害関係による結合」を特徴とする社会のことを[ゲゼルシャフト](利益社会)とした

マッキーバー

- ◆村落や都市のように地域の共同生活の領域を[コミュニティ]と定義した
- ◆共通テーマや関心追求のため構成された組織体を[アソシエーション]と定義した

ハーバマス

- 『コミュニケイション的行為の理論』『[公共性]の構造転換』
- 言語を媒介とし、自己と他者の間で相互了解を目指して行われる相互行為に注目した[コミュニケーション的]行為論で知られる

ウェルマン

◆1960年代後半、コミュニティの解体や存続をめぐる議論の1つとして、通信技術の進展により、コミュニティが地域という物理的空間に限定されない新たな形で展開していくという[コミュニティ解放論]を提唱した

ベッカー

◆『アウトサイダーズ』を著し、「これを犯せば逸脱となるような規則を設け、それが適用された人にアウトサイダーという[レッテルを貼る]こと(ラベリング)によって[逸脱行為]が生み出される」という[ラベリング理論]を主張

● [ラベリング理論]は既存の逸脱研究における「逸脱動機が逸脱行為を導く」という視点に大きな転換をもたらした

メイヨー／レスリスバーガー

◆[ホーソン実験]により、仕事の作業効率には[フォーマル](公式)な規制より、[インフォーマル](非公式)な集団の規範が大きく影響するとした

インフォーマルな組織	組織の中で[自然]に発生する人間関係
フォーマルな組織	個人の主観的感情や態度からは独立した、組織構成員の[地位]と[役割]の体系が定められた組織

クーリー

● 家族、近隣、仲間など対面的で親密な集団を[第一次集団]とした

● 企業、組織など一定の目的や利害関係でできた集団を[第二次集団]とした

● 人は他者の自分に対する認識や評価を通じて自我感情を生み出し、社会的自我を形成するとした(鏡に映った自我)

経済と社会システム

社会指標

● 社会指標には、社会システムの活動水準を客観的に測定する[客観指標]と、活動の状態に対する人々の意識を測定しようとする[主観指標]がある

● 近年は経済発展が進み、[GDP(国内総生産)]の高さと国民の幸福感が乖離していることを受けて、[幸福度指標]の開発も進んでいる

- 「2023年 世界幸福度報告」によると、137の国・地域を対象にした世界幸福度ランキングの1位は[フィンランド]であり、日本は[47]位である

ジニ係数

- ◆イタリアの統計学者ジニによって考案された[所得分配の不平等]を表す指標
- ◆すべての世帯所得が同じであれば[0]、不平等であるほど[1]に近づく

社会関係資本

- ◆社会関係資本(ソーシャルキャピタル)の構成要素は、[社会ネットワーク]と[信頼]、[互酬性の規範]である
- 互酬性の規範とは、社会参加やボランティア活動のこと。[等価性]である必要はなく、[非等価性]でも成立する

[結束]型	強固で排他的であり、外部への敵意を生み出す場合がある
[橋渡し]型	穏やかで開放的、異なる集団間での結びつきを高める

社会的ジレンマ

- 誰でも自分の利益になる最善の選択をしようとするが、それが逆説的に不利益を招くことがある。これを[社会的ジレンマ]という
- [非排他性](誰でもそこから利益を受けられる財／例：一般道路、きれいな空気、海)かつ[非競争性](それに代替されるものがない)という性質がある財を[公共財]という
- ◆公共財の負担に非協力的で、利益のみを享受する(ただ乗りをする)者を[フリーライダー]という
- ◆[公共財]を利用する際に、個々人が管理を怠り利益を追求すれば、公共財が過剰利用され、いずれ枯渇する[共有地の悲劇]という現象が生じる
- ◆2人の人間の間に起きる社会的ジレンマの代表として[囚人のジレンマ]がある。これは、2人の囚人が互いの選択を知ることができない状態で、自分が黙秘・自白のいずれの行動を選択すると最も有利になるのかのジレンマに陥ることである
- ◆[オルソン]は、フリーライダー問題を[選択的誘因](協働行為には[報酬]を、非協働行為には[罰則]を与えて、協働行為の選択が合理的であるようにすること)で解決できるとした

生活と社会の理解

家族と世帯

家族

- 家族とは、婚姻や血縁によって成り立つ親族関係を基礎とする小集団
- 核家族とは、夫婦のみ、または[夫婦(またはひとり親)と未婚の子ども]からなる家族

世帯

- 世帯とは、主に[住居と家計]をともにする人々の集まりのことをいう。世帯には住居と家計を同じくする[非親族員]も含まれる
- 国勢調査や家計調査の対象は、[世帯]を単位として行われる
- 国民生活基礎調査では、[単独]世帯、[核家族]世帯、[三世代]世帯、その他の世帯に分類されている
- ◆65歳以上の者のいる世帯は、全世帯において最も多い(49.7%)。そのうち、[夫婦のみの]世帯が最も多く、次いで[単独]世帯、[親と未婚の子のみの]世帯の順となっている

ライフサイクル

- [ライフサイクル]とは、個人の一生にみられる規則的な変化のことで、生活周期、人生周期ともいう
- 家族のライフサイクル上、あるステージから次のステージへの移行に当たり、ステージを特徴づける課題に応じて[家族役割の再編成]が生じる

ライフコース

- [ライフコース]とは、社会的存在としての個人の生涯の多様な生活過程を明らかにしようとする見方である
- 同時期に共通の体験をした集団のことを[コーホート]という。人口学では同年に生まれた集団を観察することが多く、「 出生コーホート 」と呼ぶ

都市化

シカゴ学派

- 1920～1930年代にシカゴ大学社会学部が輩出した社会学者
- [社会的実験室]としての都市について多くの議論を展開した
- [パーク]は「都市社会学の父」と呼ばれる

アーバニズム（都市的生活様式）

- [ワース]によって定式化された、都市に特徴的にみられる生活様式
- 都市では[第二次的接触]（目的達成のための一時的な関係）、アノミー、非個性化などの特徴がみられる⟷[第一次的接触]（親密で全人格的なつきあい）

同心円地帯論

- [バージェス]が唱えた理論
- 都市は、中心部、[遷移（せんい）地帯]、労働者住宅地帯、住宅地帯、通勤者住宅地帯と同心円に分かれる
- 遷移地帯は、移民や芸術家が混在し、社会変革の希望も見出せる

限界集落

- 長期にわたり人口が減少し、税収も少なく活力が低下している地域を[過疎地域]という
- 過疎化と高齢化によって、[65]歳以上人口が[50]%以上になった集落を[限界集落]という
- 限界集落では、[共同生活]の維持機能（冠婚葬祭、田役、道役）などの社会生活の維持が困難になる

03 人口統計

人口の構成（総務省統計局「人口推計」より）

◆ 2022年12月1日現在、総人口は約[1億2,486]万人で、前年同月比で約[52]万人減少（[2008]年の1億2,808万人をピークに、[2011]年以降は毎年減少）

● 2022年12月1日現在、15歳未満人口は約[1,445]万人で、総人口に占める割合は[11.6]%である

● 2021年の生産年齢人口（15～64歳）の割合は[59.4]%で、1950年以降過去最低となり、15～64歳人口の割合が最も高いのは東京都（66.3%）である

● 高齢化率とは、総人口に占める[65歳以上]人口のことで、2022年は29.5%である（過去最高）

● 高齢化率が最も高い都道府県は[秋田県]（38.6%）、次いで[高知県]（36.1%）である

◆ 高齢化率が最も低い都道府県は[東京都]（22.8%）、次いで[沖縄県]（23.5%）である

合計特殊出生率／人口置換水準

● 合計特殊出生率とは、その年の[15]～[49]歳の女性の年齢別出生率を合計したもので、女性が生涯を通じて生むと仮定される子どもの数と解釈できる

● 人口の維持に必要な合計特殊出生率は、[2.07]といわれている

● 人口が長期的に増加も減少もせず均衡する水準を[人口置換水準]といい、合計特殊出生率がそれ（2.07）を下回ると[少子化]となる

平均寿命

● 平均寿命とは、年齢別の[推計人口]と[死亡率]のデータから各年齢の死亡率を算定し、平均的な寿命を推計した値

● 「令和4年簡易生命表の概況」によると、日本人の平均寿命は、男性が[81.56]年、女性が[87.71]年である

高齢化率7%（高齢化社会）から14%（高齢社会）への到達年数

国	所要年数	7%を超えた年	14%を超えた年
日本	24年	［ 1970 ］年	［ 1994 ］年
ドイツ	40年	1932年	1972年
スウェーデン	85年	1887年	1972年
フランス	126年	1864年	1990年

高齢化の推計と将来推計

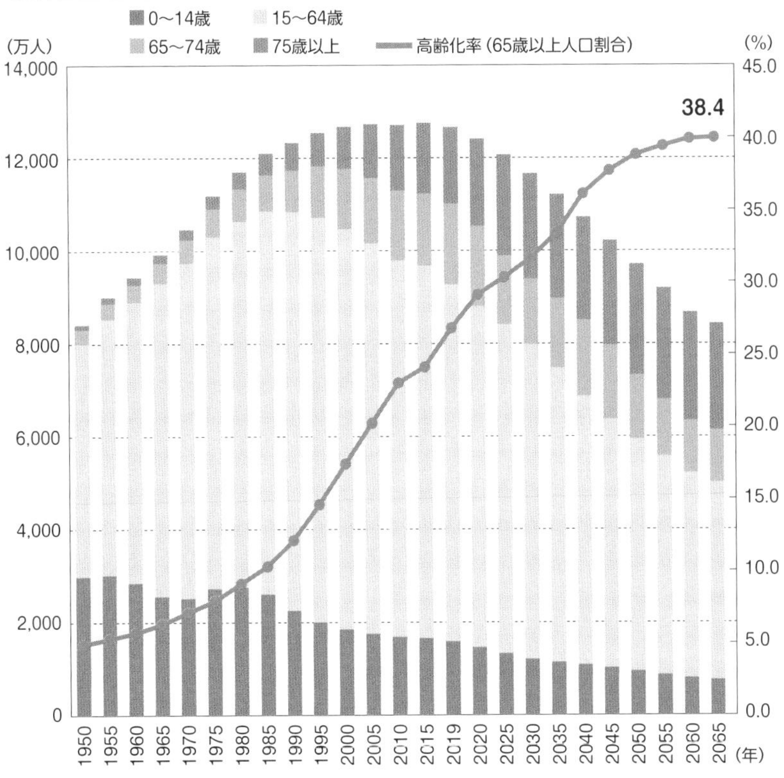

出典:内閣府「令和4年度版 高齢社会白書」

3章 社会理論

04 行為と役割

行為の種類

- ヴェーバーの定義する「行為」とは、単数あるいは複数の行為者が[主観的]意味を含ませている限りの人間の行動である

◆ 行為の4類型

[目的合理的]行為	事態の推移や他者の行動を予想し、それらを自分の目的を達成するための手段として利用する行為(経済でいう[ホモ・エコノミクス])
[価値合理的]行為	行為そのものの価値への信仰によってなされる行為(宗教的行為、友情など)
[感情的]行為	感情に基づいてなされる行為
[伝統的]行為	長く身についた慣習などによってなされる行為。ブルデューの[ハビトゥス]論に発展した

- [ゴッフマン]は、他者との相互行為をパフォーマンス、オーディエンス、といった演劇的視点(ドラマトゥルギー)から論じた。ゴッフマンによる社会的役割は[役割演技]ととらえられる

社会学の方法論

- 行為と社会の関係をめぐって、社会学には2つの方法論があると理解されている

方法論的[個人]主義	主にヴェーバー。社会は個々の行為の合計に過ぎない(＝社会唯名論)
方法論的[集合]主義	主にデュルケム。社会は個々の行為の合計とは別個に存在する(＝社会実在論)

- パーソンズは、[主意主義行為論]という行為論を提示し、社会システム論を応用して[AGIL]図式により行為を説明した

地位

- 人々が様々な社会集団で占める位置を[地位]という
- 地域には、性別や世代などによって自動的にもつ[生得的地位]と、自分自身の努力や意図によって担う[獲得的地位]がある

- 社会内で明確な位置の基準が設定されている[客観的地位]と、人々が主観的に感じている[主観的地位](中流意識など)がある

役割

- それぞれの地位にふさわしい振る舞いのパターンがあり、これを[社会的役割]という

主な役割の概念

◆[役割取得]	[自我]の形成過程で他者からの役割期待を内面化して取り入れること(ミードの概念)
◆[役割期待]	相互関係の中で、認知されている役割に対して、特定の行為を期待すること
[役割形成]	人が相互行為する中で、自らが担う役割を創造したり一部修正して組み立てること(ターナーの概念)
◆[役割葛藤]	役割期待と行為する者の保有する複数の役割間の[矛盾]や[対立]から、心理的緊張を感ずること
◆[役割距離]	他者の[期待]と少しずらした形で行動すること。相手の[期待]に拘束されない自由と自己の自立性が確保できている場合にとる行動
[役割交換]	夫婦や親子など相互で役割を交換することにより、相手の立場や考え方を理解すること
[役割分化]	家族における夫と妻、親と子のように、社会・集団の課題に対応して役割が分けられること

知っトク!

性別と役割

1970～80年代の先進諸国における女性解放運動の中で登場した「ジェンダー」の概念は、生物学的性別に基づいて割り当てられた文化的・社会的性差と考えられている。特に近代以降の家族は、男性は外で仕事をし、女性は家で家事・育児を担うという「性別役割分業」が行われていることが特徴の1つとされており、これ自体が男女の社会的な「役割分化」と考えることができる。また、当然視されてきた「女らしさ」や「男らしさ」も、人が社会化される過程での「役割形成」で作られたものといえる。

05 現代社会の問題

ジェンダー／セクシュアリティ

- 「男性稼ぎ主」モデルを基盤にした近代家族に特有な男女の役割分担を[性別役割分業]という
- 社会的、文化的に形成された男女の性差のことを[ジェンダー]という
- 1972年、国連は女性の地位向上を目指して1975年を[国際婦人年]とすることを宣言した
- 1975年に第1回世界女性会議が開かれ、1980年に行われた第2回会議では[女子差別撤廃条約(CEDAW)]への署名が行われた
- 1970〜80年代の国際的な動きを背景に、女性差別撤廃条約を推進するために、日本で[男女雇用機会均等法](1986年)が施行された
- 我が国では、1999年に[男女共同参画社会基本法]が施行された

自殺対策

- 「令和4年版自殺対策白書」(厚生労働省)によると、2021年の自殺者数は2万1,007人で、前年に比べ74人(約0.4%)[減少]した
- 性別では男性が全体の[66.9]%を占めている
- 自殺の原因・動機では、[健康問題]が最も多く、次いで[経済・生活問題]、家庭問題、勤務問題の順となっている
- 自殺対策基本法では、自殺対策は、自殺が[多様]かつ[複合的]な原因及び背景を有するものであることを踏まえ、実態に即して実施されるようにしなければならないとしている
- 自殺対策に係る活動を行う様々な関係者が、自殺対策の総合的かつ効果的な推進のため、[相互に連携]を図りながら協力するものとされている
- [ゲートキーパー]とは、自殺の危険を示すサインに気づき、声をかけ、話を聞いて、必要な支援につないで見守る「命の門番」であり、[民間企業等の管理職]、[かかりつけ医]、[民生委員・児童委員]、[地域住民]等を対象に研修が行われている

現代社会と福祉

【第37回試験以降】
社会福祉の原理と政策

社会福祉理論の展開

社会福祉理論

- 社会福祉とは、[国家扶助]の適用を受けている者、[身体障害者]、[児童]その他援護育成を要する者が、[自立]してその能力を発揮できるよう、必要な生活指導、更生補導、その他の援護育成を行うこと

西洋の主な研究者

ウェッブ夫妻	[少数派報告]で救貧法を解体し、[ナショナル・ミニマム]の理念(所得、教育、衛生等の保障)に基づく救済制度の創設を主張
◆ベヴァリッジ	1942年に[ベヴァリッジ報告]『社会保険と関連サービス』において、戦後の公的所得保障制度の確立を提唱。社会保障とは5つの巨悪(貧困、疾病、無知、不潔、怠惰)への対応であるとした
ティトマス	社会福祉政策を[残余的福祉モデル]、[産業的業績達成モデル]、[制度的再分配モデル]の3つに類型化した
◆ラウントリー	『貧困ー都市生活の研究』(ヨーク市調査)において「 貧困線 」の概念を示し、「[第一次]貧困線」、「[第二次]貧困線」を算定した
マルサス	『 人口論 』で、人口が増加する一方で食糧生産が追いつかず、[救貧法]は貧困を増加させると主張
◆ブース, C.	『 ロンドン民衆の生活と労働 』(ロンドン調査)で、貧困の主要因が不安定就労、低賃金等の社会経済的問題、貧困を生む生活習慣にあると指摘
セン	ベンガル出身の経済学者。ノーベル経済学賞受賞。厚生経済学の代表的人物。[効用]の概念と[潜在能力論](ケイパビリティ・アプローチ)で著名
◆ロールズ	現代リベラリズムを代表する人物。不遇な立場に置かれた人々の平等をいかに保障するかを考え、すべての人が現実に自分の置かれた状態を知らないという[無知のヴェール]に包まれた[原初状態]を想定。[格差原理]などの理論を生み出した。代表作は『正義論』
ベンサム	その社会で最も多くの人が幸福になるような社会の在り方が望ましいとする、「 最大多数の最大幸福 」という理論を提示。このような考え方は[功利主義]と呼ばれる。[パノプティコン]の概念をつくったとされる
ギデンズ	イギリスのブレア政権のブレーンとしても知られた社会学者。所得の再分配を前提とする福祉国家の限界を乗り越え、かといって新自由主義に傾倒するわけでもない、いわゆる「 第三の道 」という政策方針を提唱した
リスター	経済的貧困と関係的・象徴的側面の関係性を[車輪]になぞらえた
ポーガム	代表作は『 貧困の基本形態 』で、[社会的降格]という概念を打ち出したことで知られる

ピケティ	『21世紀の資本』を著し、r(資本収益率)がg(経済成長率)を上回るとき、格差が持続的に拡大するという理論を提唱。従来の「資本主義の持続的発展は格差を縮小させる」という定説を覆すものであったため、世界的に注目された
◆パットナム	信頼や規範、ネットワークといった社会組織の特徴を「社会関係資本」(ソーシャルキャピタル)という概念で表した。代表作は『哲学する民主主義』、『孤独なボウリング』
◆タウンゼント	「貧困」を新しくとらえ直し、社会で奨励・是認されている望ましい状態から何かを奪われている状態と見なす[相対的剥奪]の概念を提示。その功績は「貧困の再発見」と称された
エイベル-スミス	タウンゼントとともに貧困者に関する調査を行い、1950年代中期から増大した貧困者のうち、かなりの割合を[常勤の労働者]が占めていることを指摘した
ルイス	貧困者に共通して形成・継承される生活様式を[貧困の文化]という概念で示し、これがさらなる貧困を生むという「貧困の再生産」について指摘した

知っトク!

センの効用の概念：例えば自転車を1人に1台給付したとして、坂道だらけの田舎に住む人と平地に住む人では、その価値が異なる。このようなとき、「効用が異なる」と表現される

センの潜在能力論(ケイパビリティ・アプローチ)：所得では捕捉できない価値を保障するため、彼は人々の潜在能力(ケイパビリティ)に着目した

日本の主な研究者

大河内一男	社会政策(労働政策)の対象を経済秩序内にある生産者、[社会事業]の対象を[経済秩序外的存在]である貧困者とした
孝橋正一	社会問題と社会的問題を区別し、社会問題に対応するのが[社会政策]で、社会的問題に対応するのが[社会事業]とした
岡村重夫	福祉組織化活動の目的は[社会コミュニティ]づくりであるとした
一番ヶ瀬康子	生活保障の制度・政策、人権保障の社会的実践。[生活問題]を対象とする
真田是(なおし)	社会福祉の問題を[社会問題]、[政策主体]、[社会運動]の三元的な関係でとらえ、そこから[福祉労働]を規定した
◆三浦文夫	福祉ニーズの概念を[貨幣的]ニーズと[非貨幣的]ニーズに大別し、後者が主要な課題となっていることを指摘

※第5章-01の「イギリスの地域福祉の展開」も参照してください

福祉レジーム論

福祉レジーム論の概要

- [エスピン-アンデルセン]は、労働力の[脱商品化]と[社会的階層化]という2つの指標を用いて、福祉レジームを3つに分類した

脱商品化	[参加支援]指標	社会政策によって、個人や家族が自らの労働力を商品として売らなくても、一定水準の生活を維持することができるかを示す指標
社会的階層化	[平等化]指標	職種や社会的階層に応じて福祉政策の差がどれだけあるかを示す指標
脱家族化	[家族支援]指標	家族による福祉の負担がどれだけ軽減されているかを示す指標(本来国家が負うべき福祉や介護などを家族が担う状態を「家族化」という)

- 日本は、[保守主義]レジームと[自由主義]レジームの性格を併せもつ
- 保守主義レジームと社会民主主義レジームは、ともに福祉に多くの支出を割いている点で[福祉国家]と呼ばれることが多い
- 自由主義レジームでは、社会保障制度に占める選別主義的制度の割合が高いため、福祉の受給には強い[スティグマ](負い目)を伴う

福祉レジームの分類

	[自由主義]レジーム	[保守主義]レジーム	[社会民主主義]レジーム
特徴	市場や家族では実現できない例外的な場合に限り、政府による社会サービスが対応する	伝統的な価値観や社会秩序、家族の機能を重視。職業や地位に社会サービスが連動する仕組みなので、階層間の格差が維持される	市場とはかかわりなくニーズに基づいて社会サービスが供給されるものとする
代表国	アメリカ、カナダ、オーストラリアなどのアングロサクソン諸国	ドイツ、フランス、オーストリア、オランダ、ベルギーなどの西欧諸国	スウェーデン、デンマークノルウェー、などの北欧諸国
労働市場	失業率は景気動向により大きく[変動]する	失業率は[高く]なる傾向にある	失業率は比較的[低く]なる傾向にある

03 需要とニード（ニーズ）

需要とニードの概念

- 市場において満たすことができると経済的に裏付けられる需要を[有効需要]といい、要求・要望・要請などの形で国民から行政に寄せられる需要を[行政需要]という
- ニードに基づき、福祉政策を策定するべきとする考え方を[必要原則]という
- 各個人に対する再分配は、その人が成し遂げた功績や社会への貢献の程度に応じて決められるべきだとする考え方を[貢献原則]という
- ニードを満たすサービスについての情報が、利用対象者に十分提供されないと、ニードが[潜在化]し、サービス利用が進まないことがある
- [ブラッドショー]は社会的ニードを、4つに整理した

ブラッドショーによる社会的ニードの分類

◆[規範的]ニード	社会通念や専門知識に基づき、行政や専門家が判断するニード
◆[感得された]ニード	本人が感じるニードのこと。感得されたニードは、本人が外部に表明している場合と、していない場合とがある
[表明された]ニード	感得されたニードを充足しようとして言動に表されたニード
[比較]ニード	他人や他の集団が置かれた状態との比較に基づいて判断されるニード

4章 現代社会

04 福祉供給

準市場

- 国・地方公共団体による公的サービス提供の不足を補うために、市場メカニズムを導入した状態を[準市場]という。代表的な論者は[ルグラン]
- 例としては、介護保険制度における[介護サービス]の提供がある
- 利用者がサービスを選択する上での[情報提供]や、サービスの質を向上させるための[モニタリング]が必要である

ラショニング

- 社会政策のように市場メカニズムが機能しない領域で、人々のニーズに資源を提供する場合に、[ラショニング](配給)という人為的調整を行う

指定管理者制度

- [地方公共団体]や外郭団体に限定していた公の施設の管理を、営利企業やNPO法人などに行わせることができる制度
- 社会福祉施設の管理を[民間団体]に行わせた場合でも、社会福祉施設の設備及び運営に関する基準に従う義務がある
- 使用料の強制徴収や不服申立てに対する決定などは、法令によって[地方公共団体]の長の権限とされている

バウチャー

- 金券や利用券等の証票の形で、個人を対象に[補助金]を交付すること
- 現物支給よりも受給者に[選択権]が与えられ、金額相当が他の目的に使われてしまうことを防ぐ([使途制限]、[譲渡制限])といった特徴をもつ

Point!

バウチャーは、フリードマンの『資本主義と自由』において提唱されました

05 福祉政策の課題

社会的排除(ソーシャル・エクスクルージョン)

- マイノリティの人々が不平等、差別や偏見により[社会との関係]が希薄になり、社会制度からも排除される状態のことで、1992年に欧州連合(EU)で定義された概念
- 貧困と様々な差異が結びついて引き起こされる状態で、その[過程]に注目する

社会的包摂(ソーシャル・インクルージョン)

◆[社会的包摂]は、差別や排除される人々を家族や地域社会といった社会的なつながりによって支え合おうとする理念である

- 1990年代後半の[ヨーロッパ]での外国人労働者排斥運動の高まりに対して、フランス、イギリスでは、コミュニティを構成する一員として包み込む社会を実現していく政策を打ち出した
- 日本では、ソーシャル・インクルージョンを推進する[地域福祉計画]が2000(平成12)年6月に法制化された
- 日本社会福祉士会の倫理要綱の「社会に対する[倫理責任]」において、人々をあらゆる差別、貧困、抑圧、排除などから守るソーシャル・インクルージョンを目指すよう定められている

公営住宅制度

- 公営住宅は、憲法第[25]条([生存権]の保障)の趣旨にのっとり、[公営住宅法]に基づき、国と地方公共団体が協力して、住宅に困窮する[低額所得者]に対し、低廉な家賃で供給される
- 入居の条件として[収入基準]があり、また現に[住宅]に[困窮]していることが明らかであることが必要である
- 3年以上入居し、入居収入基準を超える収入のある者(収入超過者)には[明渡努力義務]が発生する
- 5年以上入居する[高額所得者]に対しては、[地方公共団体]が明渡しを請求することが可能

06 人権擁護

世界人権宣言(1948年)

- [人権]及び[自由]を尊重し、確保するために、すべての人民とすべての国とが達成すべき共有の基準
- 加盟国への[法的拘束力]はない

国際人権規約(1966年)

- [法的拘束力]をもち、A規約とB規約からなる

A規約	労働・社会保障・教育についての権利などの[社会権]の保障を定めている
B規約	身体・移動・思想・良心の自由、差別の禁止、法の下の平等などの[自由権]の保障を定めている

女子差別撤廃条約(1979年)

- 女子に対するあらゆる形態の差別の撤廃に関する条約
- 1980年にコペンハーゲンで開催された第2回[世界女性会議]において、各国が署名し、順次批准(日本は[1985]年に批准)
- 締約国が[母性]を保護することを目的とする[特別措置]をとることは、差別と解してはならない

児童の権利に関する条約(1989年)

- [18]歳未満のすべての児童の保護と、基本的人権の尊重を促進する目的
- 児童の生存と発達の確保だけでなく、児童が[意見を表明]する権利も含まれる
- 締約国は、[結社]の自由及び[平和的な集会]の自由についての児童の権利を認める

高齢者のための国連原則(1991年)

- 高齢者の「自立・参加・ケア・自己実現・尊厳」を基本原理とし、各国政府が自国プログラムに組み入れるよう奨励

地域福祉の理論と方法

【第37回試験以降】
地域福祉と包括的支援体制

イギリスの地域福祉の展開

慈善組織協会(COS)

- 慈善活動を組織化することで、個々の慈善団体間の[連絡]・[調整]を進め、効率的な救済を行うことを目的に、1869年に[ロンドン]で設立
- 被救済者の登録を行い、救済の[重複]や[不正受給]の抑制を図った
- 貧困の原因を社会ではなく[個人]に求め、[自助努力]の有無を基準に「救済に値するか否か」を区別し、救助活動を行った

セツルメント運動

- 知識や財産をもつ人が[スラム街]に住み込み、貧困者の生活向上や地域の社会福祉の向上を図る活動
- 貧困の原因は[個人]ではなく[社会構造]にあるととらえ、慈善組織協会から離脱した

イギリスの地域福祉の展開

年	内容
1819年	チャルマーズが、貧困家庭への友愛訪問や組織的な援助などを行う[隣友運動]を始めた
1844年	ウィリアムズによって[キリスト教青年会](YMCA)が設立された
1869年	慈善組織協会(COS)設立
1878年	ブース, W.が[救世軍]を設立し、貧困者への伝道、救済事業が行われた
1884年	[バーネット]が中心となって、世界初のセツルメント・ハウスである[トインビー・ホール]がロンドンに設立された
1942年	[ベヴァリッジ報告]において、国民生活の5つの巨悪である貧困・疾病・無知・不潔・怠惰を国の責任で解決する[ナショナル・ミニマム]の考え方が示された
1968年	[シーボーム報告]において、分野別で行われていたサービスの統合と、ニーズに合わせたソーシャルワーカーの配置が提案された
1970年	シーボーム報告を受け[地方自治体社会サービス法]が制定され、地方自治体単位でのコミュニティケアが推進されることになった
1978年	[ウルフェンデン報告]において、福祉サービス供給が国・地方公共団体のみではなく、多様な主体によっても担われる[福祉多元主義]を提示
1982年	[バークレイ報告]で、[コミュニティ・ソーシャルワーク]が提唱された
1988年	[グリフィス報告]で、企業やボランティア組織のサービス促進が提唱された

02 アメリカの地域福祉の展開

アメリカの社会福祉の展開

- 1877年、最初の[慈善組織協会](COS)がニューヨーク州バッファローで設立された
- 1889年、[アダムズ]らの手によりシカゴで[ハルハウス]が設立された
- 1918年、ニューヨーク州ロチェスターで、[コミュニティ・チェスト](共同募金運動)が開始された
- 1947年、地域組織化活動に用いられる手法の1つである[インターグループワーク]が、[ニューステッター]によって提示された
- インターグループワークとは、地域社会を構成するグループ間の利害や意見の連絡調整を図ることで、地域組織化を進めること

コミュニティ・オーガニゼーション

- 1955年、[ロス]が『コミュニティ・オーガニゼーション』を発表。日本では社会福祉学者の[岡村重夫]が翻訳し、地域福祉の理論化に影響を与えた
- ロスは、目標達成や問題解決より[プロセス]を重視し、実際の行動を起こすことに重きを置いた
- コミュニティ・オーガニゼーションは、[ロスマン]によって3つのモデルに分類された

ロスマンによるコミュニティ・オーガニゼーションの3つのモデル

[小地域開発]モデル	小地域住民を対象に、コミュニティの連帯、自立、調和を目指す
[社会計画]モデル	利害や対立ではない計画によって合意形成を図る
[ソーシャル・アクション]モデル	世論を喚起し、議会や行政機関に制度の創設、改善、充実を求める

03 日本の地域福祉の発展

近代の社会福祉

- 日露戦争後、財政難に陥った国は、民間の慈善事業を再編して、国家統制の色彩を強く帯びた[感化救済事業]を進め、[防貧]の必要性を強調した
- 1908年に[中央慈善協会](社会福祉協議会の前身)が設立され、国内外の救済事業の調査、慈善団体や慈善家の連絡調整・指導奨励事業などが行われた。初代会長は実業家の[渋沢栄一]
- 1911年に制定された[工場法]では、最低就業年齢、最長労働時間など、労働者の保護を定めた
- ◆1917年に、ドイツのエルバーフェルト制度などを参考に岡山県知事の[笠井信一]が[済世顧問制度]を創設した
- ◆1918年、大阪府で林市蔵と[小河滋次郎]が[方面委員制度]を創設した

民間の慈善活動家と活動内容

人名	年	活動内容
[石井十次]	1887年	◆[岡山孤児院]を設立。「 岡山孤児院十二則 」を設け、多彩な処遇を実践
[石井亮一]	1891年	◆孤女学院(後の滝乃川学園)を設立。障害児施設の先駆け
[山室軍平]	1895年	キリスト教慈善団体である[日本救世軍]を設立
[片山潜]	1897年	◆東京に[キングスレー館]を設立し、セツルメント運動を展開
[留岡幸助]	1899年	◆不良少年の感化(更生)のため、[家庭学校]を東京巣鴨に設立し、1941年にその分校として北海道にも創設
[野口幽香]	1900年	貧児のための幼稚園[二葉幼稚園](現・二葉保育園)を開設
[賀川豊彦]	1909年	神戸で[セツルメント] 運動を開始
河上肇	1916年	貧困を取り上げた『 貧乏物語 』の新聞連載(のちに出版)
浅賀ふさ	1929年	聖路加病院に社会事業部を創設(日本のMSWの先駆者)
[高木憲次]	1932年	日本初の肢体不自由児のための学校[光明学校]を開設
[糸賀一雄]	1946年	知的障害児施設である[近江学園]を創設

04 日本の地域福祉の考え方

コミュニティ理論

- [コミュニティ・オーガニゼーション]の概念は、日本の地域福祉の概念形成において重要な位置を占めている
- [牧賢一]は、『コミュニティ・オーガニゼーション概論』(1966年)や『社会福祉協議会読本』(1953年)を著した
- 国際障害者年を契機に普及した[ノーマライゼーション](完全参加と平等)と、ヨーロッパから普及した[ソーシャル・インクルージョン]という理念が、日本における地域福祉の考え方の重要な背景となった
- [岡本栄一]は、展開ステージ(場)と推進支援の主体という2つの軸を設定することで、地域福祉論を次の4つの志向に整理できるとした

地域福祉論の4つの志向と主な提唱者

志向	主な提唱者
福祉コミュニティ志向	[岡村重夫]:地域福祉の構成要素を、一般地域組織化活動、福祉組織化活動、コミュニティケア、予防的社会福祉とした。また、福祉組織化活動の目的は「 福祉コミュニティづくり 」であるとした
	阿部志郎:横須賀基督教社会館の館長などを務め、[民間福祉]とボランティアを重視
住民の主体形成志向	大橋謙策:住民の主体形成と参加を重視し、[コミュニティ・ソーシャルワーク]を理論化
政策・制度(自治)志向	井岡勉:資本蓄積に伴う貧困化(生活問題)への対策重視
	真田是:政策と運動との拮抗関係を含め、[運動論]的要素を重視
	[右田紀久惠]:地方自治体における福祉政策の充実や住民自治を基底にした[自治型地域福祉]を重視
在宅福祉志向	[永田幹夫]:地域福祉の概念として、在宅福祉サービス、環境改善サービス、組織活動を示した
	[三浦文夫]:社会福祉政策が注目する視点として[貨幣的ニーズ]に代わり「 非貨幣的ニーズ]が主要課題になりつつあると指摘

※第 4 章-01「社会福祉理論の展開」、05「福祉政策の課題」 も参照してください

エンパワメント

- エンパワメントとは、社会的に弱い立場に置かれた人が自らの[潜在的]な力や[長所]に着目し、その力を活かしてニーズを満たすために主体的に取り組もうとする考え方

圏域

- 地域福祉計画の策定に当たり、地域福祉の[圏域]設定が重要になっている

地域福祉にかかわる主な圏域

老人保健福祉圏域	[都道府県等]が保健、医療サービスの推進を図るため複数の市町村を単位として設定した区域
障害保健福祉圏域	市町村だけでは対応困難な各種サービスを整理することにより、広域的なサービス提供網を築くため、[都道府県]の行政機関等の管轄区域等を勘案しつつ、複数市町村を含む広域圏域として設定
地域自治区	市町村長の権限に関する事務を分担し、地域住民の意見を反映させつつ処理するために、条例により定めた区域
[日常生活圏域]	介護給付等対象サービスを提供するための施設の整備の状況、その他の条件を総合的に勘案して定める区域。[中学校区]を基本とする
地域福祉圏域	住民にとって身近な圏域。地域生活課題に関する相談を包括的に受け止める体制の整備が求められる
[福祉区]	地域住民参加の体制づくりの圏域として提案された、一定の福祉サービスや公共施設が整備された区域(主に小学校区)

住民参加

- 1962年に、社会福祉協議会基本要項で[住民主体]の原則が打ち出された
- 地域住民が地域福祉の[担い手]であり、福祉サービスの利用者であることにより、地域福祉の推進を図ることができる
- 住民参加の手法として、近隣の助け合いや福祉活動、[ワークショップ]、説明会、座談会への参加、各種委員会や策定委員会の公募などがある
- 社会福祉協議会基本要項では、地域住民が抱える生活上の問題を[住民自ら]が解決することを原則とした

◆ 市町村地域福祉計画の策定にあたっては、[地域住民]、学識経験者、福祉・保健・医療関係者、民生委員・児童委員、市町村職員等が参加する[策定組織]を設置することが考えられる

05 地域福祉の政策変遷

近年の地域福祉政策の流れ

年	法律及び報告書
2000(平成12)	[社会福祉]法([社会福祉事業]法を改正・改称)
	社会的な援護を要する人々に対する社会福祉のあり方に関する検討会
2002(平成14)	ホームレス自立支援法
2003(平成15)	2015年の高齢者介護(高齢者介護研究会)
2008(平成20)	地域における「新たな支え合い」を求めて―住民と行政の協働による新しい福祉―(これからの地域福祉のあり方に関する研究会)
2012(平成24)	社協・生活支援活動強化方針(全国社会福祉協議会)
2013(平成25)	地域包括ケア研究会
	生活困窮者自立支援法
	避難行動要支援者の避難行動支援に関する取組指針(内閣府)
2014(平成26)	医療介護総合確保推進法
	市町村地域福祉計画及び都道府県地域福祉支援計画の策定について(生活困窮者自立支援方策について市町村地域福祉計画及び都道府県地域福祉支援計画に盛り込む事項を定めた通知)(厚生労働省)
2015(平成27)	誰もが支え合う地域の構築に向けた福祉サービスの実現―新たな時代に対応した福祉の提供ビジョン―(厚生労働省)
	社会福祉法人制度改革について(社会保障審議会福祉部会)
2016(平成28)	参加と協働による「新たなたすけあい」の創造(中央共同募金会)
2017(平成29)	「地域における住民主体の課題解決力強化・相談支援体制の在り方に関する検討会」(地域力強化検討会)最終とりまとめ(厚生労働省)
	社協・生活支援活動強化方針(全国社会福祉協議会)
	「地域包括ケアシステムの強化のための介護保険法等の一部を改正する法律」による社会福祉法の一部改正(地域福祉計画策定の[努力義務化])
2018(平成30)	これからの民生委員・児童委員制度と活動のあり方に関する検討委員会(全国民生委員児童委員連合会)
2019(令和元)	「地域共生社会に向けた包括的支援と多様な参加・協働の推進に関する検討会」(地域共生社会推進検討会)最終とりまとめ(厚生労働省)

06 社会福祉法

◆ 社会福祉法の改正のポイント

改正年	概要
2000年	・1951年成立の社会福祉事業法を抜本的に改正し、「社会福祉法」と改称 ・利用者の立場に立った社会福祉制度の構築 ・サービスの[質]の向上（事業運営の透明性の確保など） ・社会福祉事業の充実・活性化 ・[地域福祉]の推進を初めて法律に明記（[地域福祉計画]の規定、社会福祉協議会や共同募金等の活性化など）
2016年	・社会福祉法人制度の改革（経営組織の[ガバナンス]強化、事業運営の透明性の向上、財務規律の強化、[地域における公益的な取組]の実施など） ・[福祉人材]の確保の促進（介護人材確保に向けた取組の拡大、[福祉人材センター]の機能強化など）
2017年	・地域福祉計画の策定の[努力義務]化
2018年	・[無料低額宿泊所]の規制強化（貧困ビジネス規制）
2020年	・地域住民の複雑化・複合化した支援ニーズに対応する市町村の包括的な支援体制の構築の支援、市町村による[重層的支援体制整備事業]の創設 ・地域の特性に応じた認知症施策や介護サービス提供体制の整備等の推進 ・医療・介護のデータ基盤の整備の推進 ・介護人材確保及び業務効率化の取組の強化 ・[社会福祉連携推進法人]制度の創設

地域福祉の主体

- 地域福祉の主体は、[地域住民]、社会福祉事業者、社会福祉活動を行う団体の三者である

◆社会福祉法4条

- [地域住民]等は、相互に協力し、福祉サービスを必要とする[地域住民]が地域社会を構成する一員として日常生活を営み、[社会]、[経済]、[文化]その他あらゆる分野の活動に参加する機会が確保されるように、地域福祉の推進に努めなければならない
- 地域住民等は、地域福祉の推進に当たっては、福祉サービスを必要とする[地域住民]及びその世帯が抱える[地域生活課題]を把握し、その解決に資する[支援関係機関]との連携等によりその解決を図るよう特に留意する

- 社会福祉法4条にある「社会福祉に関する活動を行う者」には、[ボランティア]等が想定されている

07 地域福祉に係る組織

社会福祉協議会

◆1951年に日本社会事業協会、同胞援護会、全日本民生委員連盟の3団体が統合されて、[中央社会福祉協議会](現：全国社会福祉協議会)が誕生した

● 災害が発生してボランティアの助けが必要になった場合、主に都道府県や市町村の社会福祉協議会に[災害ボランティアセンター]が設置される

都道府県社会福祉協議会

● 都道府県の区域内において、[市町村社会福祉協議会]の過半数、及び[社会福祉事業]または[更生保護事業]を経営する者の過半数が参加する

● 福祉サービス利用援助事業を行う市町村社会福祉協議会その他の者と協力して都道府県の区域内においてあまねく[福祉サービス利用援助事業]が実施されるために必要な事業を行う

都道府県社会福祉協議会の事業
・各市町村を通ずる[広域的]な見地から行うことが適切な事業
・社会福祉を目的とする事業に従事する者の[養成]及び[研修]
・社会福祉を目的とする事業の経営に関する[指導]及び[助言]

市町村社会福祉協議会

◆1983年の[社会福祉事業法]の一部改正により、市町村社会福祉協議会の[法制化]が実現した

◆指定都市の場合、[地区社会福祉協議会]の過半数、及び[社会福祉事業]または[更生保護事業]を経営する者の過半数が参加する

● 市町村長は、災害の発生に備え必要な限度で、消防機関、都道府県警察、民生委員、[市町村社会福祉協議会]等の[避難支援等関係者]に対し、名簿情報を提供する(原則、本人の同意が必要)

市町村社会福祉協議会の事業
・社会福祉事業の[企画]・実施
・福祉活動への住民参加のための[援助]
・社会福祉事業に関する調査、普及、宣伝、連絡調整、助成

共同募金会

- ◆［ 都道府県 ］の区域内で広く募集した寄附金を、［ 社会福祉 ］を目的とする事業を経営する者に対して分配する
- ◆運営の適正性を担保する必要が高いため、［ 第一種 ］社会福祉事業である
- ◆共同募金の募集期間は［ 厚生労働大臣 ］が定める
- ●公正な配分に資するため、［ 配分委員会 ］の設置が義務づけられており、寄附金の配分を行うに当たっては、その［ 承認 ］が必要
- ◆共同募金会は［ 社会福祉法人 ］でなければならず、共同募金会以外の者が共同募金事業を行ってはならない
- ●毎年12月には、社会福祉協議会、民生委員児童委員協議会と共同募金会の三者共催で［ 歳末たすけあい運動 ］が行われる
- ●募金額の総額は、1998年以降［ 減少 ］傾向にあったが、2021年に約26年ぶりに［ 増加 ］

町内会・自治会

- ●町内会・自治会は、地縁型の団体と位置づけられており、［ 収益事業 ］の実施が可能
- ●その区域に住所を有するすべての個人は、構成員となることができる。ただし、一般的に［ 世帯 ］を単位に加入する

地域社会の集団・組織にみられる相互扶助の仕組み

ゆい(結)	字などの小さな集落や自治単位における共同作業の仕組み。田植えや稲刈り、屋根のふき替えなどの際に、［ 労力 ］や資材を提供し合う
講	信仰から発生した互助組織。［ 頼母子講 ］や［ 無尽講 ］は、金銭の融通を目的とする相互扶助組織で、構成員が掛金を出し合い、くじや入札で所定の金額の融通を受け、構成員全員に行きわたるまで共済を行う
七分積金制度	1791年、寛政の改革の一政策で発案された積立金制度。地主が負担する町費を節約して積み立て、［ 救貧 ］基金として運用した
五保の制	中世までみられた地域行政の単位。近隣の5戸1組で構成し、農耕や貢納、防犯のための連帯責任を負う

消費生活協同組合（生協）

- ●相互扶助組織であること、組合員への最大の［ 奉仕 ］をすることを目的とし、［ 営利 ］を目的として行ってはならないなど、様々な原則がある
- ●［ 医療 ］に関する事業や、［ 高齢者 ］、［ 障害者 ］等の福祉に関する事業等を実施できる

地域福祉に係る専門職

民生委員

- 民生委員は、社会奉仕の精神をもって、常に[住民の立場に立って相談]に応じ、[必要な援助]を行う
- [無給]の委員 (制度的ボランティア)であり、[児童委員]を兼ねる
- ◆[都道府県知事]の推薦によって、[厚生労働大臣]が委嘱する
- 民生委員は、福祉行政の補助機関ではなく[協力]機関である
- ◆身分は特別職の地方公務員で、任期は[3]年(継続も可能)
- 活動費は[市町村]を通じて支給される
- 民生委員は、職務に関して[都道府県知事]の指揮監督を受ける。また、[都道府県知事]は民生委員の指導訓練を実施しなければならない
- ◆民生委員の職務を遂行するに当たり、個人の[人格]を尊重し、その身上に関する[秘密]を守らなければならない
- ◆民生委員は、[都道府県知事]が市町村長の意見をきいて定める区域ごとに、[民生委員協議会]を組織しなければならない

民生委員の主な職務

・住民の生活状態を必要に応じて適切に把握する
・援助を必要とする者が[福祉サービス]を適切に利用するために必要な情報提供その他の援助
・社会福祉を目的とする事業を[経営]する者または社会福祉に関する[活動]を行う者と密接に連携し、支援する

民生委員・児童委員の配置基準

区分	配置基準
東京都及び指定都市	[220]から[440]世帯までの間のいずれかの数の世帯ごとに民生委員・児童委員1人
中核市及び人口10万人以上の市	[170]から[360]世帯までの間のいずれかの数の世帯ごとに民生委員・児童委員1人
人口10万人未満の市	[120]から[280]世帯までの間のいずれかの数の世帯ごとに民生委員・児童委員1人
町村	[70]から[200]世帯までの間のいずれかの数の世帯ごとに民生委員・児童委員1人

福祉活動専門員

- [市町村]社会福祉協議会に配置されている職員
- 民生委員、町内会・自治会などと協力して安否確認や見守り活動などを行う
- 人件費については、1999年から[一般財源化]された

介護相談員

- 研修を受けた[ボランティア]で、施設など介護サービス事業者と利用者との間に入って調整を行う
- 介護相談員派遣等事業の実施主体は[市町村]で、研修の実施主体は[都道府県]である

認知症サポーター

- 認知症を正しく理解して、[地域]で認知症の人やその[家族]を支援する役割を担う
- 地域ごとに実施している[養成講座]を受講すれば、小・中・高校生を含め、誰でもなれる

ボランティアコーディネーター

- ボランティア活動の希望者と利用者をつなぎ、情報収集、ニーズに合わせた[プログラム]の企画、[資源開発]等も行う
- [中央社会福祉審議会]の「ボランティア活動の中長期的な振興方策について」の意見具申により、進められた

生活支援コーディネーター（地域支え合い推進員）

◆ 生活支援・介護予防サービスの充実に向けて、市町村や地域包括支援センターと[連携]しながら、ボランティア等の養成や担い手となる人材発掘などの[地域資源]の開発やその[ネットワーク化]などを行う

地域福祉コーディネーター

- [コミュニティソーシャルワーカー]（CSW）とも呼ばれ、ゴミ屋敷やひきこもり、孤独死など制度の狭間にある困りごとを、地域住民と協働して解決する専門職。市町村社会福祉協議会などに配置される

地域包括ケア／社会資源

地域包括ケアシステム

◆ 地域の実情に応じて、要介護状態となっても可能な限り住み慣れた地域で、その有する能力に応じて[自立]した生活を送れるよう、日常生活の支援が包括的に確保される体制(対象は高齢者に限らず、障害者や子どもも含む)

- [住まい]、[医療]、[介護]、[予防]、[生活支援]が一体的に提供されるシステム構築を目指す
- [24]時間[365]日、常に提供される、生活を保障することができるシステムとして想定

社会資源の概要

- 社会資源は、利用者のニーズを満たすための[物的]資源や[人的]資源、[社会関係]資源、[文化的]資源、情報等の総称のこと

[フォーマル]な社会資源	社会福祉制度等によるサービス、行政や社会福祉法人による機関・施設
[インフォーマル]な社会資源	家族、親族、地域住民、ボランティアなど

社会資源の活用と開発

- 厚生省(現・厚生労働省)が、1977年に「学童・生徒のボランティア活動普及事業」を開始し、小・中・高校での[福祉教育]が全国的に展開された
- 幼少期から高齢期に至るまでの生涯を通じて福祉教育・学習の機会を提供する必要があるとして、1993年に「 福祉活動参加基本指針 」が策定された
- 全国社会福祉協議会は、1994年に住民参加の手法の1つとして「 ふれあい・いきいきサロン 」を提案した
- 1995年の阪神・淡路大震災以降、自治会・町内会、自主防災会などの[地域コミュニティ]による防災機能が重要視されている
- [ソーシャルアクション]は、地域住民等の[課題]解決と[ニーズ]の充足のために、制度やサービスの改善・開発・廃止を目指して行う活動や方法
- [社会的企業]とは、経営者や株主の利益優先ではなく、社会問題の解決を目的とする事業体である。「ソーシャル・ビジネス」とも呼ばれる

10 地域ニーズの把握方法／福祉サービスの評価

地域ニーズの把握方法

- 地域における福祉サービスの必要量を推計（ ニーズ推計 ）するためには、利用が見込まれる当事者や家族を対象に、[量的]調査（アンケート調査）を行う
- インタビュー調査などの[質的]なニーズ把握では、[半構造化面接]や[自由面接法]が用いられる。一方、構造化面接は統計調査などに向いている
- ◆[フォーカスグループインタビュー]では、共通の経験をもつ数名を抽出して、特定のテーマに関する情報を収集する。[質的]なニーズ把握の一つである
- 行政や当事者と一緒に活動を企画し、協働して運営するプロセスに参加しながら研究を進める手法を[アクションリサーチ]という

福祉サービス第三者評価事業

- 福祉サービスの評価には、事業所・職員による[自己評価]、利用者による[利用者評価]、評価実施機関などによる[第三者評価]などがある
- 福祉サービス第三者評価事業では、研修を受けた[評価調査者]が、福祉サービス第三者評価基準ガイドライン等によって評価する
- 社会福祉事業の経営者は、自らその提供する福祉サービスの[質]の評価を行う（社会福祉法78条1項）

運営適正化委員会

- ◆[都道府県]社会福祉協議会に設置された[第三者機関]
- 福祉サービスに関する利用者等からの[苦情]を適切に解決する
- 福祉サービスの利用に際して苦情があるときは、利用者は運営適正化委員会に[申立て]をすることができる

プログラム評価

- [ロッシ]らが体系化した、社会プログラムの有効性を評価する方法論
- ◆ニーズ評価、セオリー（理論）評価、プロセス評価、[アウトカム]評価、効率性評価の5段階からなる。「アウトカム」とは[成果、結果]という意味である

福祉行財政と福祉計画

【第37回試験以降】
社会福祉の原理と政策
地域福祉と包括的支援体制
社会保障

01 地方公共団体

国と地方公共団体

- 2000年に施行された地方分権一括法により、機関委任事務と団体委任事務が[法定受託事務]と[自治事務]に区分された
- 法定受託事務は第1号と第2号に分かれており、第1号は[国]が本来実施すべき仕事を地方公共団体が受託する仕事、第2号は市町村が[都道府県]から委託されて実施する仕事である
- 法定受託事務に関して市町村長が行った行政処分に不服のある者は、他の法律に特別の定めがある場合を除いて、[都道府県知事]に対して審査請求をすることができる

◆ 主な法定受託事務

・[一般旅券](パスポート)の発給に関する事務
・[生活保護]の決定と実施に関する事務
・[社会福祉法人]の認可
・[福祉施設]の認可
・[精神障害者]に対する入院措置に関する事務
・[感染症予防法]に基づく健康診断及び就業制限に関する事務
・児童手当、児童扶養手当等の支給に関する事務

◆ 主な自治事務

・[就学]に関する事務
・[介護]保険の実施
・[要介護]認定、[障害支援区分]認定に関する事務
・[病院・薬局]に関する事務

地方社会福祉審議会

- 都道府県、指定都市、中核市は、社会福祉に関する事項を調査審議するため、社会福祉法により[地方社会福祉審議会]が置かれている
- 地方社会福祉審議会は、都道府県知事または指定都市、もしくは中核市の長の監督に属し、その諮問に答え、または[関係行政庁]に意見を具申するよう規定されている

※ P70の「指定管理者制度」も参照してください

02 福祉に関する国の財政

国の財政

- 「令和4年版 地方財政白書」(総務省)によると、国・地方を通じた目的別歳出額構成比は、[社会保障関係費](31.4%)が最も大きな割合を占めている
- 「令和4年度 社会保障関係予算のポイント」(財務省)によると、社会保障関係費のうち、最も割合が大きいのは[年金]であり、[医療]、[介護]、少子化対策費と続く

社会保障関係費の内訳　※生活扶助等社会福祉費、保健衛生対策費及び雇用労災対策費を含む

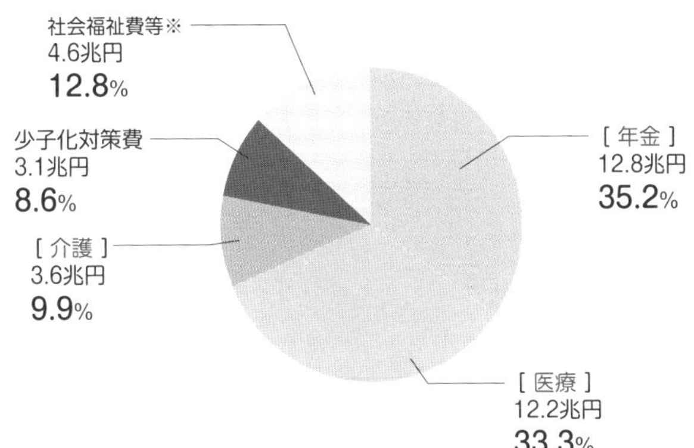

出典:財務省「令和4年度 社会保障関係予算のポイント」より作成

税金なども含め、国と地方の関係についても、よく整理しておく必要があります

6章 福祉行財政

03 福祉に関する地方自治体の歳出

地方自治体の歳出

- 「令和4年版 地方財政白書」(総務省)によると、地方公共団体の目的別歳出の構成比は、[民生]費(22.9%)、[総務]費(18.0%)、[教育]費(14.4%)、[土木]費(10.1%)、[公債]費(9.6%)の順となっている
- 「令和4年版 地方財政白書」(総務省)の民生費の合計額をみると、市町村は都道府県の約[2.3]倍となっている
- 「令和4年版 地方財政白書」(総務省)の地方公共団体の民生費の歳出を目的別にみると、[児童福祉]費(34.1%)、[社会福祉]費(27.9%)、[老人福祉]費(24.2%)、[生活保護]費(13.5%)の順となっている

2020(令和2)年度の目的別歳出構成割合

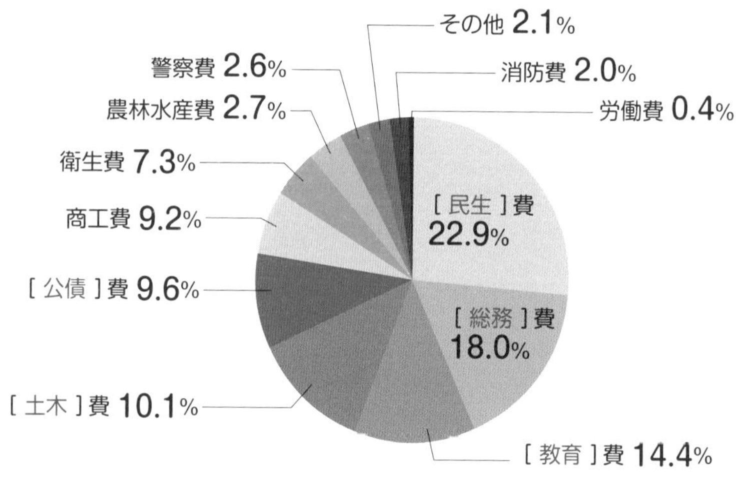

出典:総務省「令和4年版 地方財政白書」

2020（令和2）年度の団体種類別にみた主な目的別歳出の構成比

都道府県

区分	構成比
［ 教育費 ］	17.1%
民生費	16.3%
その他	14.7%
商工費	14.3%
公債費	11.1%

市町村

区分	構成比
［ 民生費 ］	29.7%
総務費	26.7%
教育費	10.6%
土木費	8.7%
公債費	7.2%

2020（令和2）年度の団体種類別にみた民生費の目的別内訳

都道府県

区分	構成比
［ 老人福祉費 ］	38.3%
社会福祉費	36.9%
児童福祉費	21.4%
生活保護費	2.4%
災害救助費	1.0%

市町村

区分	構成比
［ 児童福祉費 ］	40.4%
社会福祉費	24.8%
老人福祉費	18.2%
生活保護費	16.3%
災害救助費	0.3%

2020（令和2）年度の性質別にみた民生費の内訳

都道府県

区分	構成比
［ 補助費等 ］	77.2%
扶助費	8.4%
繰出金	7.2%
人件費	2.4%
普通建設事業費	2.0%
物件費	1.5%
その他	0.7%

市町村

区分	構成比
［ 扶助費 ］	60.3%
繰出金	20.4%
人件費	8.4%
補助費等	4.4%
物件費	4.0%
普通建設事業費	2.2%
その他	0.3%

出典：総務省「令和4年版 地方財政白書」

04 国と地方の財源関係

国と地方の財源関係

- 「令和4年版 地方財政白書」(総務省)によると、国と地方を通じた財政支出のうち、国と地方の割合は、国が[44.0]%に対し地方が[56.0]%である
- 「令和4年版 地方財政白書」(総務省)によると、租税収入総額に占める国税と地方税の割合は、国税[61.4]%に対し地方税[38.6]%である

国税と地方税の状況

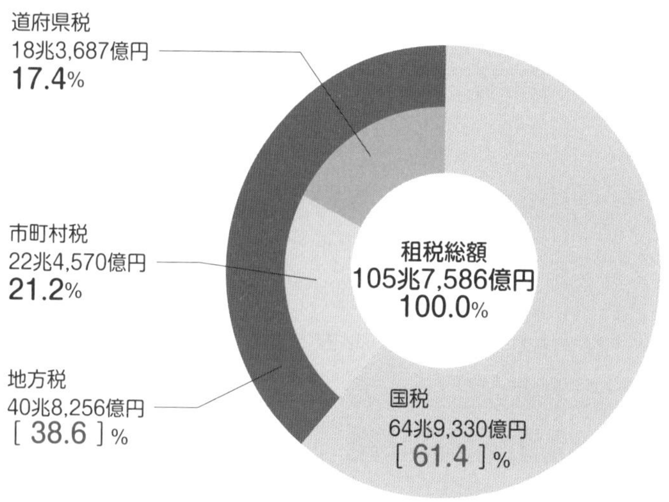

出典:総務省「令和4年版 地方財政白書」

地方交付税

- 地方公共団体間の財政力の[不均衡]を是正することを目的に、国から地方公共団体に対し、[使途]を特定せず交付される
- 地方交付税の財源は、[所得]税、[酒]税、[法人]税、[消費]税、[地方法人]税である

福祉行政の主な実施機関

機関 (根拠法)	都道府県	指定都市	特別区・ 中核市	概要
福祉事務所※ (社会福祉法)	◎	◎	◎	社会福祉行政の第一線の[現業機関]として、生活保護法、児童福祉法、母子及び父子並びに寡婦福祉法等に定める援護・育成に関する事務を行う
児童相談所 (児童福祉法)	◎	◎	○	児童及び妊産婦に対し、市町村との連絡調整、情報提供、相談、調査、判定、指導、一時保護などを行う
婦人相談所 (売春防止法)	◎	○	規定なし	要保護女子に対して、相談、調査、判定、指導、一時保護などを行う。[配偶者暴力相談支援センター]としての機能も兼ねる
身体障害者更生相談所 (身体障害者福祉法)	◎	○	規定なし	身体障害者に対して、相談、判定、指導などを行う。市町村相互間の連絡調整、市町村への情報提供等の必要な支援を行う
知的障害者更生相談所 (知的障害者福祉法)	◎	○	規定なし	知的障害者に対して、相談、判定、指導などを行う。市町村相互間の連絡調整、市町村への情報提供等の必要な援助を行う
精神保健福祉センター (精神保健福祉法)	◎	◎	規定なし	精神保健福祉に関する知識の普及や調査研究、相談や指導のうち複雑・困難なもの、[精神医療審査会]の事務、[精神障害者保健福祉手帳]の申請に係る事務、自立支援医療費の支給認定に係る対応などを行う
発達障害者支援センター (発達障害者支援法)	○	○	規定なし	指定を受けた社会福祉法人やNPO法人などに設置を[委託]できる。発達障害者や家族に対して、専門的な相談、発達・就労の支援、情報提供、医療機関等との連絡調整などを行う
保健所 (地域保健法)	◎	◎	◎	疾病の予防、健康増進、環境衛生など公衆衛生活動の中心機関として重要な役割を持ち、保健分野サービスを提供する

◎:設置義務(置かなければならない)　○:任意設置(置くことができる)

※福祉事務所は、中核市以外の市が◎、町村が○

06 地域福祉計画

地域福祉計画

- [住民]および社会福祉事業関係者等[民間]による地域福祉活動の実施および推進の計画で、2000年の[社会福祉法]改正で規定された
- ◆地域福祉計画の策定は、各地方公共団体の[努力]義務とされている

市町村地域福祉計画

市町村地域福祉計画を策定し、又は変更しようとするときは、あらかじめ、[地域住民等]の意見を反映させるよう努めるとともに(社会福祉法107条)、その内容を[公表]するよう努める(社会福祉法107条)

市町村地域福祉計画の主な内容

- ・地域における[高齢者]の福祉、[障害者]の福祉、[児童] の福祉その他の福祉に関し、共通して取り組むべき事項
- ・地域における[福祉サービス]の適切な利用の推進に関する事項
- ・地域における[社会福祉]を目的とする事業の健全な発達に関する事項
- ・地域福祉に関する活動への[住民]の参加の促進に関する事項
- ・地域生活課題の解決に資する支援が[包括的]に提供される体制の整備に関する事項

都道府県地域福祉支援計画

都道府県地域福祉支援計画を策定し、又は変更しようとするときは、あらかじめ、[公聴会]の開催等[住民]その他の者の意見を反映させるよう努めるとともに、その内容を[公表]するよう努める(社会福祉法108条)

◆都道府県地域福祉支援計画の主な内容

- ・地域における[高齢者]の福祉、[障害者]の福祉、[児童] の福祉その他の福祉に関し、共通して取り組むべき事項
- ・市町村の地域福祉の推進を[支援]するための基本的方針に関する事項
- ・社会福祉を目的とする事業に[従事]する者の確保、又は[資質の向上]に関する事項
- ・福祉サービスの適切な利用の推進及び社会福祉を目的とする事業の健全な発達のための[基盤整備]に関する事項
- ・市町村による包括的な支援体制の整備への支援に関する事項

07 高齢者に関する行政計画

老人福祉計画

- 老人福祉計画とは、老人福祉事業の[供給体制]の確保に関する計画である
- 老人福祉事業全般にわたる基盤整備を目的として、市町村と都道府県には老人福祉計画の[策定義務]がある
- ◆市町村・都道府県の老人福祉計画は、それぞれ[介護保険事業計画]と一体のものとして策定されなければならない
- 市町村・都道府県の老人福祉計画は、それぞれ地域福祉計画との[調和]が保たれたものでなければならない

介護保険事業計画

- 介護保険事業計画とは、[介護保険法]に基づいて地方自治体が策定する介護保険事業に係る[保険給付]を円滑に実施するための計画である
- 市町村には[市町村介護保険事業計画]、都道府県には[都道府県介護保険事業支援計画]の策定が義務づけられている
- ◆保険料の財政均衡期間との整合性のため、[3]年を1期として策定される
- ◆[市町村介護保険事業計画]は、第[1]号被保険者の介護保険料率算定の基礎となる

市町村・都道府県の介護保険事業計画に定められる事項

市町村介護保険事業計画	・圏域ごと、年度ごとに、サービス量の[見込み]と、その[確保]のための方策など ・医療介護総合確保法に基づく[市町村計画]との[整合性]の確保を図る
都道府県介護保険事業支援計画	・圏域ごと、年度ごとに、介護保険施設の種類ごとの必要[入所定員]総数、介護サービス量の[見込み]、施設整備、介護サービスにかかわる人材の確保等に関する事項など ・医療介護総合確保法に基づく[都道府県計画]や医療法に基づく[医療計画]との[整合性]の確保を図る

※第16章「高齢者に対する支援と介護保険制度」も参照してください

08 障害者に関する行政計画

障害者計画

◆[障害者基本計画]は、障害者基本法に基づき、障害者の[自立]及び[社会参加]の支援等のための施策の[総合的]かつ計画的な推進を図るために、[政府]により策定される計画である

● 2004年より[都道府県]障害者計画、2007年より[市町村]障害者計画の策定が義務づけられている

● 都道府県・市町村はそれぞれ策定に当たって、[審議会]その他の[合議制]の機関、または障害者その他の関係者の意見を聴かなければならない

障害福祉計画

● 2005年に成立した[障害者自立支援法](現:障害者総合支援法)に基づく行政計画である

◆ 市町村・都道府県にそれぞれ障害福祉計画の策定が[義務]づけられている

● 市町村障害福祉計画に基づき、市町村が支弁する障害福祉サービス費等の負担対象額について、国が[50]%、都道府県が[25]%を負担する(市町村の負担は25%)

市町村・都道府県の障害福祉計画に定められる事項

市町村障害福祉計画	・障害福祉サービス、支援事業等の[提供体制の確保]に係る目標 ・各年度における指定障害福祉サービスや指定相談支援の種類ごとの必要な[量の見込み]など ・[市町村障害児福祉]計画と[一体]のものとして作成できる ・[市町村障害者]計画、[市町村地域福祉]計画等との[調和]が保たれたものでなければならない
都道府県障害福祉計画	・都道府県が定める区域ごとの各年度の指定障害福祉サービスや指定相談支援の種類ごとの必要な[量の見込み] ・各年度の指定障害者支援施設の[必要入所定員総数] ・地域生活支援事業の種類ごとの実施に関する事項など ・[都道府県障害児福祉]計画と[一体]のものとして作成できる ・[都道府県障害者]計画、[都道府県地域福祉支援]計画等との[調和]が保たれたものでなければならない

※第8章「障害者に対する支援と障害者自立支援制度」も参照してください

次世代育成支援行動計画

次世代育成支援行動計画の概要

- 次世代育成支援行動計画は、[地域]における子育て支援、健康の確保及び増進、教育環境の整備その他の次世代育成支援対策の実施に関する計画のことである
- 市町村行動計画・都道府県行動計画ともに[5]年を1期として策定される(計画の策定は[任意])
- 市町村・都道府県は、行動計画を策定し、または変更しようとするときは、あらかじめ、[住民]の意見を反映させるために必要な措置を講じなければならず、また[事業主]や[労働者]その他の関係者の意見を反映させるために必要な措置を講ずるよう努めなければならない
- 一般事業主は[主務大臣]の定める[行動計画策定指針]に即して、一般事業主行動計画を策定する
- ◆ 常時雇用者が[100]人を超える一般事業主は、[一般事業主行動計画]の策定が義務づけられ、[厚生労働大臣]に届け出なければならない

行動計画の策定内容

市町村行動計画	・[地域]における子育ての支援 ・母性並びに乳児及び幼児の健康の確保及び増進 ・子どもの心身の健やかな成長に資する教育環境の整備 ・子どもを育成する家庭に適した良質な住宅及び良好な居住空間の確保 ・職業生活と家庭生活との両立推進等
都道府県行動計画	・[地域]における子育ての支援 ・[保護]を要する子どもの養育環境の整備 ・母性並びに乳児及び幼児の健康の確保及び増進 ・子どもの心身の健やかな成長に資する教育環境の整備 ・子どもを育成する家庭に適した良質な住宅及び良好な居住空間の確保 ・職業生活と家庭生活との両立推進等

10 その他の行政計画

健康増進計画

- 各都道府県・市町村の[住民]の健康増進の推進に関する施策についての計画である
- 都道府県には[策定]義務、市町村には[努力]義務がある
- 国は都道府県または市町村の健康増進計画に基づく事業に対し、予算の範囲内において費用の[一部]を補助することができる

医療計画

- 医療計画制度は[医療法]で規定された、各都道府県における[医療提供体制]の確保を図るための計画
- ◆都道府県には[策定]義務があるが、市町村にはその規定がない
- ◆都道府県は、[6]年ごとに医療計画について調査、分析及び[評価]を行い、必要があると認めるときは、変更するものとする(居宅等における医療・医師の確保については[3]年ごと)

子ども・子育て支援事業計画

- ◆[内閣総理大臣]は、教育・保育及び地域子ども・子育て支援事業の提供体制を整備し、子ども・子育て支援給付並びに地域子ども・子育て支援事業及び仕事・子育て両立支援事業の円滑な実施の確保その他子ども・子育て支援のための施策を[総合的]に推進するための[基本指針]を定めるものとする
- 子ども・子育て支援法では、市町村子ども・子育て支援事業計画及び都道府県子ども・子育て支援事業支援計画を、[5]年を1期として定めるものとしている(計画の実績の評価については規定なし)

女性活躍推進法に基づく計画

- 常時雇用者が[300]人を超える一般事業主は、[一般事業主行動計画]の策定と厚生労働大臣への届出が義務づけられている

※第 10 章-04 の「医療計画」も参照してください

11 福祉計画の策定・評価

福祉計画の策定過程

- 福祉計画の過程は、計画の策定（ Plan ）→実施（ Do ）→評価（ See ）と進み、再度策定されていくという循環過程をとる
- 計画の策定（ Plan ）の段階では、「計画策定委員会」が組織されるのが一般的で、構想計画、課題計画、実施計画の3つが段階的に策定される
- 実施（ Do ）の段階では、進行管理委員会などが組織され、計画の実施状況や計画の実施に伴う情報収集のモニタリングなどが行われる
- 評価（ See ）では、計画期間の最終段階として、[プロセス]評価（目標達成までの過程や手段をみる）や[アウトカム]評価（周囲への波及効果を含めた成果をみる）が行われる

主な策定方法

ブレインストーミング法	[グループ討議]で制約なくアイデアを出し合うことによって、創造的な発想を生み出す
デルファイ法	[アンケート調査]で回答を統計的に集約して意見を取りまとめ、同じ質問を各専門家に対して行うことで、意見の明確化や福祉サービスの機能・範囲を明らかにする
PERT法	実施計画の作業単位ごとの所要時間と作業順序を示すことで、作業の全体的な関連を明確にする

福祉計画の評価

- あるサービスを実施するために要する[費用]と、その事業の実施によって達成された[効果]を関連づけ、効率性という基準で分析する方法を[費用・効果]分析という
- 費用と便益をすべて金銭的価値に換算して評価・分析したものを[費用便益]分析という

知っトク!

行財政等の動向まとめ

三位一体の改革

- 地方の財政主導を確立するために、「地方にできることは地方に」という理念のもと、2002年に[三位一体の改革]が行われた
- 国の関与を縮小し、地方の権限や責任を拡大して地方分権を推進することを目指し、[国庫補助負担金の改革]、[地方交付税の改革]、[財源移譲]の3つを一体とした改革で、2005年まで行われた
- 改革の結果、国庫補助負担金は[約4兆]円の削減、地方交付税は[約5兆]円の削減、財源移譲は[約3兆]円となった

社会保障・税一体改革

- [社会保障・税一体改革]とは、[消費税]をはじめとする安定した財源を確保し、[社会保障の充実・安定化]と[財政健全化]を同時に実現する改革である
- 消費税増税分はすべて[社会保障]に充てるという考え方から、消費税の使途を年金・[医療・介護・少子化対策]に限定している
- [安定財源]を確保することにより、[基礎年金]の国庫負担分[2分の1]を恒久化するという方向性が示された

市町村合併の推進

- 社会経済状況の変化を背景に、地方分権の担い手となる基礎自治体にふさわしい[行財政基盤]を確立するため、1999年以降、[平成の大合併]が推進されてきた
- [平成の大合併]により、市の数が[増加]、町村の数が[減少]した。2021年3月1日現在で、[市]が792、[町]が743、[村]が183、市町村の合計が[1,718]である

消費税増税と軽減税率

- 2019年10月1日より、消費税が原則、8%から[10]%に引き上げられた
- [軽減税率制度]により、軽減税率の対象品目は[8]%のままである

〈軽減税率の対象品目の例〉

[飲食料品]:『食品表示法』に規定する食品、ただし酒類・外食・ケータリング・出張料理を除く

[新聞]:定期購読に基づき、週2回以上発行されるもの

第7章 社会保障

【第37回試験以降】
社会保障

欧米の社会保障制度の展開

イギリスの社会保障制度

- [1601]年に制定された[エリザベス救貧法]は、国家による惰民や浮浪者の取締りとともに、貧民を救済する法律であった
- エリザベス救貧法では、救貧の対象を、[有能貧民]、[無能貧民]、[親が扶養できない児童]の3種に分類した
- [1834]年に成立した[新救貧法]は、[救貧行政の全国的統一]、[劣等処遇](救済による生活レベルは最下層の自立生活者よりも低いものとする)、[ワークハウス]への収容([院外救済]の禁止)を原則とした
- [1948]年から実施されている国民保健サービス(NHS)は、[税]を主財源とした原則[無料]の医療保障制度である
- ◆ 1990年代に[ブレア]政権は、効率と公正の両立を目指す[第三の道]を標榜した

ドイツの社会保障制度

- ドイツは[労働者]保護を目的とした各種の社会保険制度を創設した
- [1883]年に宰相[ビスマルク]は、世界最初の社会保険法である[疾病保険法]を制定した
- [1995]年から介護保険制度が実施されており、医療保険の被保険者が介護保険の被保険者となる。また、[障害者] の介護も給付対象としており、介護手当(現金給付)もある

アメリカの社会保障制度

- [1929]年の世界恐慌後の対策として、[ルーズベルト, F.]大統領のもと、[ニューディール]政策が展開され、1935年には、世界で初めて「社会保障」という言葉がついた法律[社会保障法]が制定された
- ◆ 公的医療保障制度には、[1960]年代に創設された医療保険制度(メディケア)と、医療扶助制度(メディケイド)がある

医療保険制度(メディケア)	[65]歳以上の高齢者や[障害者]が対象
医療扶助制度(メディケイド)	[低所得者]が対象

フランスの社会保障制度

- [1945]年に[ラロック]を中心として、社会保障制度を拡充する[ラロック・プラン]が出された

スウェーデンの社会保障制度

◆ 保健・医療サービスは広域自治体である[レギオン](県)が、福祉サービスは基礎的自治体である[コミューン](市町村)が実施している

- 保健・医療サービスは、レギオンの[税収]で運営され、[無料]または[低料金]で利用できる

各国の年金のポイント

イギリス	国民保険により、年金や失業に関する給付が行われている。また、2016年4月から基礎年金と国家第二年金は1階建ての国家年金に統合再編された
ドイツ	職域ごとに年金保険が実施されており、民間被用者は強制加入だが、一部の自営業者や無業者は強制加入の対象外
アメリカ	老齢・遺族・障害給付を含む公的年金制度(OASDI)があり、一定所得以上の自営業者、被用者に強制適用されている
スウェーデン	[所得比例]年金、プレミアム年金(積立方式)、保証年金があり、保証年金は無拠出で公費によって賄われる。所得比例年金が一定額未満であり、国内居住3年以上の65歳以上のすべての人が受給対象となる
フランス	社会保険方式で[職域]ごとに制度や給付内容が異なり、金庫制度によって管理・運営されている

知っトク! アジアの社会保障制度

韓国	・社会保険、公的扶助、社会福祉サービス等がある ・2008年にドイツと日本の介護保険制度を参考にした「老人(高齢者)長期療養保険法」が施行された
タイ	・社会保険制度により、老齢年金、医療、失業等の給付が行われている(介護はない) ・2002年から、「30バーツ医療」(初診料30バーツで医療が受けられる)が実施されている

日本の社会保障制度

社会保障の定義と目的

- 1950年に[社会保障制度審議会]によって、[社会保障制度に関する勧告]が出された

> **社会保障制度に関する勧告における社会保障の定義**
> [疾病]、[負傷]、[分娩]、[廃疾]、[死亡]、[老齢]、[失業]、[多子]その他困窮の原因に対し、[保険]的方法又は直接[公]の負担において経済保障の途を講じ、[国家扶助]によって[最低限度]の生活を保障するとともに、[公衆衛生]及び[社会福祉]の向上を図り、もってすべての国民が文化的社会の成員たるに値する生活を営むことができるようにすること

- ◆[社会保険]を中心とし、[税金]を財源とする[公的扶助]制度は補完的な位置づけとした
- 社会保障制度審議会が1995年に出した「社会保障体制の再構築に関する勧告」では、社会保障の基本的な理念は、広く国民に[健やか]で[安心]できる生活を保障することであるとし、国民の[自立]と[社会連帯]の考えが社会保障制度を支える基盤となることが強調された
- 社会保障の基本的な考えは、自らが[自助]で生活することを基本としながら、連帯して支え合う[共助]や困窮時の[公助]を含む

社会保障制度改革国民会議報告書（2013年）による整理

[自助]	自らが働いて自らの生活を支え、自らの健康は自らで維持する
[共助]	自助のみでは対応できない生活上のリスクに関して、社会連帯の精神に基づき国民が相互に支え合う
[公助]	自助や共助によっても対応できない困窮などの状況について、受給要件を定めた上で必要な生活保障を行う

社会保障制度の体系

<table>
<tr><th colspan="3">仕組み・制度</th><th>主な給付やサービス</th></tr>
<tr><td rowspan="5">社会保険</td><td colspan="2">年金保険
(国民年金、厚生年金保険)</td><td>老齢年金、障害年金、遺族年金など</td></tr>
<tr><td colspan="2">医療保険
(健康保険、国民健康保険など)</td><td>療養の給付、傷病・出産手当金、出産育児一時金など</td></tr>
<tr><td colspan="2">介護保険</td><td>居宅サービス、施設サービス、福祉用具購入・貸与など</td></tr>
<tr><td colspan="2">雇用保険</td><td>失業等給付(求職者給付、教育訓練給付など)、育児休業給付、雇用保険二事業</td></tr>
<tr><td colspan="2">労働者災害補償保険</td><td>療養補償給付、休業補償給付、障害補償給付など</td></tr>
<tr><td rowspan="6">社会扶助</td><td colspan="2">公的扶助(生活保護)</td><td>生活扶助、教育扶助、住宅扶助など</td></tr>
<tr><td colspan="2">社会手当</td><td>児童手当、児童扶養手当など</td></tr>
<tr><td rowspan="4">社会福祉</td><td>児童福祉</td><td>保育所、児童相談所、児童養護施設など</td></tr>
<tr><td>障害者福祉</td><td>介護給付、訓練等給付、自立支援医療など</td></tr>
<tr><td>老人福祉</td><td>老人福祉施設、生きがい・生活支援施策など</td></tr>
<tr><td>母子及び父子並びに寡婦福祉</td><td>日常生活支援、母子父子寡婦福祉資金貸付など</td></tr>
</table>

- 狭義の社会保障は、[社会保険]、[公的扶助]、[社会福祉]、[公衆衛生及び医療]から構成される
- 広義の社会保障は、狭義の社会保障に[恩給]、[戦争犠牲者援護]を加えたものである

社会保障制度の主な機能

<table>
<tr><td colspan="2">生活安定・向上機能</td><td>生活の安定・安心をもたらすセーフティネット</td></tr>
<tr><td colspan="2">所得再分配機能</td><td>・個人や世帯の間で所得を移転する
・現金給付だけでなく、現物給付もある</td></tr>
<tr><td rowspan="2"></td><td>[水平的]再分配</td><td>健康な人から病気の人へ所得を再分配する
(例)医療保険など</td></tr>
<tr><td>[垂直的]再分配</td><td>高所得者から低所得者へ所得を再分配する
(例)生活保護制度など</td></tr>
</table>

社会福祉

- 社会福祉は、[児童福祉]、[老人福祉]、[障害(児)者福祉]、[母子及び父子並びに寡婦福祉]などの分野で福祉サービスが提供されている

年金保険制度

公的年金制度の体系図

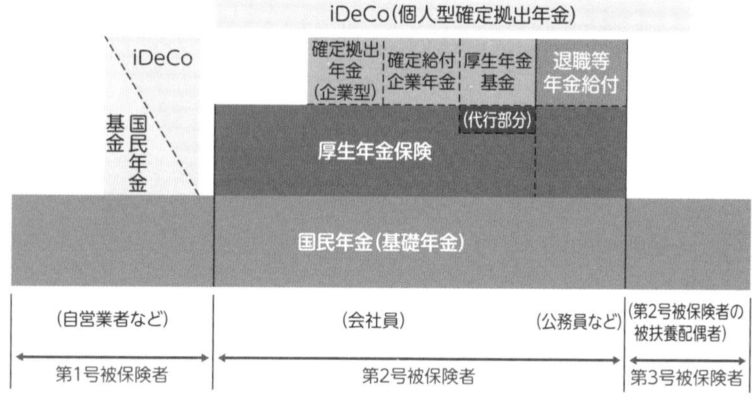

国民年金

- 1959年に国民年金法が制定され、1961年から社会保険方式の国民年金が実施された(国民皆年金)
- 国民年金は、原則として[20]〜[60]歳未満の者が国籍に関係なく加入者となる
- 国民年金の保険料を拠出するのは[第1号]被保険者のみであり、保険料は所得にかかわらず[定額]である
- 生活保護制度の生活扶助を受けている者、障害年金の受給権者は[法定免除]、低所得の者は[申請免除]を受けることができる
- 2019年から、第1号被保険者の[産前産後]期間の保険料免除制度が実施された
- 20歳以上の学生は、[学生納付特例制度](本人の所得が一定以下)、[50]歳未満の者は[納付猶予制度](本人及び配偶者の所得が一定以下)により、保険料納付が猶予される(猶予期間も[受給資格期間]に算入されるが、追納しない限り老齢基礎年金額の計算には反映されない

国民年金の被保険者

被保険者	概要
◆第1号	日本国内に住む[20]歳以上[60]歳未満の者のうち、第2号、第3号被保険者以外の者
第2号	[厚生年金]保険の被保険者
◆第3号	第2号被保険者の[被扶養配偶者]で[20]歳以上[60]歳未満の日本国内に住む者

老齢基礎年金

- 原則、[10]年以上の受給資格期間を満たした者に、[65]歳から支給される
- 全期間([20]～[60]歳の40年間)保険料を納めた者には、満額の老齢基礎年金が支給される
- [60～64]歳での繰上げ受給も、[66～75]歳での繰下げ受給も可能である
- 保険料を全額免除された期間の年金額は[2分の1]となるが、保険料の未納期間は年金額の計算に反映されない
- 保険料納付の猶予(学生納付特例制度、納付猶予制度)を受けた期間は、保険料を[追納]しない限り、[老齢基礎]年金の額には反映されない

障害基礎年金

- 初診日において国民年金の[被保険者]、またはかつて被保険者であった[60～64]歳の者である必要がある
- 障害認定日において、障害等級が第[1]級または[2]級であることが必要
- 保険料納付要件は、原則、納付済期間と免除期間を合わせた期間が、加入期間の[3分の2]以上あることである
- 支給額は、1級が老齢基礎年金満額の[1.25倍]、2級が老齢基礎年金の満額である。また、子の人数に応じた[加算]がある
- [20歳前に初診日]がある場合は、障害の状態にあり20歳になったとき、もしくは20歳になった後に障害の状態になったときから支給される。ただし、所得制限がある
- 国民年金が任意加入であった時期に加入していなかったため、障害年金を受給できない障害者を対象に、[特別障害給付金]がある

遺族基礎年金

- 被保険者か、かつて被保険者であった者が死亡した場合に遺族（死亡した者によって生計を維持されていた[子のある配偶者または子]）に対し支給される
- ◆受給できる子は、[18]歳到達年度の末日までの子または[1・2級]の障害のある[20]歳未満の未婚の子
- 保険料納付済期間と保険料免除期間を合わせた期間が、原則として加入期間の[3分の2]以上あることが必要
- 支給額は[老齢基礎年金]の満額と同じ
- 子の人数に応じて[加算]がある

厚生年金保険

- 被保険者は、適用事業所に使用される[70]歳未満の者である
- 保険料は報酬比例であり、[事業主]（ 会社 ）と被保険者で折半し、事業主が一括して支払う
- [出産・育児休業中]は、保険料が労使ともに免除される

老齢厚生年金

- 1か月以上の厚生年金被保険者期間がある者で、老齢基礎年金の受給資格を満たした者に対し、原則として[65]歳から老齢基礎年金に[上乗せ]して支給されるが、66歳から75歳までの間で繰下げ受給も可能である
- 特別支給の[老齢厚生年金]は、現在64歳（女性は62歳）から65歳になるまでの間で支給されているが、順次年齢が引き上げられ、2025年から男性は本来の[65]歳からの支給のみに移行する予定
- [在職老齢年金]は、厚生年金の適用事業所に在職しながら受ける老齢厚生年金であり、収入（賃金＋厚生年金額）が一定額を上回ると、賃金に応じて厚生年金の[一部]または[全部]が支給停止になる
- [脱退一時金]は、被保険者期間が6か月以上ある外国人で、老齢厚生年金の受給資格期間を満たす前に帰国する場合などに支給するもの（帰国後2年以内に請求が可能）
- 離婚時には当事者間の[厚生年金]を分割することができ、婚姻期間に応じて分割する[合意]分割と、国民年金第3号被保険者期間に応じて分割する[3号]分割がある

障害厚生年金

- 支給要件として、[初診日]において被保険者であること(障害認定日に被保険者である必要はない)、障害認定日において障害の状態が[1]級から[3]級に該当することなどがある
- 障害等級[1・2]級で、[65]歳未満の配偶者がいる場合は、配偶者加給年金も支給される

遺族厚生年金

- [被保険者]、老齢厚生年金や1・2級の障害厚生年金の受給権者が死亡したとき、被保険者期間中に発生した傷病が原因で、初診日から[5]年以内に死亡したときなどに遺族に支給される
- 遺族基礎年金の支給対象範囲に加え、子のない妻、55歳以上の夫(支給開始は[60]歳から)・父母祖父母(支給開始は[60]歳から)、孫も対象となる
- 支給額は、報酬比例の年金額の[4分の3]に[中高齢寡婦加算]または[経過的寡婦加算]を加えた額である

7章 社会保障

確定拠出年金(企業年金)

- 拠出された掛金とその[運用益]により給付額が決定される年金制度
- 企業が掛金の全部または一部を負担し、従業員を加入させる[企業]型と、国民年金基金連合会が実施する[個人]型がある
- 制度改正により、2017年からは個人型に国民年金第[3]号被保険者や[公務員]も加入できることとなった

知っトク! マクロ経済スライド

- 2004年改正で導入された、社会情勢(現役人口の減少や平均余命の延び)に合わせて年金額を毎年度調整していく仕組み
- 基礎年金、厚生年金ともに対象となっている
- 賃金・物価が下落した場合は実施しないとされていたが、2018年度から未調整分を翌年度以降に繰り越す仕組み(キャリーオーバー制度)が導入された

医療保険制度

医療保険制度の体系

- 我が国の医療保険制度は、原則としてすべての国民を対象とする[国民皆保険体制]をとっている

	被保険者	制度	保険者
被用者	一般被用者	健康保険	[全国健康保険協会](協会けんぽ)
			[健康保険組合]
	船員	船員保険	[全国健康保険協会]
	公務員・ 私立学校教職員	共済組合	[共済組合・事業団]
非被用者	農業者・自営業者・ 被用者保険の退職者等	国民健康保険	[都道府県]及び[市区町村](市町村国保)
			[国民健康保険組合](国保組合)
75歳以上 (一定の障害者は65歳以上)		後期高齢者 医療制度	[後期高齢者医療広域連合] (都道府県単位)

健康保険

- ◆ 1922年に鉱工業労働者を対象に、[健康保険法]が制定された
- 保険者は[全国健康保険協会](協会けんぽ)と[健康保険組合]で、被保険者は[適用事務所]に使用される[75]歳未満の者である
- [短時間労働者](パートタイム労働者)も、所定の労働時間と労働日数が正社員の[4分の3]以上であれば、原則被保険者となる。2016年10月から、週[20]時間以上働く一部の者も被保険者となった
- 組合管掌健康保険(組合健保)は、主に[大企業]で働く従業員やその家族が加入し、保険料は[健康保険組合]ごとに定める
- 協会管掌健康保険(協会けんぽ)は主に[中小企業]で働く従業員やその家族が加入し、保険料は[都道府県]ごとに定められる
- 標準報酬月額の等級区分は、第[1]級(5.8万円)～第[50]級(139万円)である(賞与は年間573万円が上限)

健康保険の主な給付

療養の給付	・被保険者が保険医療機関で診療を受けたときに、現物給付（医療費の[3]割が自己負担、70歳以上の現役並み所得未満の者は[2]割） ・義務教育就学前の乳幼児は[2]割が自己負担となるが、[地方公共団体]の乳幼児医療費助成制度により、自己負担分の助成を受けられる場合がある
入院時食事療養費	・入院時に療養の給付と合わせて食事の提供を受けたときは、標準負担額を除く部分を給付される ・食事療養標準負担額として、1食[460]円は自己負担
入院時生活療養費	・[65]歳以上の人が[療養]病床に入院し、生活療養を受けたときに標準負担額を除く部分が給付される ・生活療養標準負担額として、「1食につき460円（食費）＋1日につき370円（居住費）」を負担
保険外併用療養費	保険診療とともに保険外診療を受けた場合に、その保険外診療が[評価療養]（先進医療等）、[選定療養]（特別室の入院等）、[患者申出療養]の対象であれば、保険診療分の給付が行われる
家族療養費	[被扶養者]に対する療養の給付、入院時食事療養費、入院時生活療養費、保険外併用療養費は、家族療養費として給付される
◆高額療養費（自己負担額限度額）	[1]か月の自己負担額が一定額を超えた場合、超過分は払い戻される
◆傷病手当金	・被保険者が[業務外]の傷病のため就労不能となり、給料を支給されないとき、または支給されたが傷病手当金の額より少ないときに支給 ・支給額は休職[4]日目から[1年6か月]を限度に、日単位の標準報酬月額の[3分の2]
◆出産育児一時金 家族出産育児一時金	被保険者・被扶養者が出産したときに、1児につき[50]万円が支給される
◆出産手当金	被保険者が出産のため仕事を休職し、給料をもらえないときに、出産日以前[42]日から出産後[56]日までの期間、休業1日につき日単位の標準報酬月額の[3分の2]相当額を支給
埋葬料（葬祭費） 家族埋葬料	被保険者・被扶養者が死亡したときに、埋葬した家族に[5]万円を支給

国民健康保険

◆ 1938年に[国民健康保険法]が制定され、1958年の法改正により、1961年からすべての市区町村で国民健康保険を行うこととなった（ 国民皆保険 ）

● 保険者は、[都道府県]及び[市町村]（旧市町村国保）と[国民健康保険組合]である

◆ 被保険者は、原則として[被用者保険]加入者や[後期高齢者医療制度被保険者]、[生活保護受給者]以外の住民すべてである

● 保険料の負担は[世帯]単位で、世帯主が国民健康保険の被保険者でなくても、世帯員が被保険者の場合は、その世帯主に[納付]義務がある([擬制]世帯主)

後期高齢者医療制度

◆ 老人保健法から改称・改正された[高齢者の医療の確保に関する法律(高齢者医療確保法)]の施行(2008年)により創設された制度である

● 保険者は[都道府県]ごとにすべての市町村が加入する[後期高齢者医療広域連合]である

◆ 被保険者は[75]歳以上の者及び[65～74]歳で寝たきりなど一定の障害の状態にあると認定された者

● [生活保護]の受給者は、被保険者となることができない

● 財源は自己負担を除き、公費が約[5]割、現役世代からの支援金が約[4]割、被保険者の保険料が約[1]割である

● 公費の内訳は、国：都道府県：市町村＝[4：1：1]の割合である

● 自己負担割合は原則[1]割だが、一定所得以上の者は[2]割、現役並み所得者は[3]割である

各種共済組合による医療

● 国家公務員の場合は各[省庁]、地方公務員は都道府県や市町村等を単位に共済組合がある

● 私立学校教職員の共済組合は、[日本私立学校振興・共済事業団]のみである

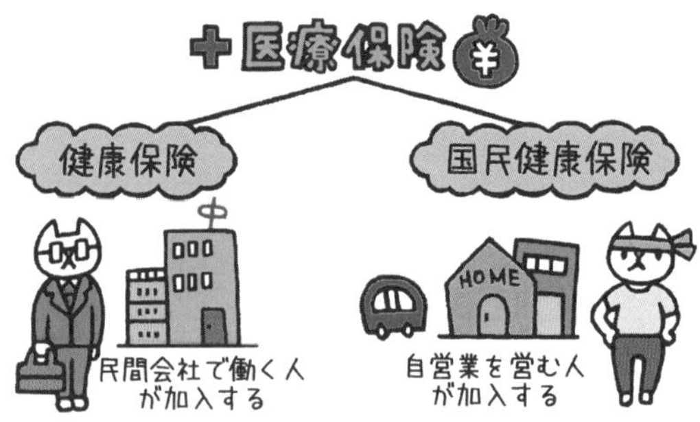

05 労働保険制度

労働者災害補償保険(労災保険)

- 労働基準法と同時に施行された法律で、事業者に課された[災害補償責任]を[国]の保険が当該事業者に代わって実施するために創設された
- 保険者は[政府]で、現業業務は[都道府県]労働局と[労働基準監督署]が担当する
- 原則として、労働者を使用する[すべての事業]に適用される
- ◆保険の適用を受ける労働者の範囲には、[非正規労働者]もすべて含まれる
- [外国籍]の労働者にも適用され、本国に帰国した後も[受給権]を失わない
- 自営業者など労働者以外の者のうち、業務の実情、災害の発生状況などからみて、保護することが適当であると認められる一定の者は、[特別]加入制度により任意加入できる
- ◆保険料は、[全額]事業主が負担する(保険料率は[業種]により異なる)
- ◆事業主が保険料を[滞納・未払い]であっても、事故にあった労働者は労災給付が受けられる
- 労災保険法等による給付が行われている場合は、[健康保険法]による療養費や傷病手当金等の給付は行われない(健康保険に優先して適用)
- ◆労災保険の年金と同一の事由で、基礎年金や厚生年金が支給される場合、原則、基礎年金や厚生年金が[全額支給]され、労災保険の年金は[減額]される
- 労災の認定は、原則として、労働者からの申請に基づき[労働基準監督署]が認定を行う
- [精神障害]の労災請求について迅速に認定を行うために、2011年に「心理的負荷による精神障害の認定基準」が定められた
- ◆給付の対象となるには、[業務災害]か[複数業務要因災害]または[通勤災害]であると認定を受ける必要がある

労災保険の給付対象

[業務]災害	・労働者が[就業中]に業務が原因となって被った負傷、疾病または死亡に関する給付 ・使用者より職務上の命令を受けて行動している間の事故は、原則、[業務上]とみなし、業務災害の給付の対象となる
[複数業務要因]災害	・事業主が同一でない複数の事業場で同時に使用される労働者の、[複数]の事業の業務を要因とする傷病等に関する給付
◆[通勤]災害	・[通勤]によって労働者が被った負傷、疾病または死亡に関する給付
[二次健康診断給付]	・事業所が実施する一次健康診断の結果において、血圧、血糖、血中脂質、肥満すべての検査について異常があると診断された場合に受けられる

- 労働者が[故意]に負傷、疾病、障害、死亡またはその直接の原因となった事故を生じさせたときは、保険給付を行わない
- 事業主に事故の責任がある場合、労働者は労災保険の給付額を[超える]損害について、[事業主]に損害賠償を請求できる

雇用保険

- 保険者は[政府]で、現業業務は[都道府県]労働局と[公共職業安定所](ハローワーク)が担当する
- [業種]や[規模]等を問わず、労働者が雇用されるすべての事業において適用される
- ◆パートタイム労働者であっても、1週間の所定労働時間が[20]時間以上であり、[31]日以上の雇用期間の見込みがあれば、給付が受けられる
- ◆雇用保険を受給できない求職者が公共職業安定所の支援指示により、職業訓練を受講する場合の給付金として、求職者支援制度による[職業訓練受講給付金]がある
- 失業の要件は被保険者の[離職]なので、被保険者でない[学生]が就職できない場合は、失業には該当しない

雇用保険の失業等給付

支給要件

◆原則として被保険者が失業した場合において、離職の日以前[2]年間に、雇用保険加入期間が通算して[12]か月以上ある者に支給される

・[公共職業安定所]で失業の認定を受けることにより支給される

支給額

・原則として基本手当の1日当たりの額(基本手当日額)は、離職の日の直前の[6]か月の賃金日額(賞与等は含まない)の[50〜80]%で決められている

給付日数

・原則として、[離職]の日の翌日から起算した[1]年間に限り、所定給付日数分を限度として支給される

・[所定給付日数]は、離職の日における年齢、被保険者期間、倒産や解雇等の離職理由等により[90〜360]日の間で決定される

給付制限

・受給資格者が、公共職業安定所が紹介する職に就くことまたは職業訓練等を受けることを拒否したときは、その日から起算して[1]か月間は、基本手当を支給しない

・紹介された就職先の賃金が、同一地域の同種の業務の[賃金水準]と比べて不当に[低い]ときは、就職を拒否しても基本手当が支給される

・基本手当は、被保険者が転居や結婚、介護などの[自己都合]により退職した場合でも支給されるが、「正当な理由のある自己都合」以外の場合は、2〜3か月の給付制限がある

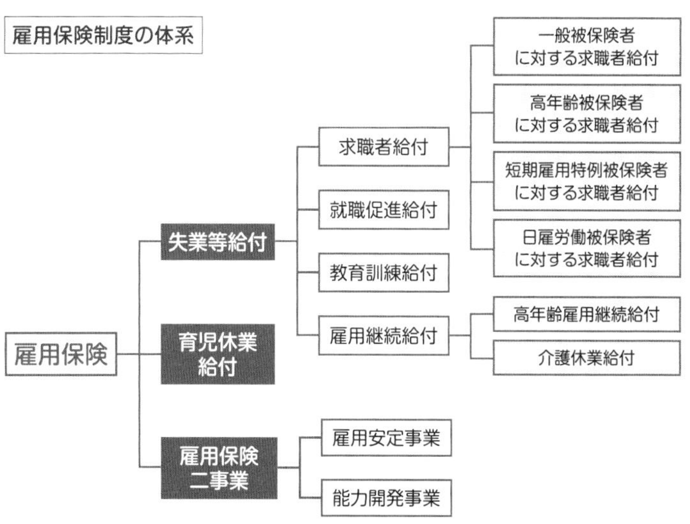

失業等給付・育児休業給付

・失業者や教育訓練受講者等に対して支給
・労使折半の保険料が財源の中心

雇用保険二事業

・失業の予防、雇用状態の是正及び雇用機会の増大、労働者の開発能力及び向上を図る
・企業拠出の保険料のみによって賄われている

就職促進給付

- 失業者の再就職を援助、促進することを目的に、[再就職手当]、[就業促進定着手当]、[就業手当]、[常用就職支度手当]がある

	対象	要件
再就職手当	[安定]した職業に就いた者	基本手当の支給残日数が所定給付日数の[3分の1]以上
就業促進定着手当	[再就職手当]の支給を受けた者で、再就職先に[6]か月以上雇用された者	再就職先での6か月間の賃金が、離職前の賃金よりも低い
就業手当	再就職手当の支給対象とならない[常用雇用等以外]の形態で就業した者	基本手当の支給残日数が所定給付日数の[3分の1]以上かつ[45]日以上
常用就職支度手当	[障害]があるなど就職が困難な者で、[安定]した職業に就いた者	基本手当の支給残日数が所定給付日数の[3分の1]未満

教育訓練給付

- [被保険者]や[離職者]が、自ら費用を負担して[厚生労働大臣]指定の教育訓練講座を受講し修了した場合、経費の一部を支給する制度

	支給要件	給付額
一般教育訓練給付	受講開始日現在で雇用保険の被保険者となってから[3]年以上(初回は1年以上)経過していることなど	教育訓練施設に支払った経費の[20]%相当額(上限[10]万円)
特定一般教育訓練給付	受講開始日現在で雇用保険の被保険者となってから[3]年以上(初回は1年以上)経過していることなど	教育訓練施設に支払った経費の[40]%相当額(上限[20]万円)
専門実践教育訓練給付	受講開始日現在で雇用保険の被保険者期間が[3]年以上(初回は2年以上)あることなど	・教育訓練施設に支払った経費の[50]%相当額(1年間の上限[40]万円) ・受講終了後に資格等を取得し、雇用された場合は20%相当額を追加で支給

雇用継続給付

- 雇用継続給付には、[高年齢雇用継続]給付、[介護休業]給付がある

介護休業給付(介護休業給付金)		
	支給要件	介護休業を取得し、介護休業開始前2年間に、賃金支払基礎日数が11日以上ある月が12か月以上ある者
	支給額	賃金日額×支給日数の[67]%相当額

育児休業給付

- 育児休業給付には、[育児休業給付金]と[出生時育児休業給付金]がある

育児休業給付金	支給要件	育児休業を取得し、育児休業開始前2年間に、賃金支払基礎日数が11日以上ある月が12か月以上ある者
	支給額	賃金日額×支給日数の[67]%相当額 (ただし、育児休業の開始日の6か月後からは50%)
出生時育児休業給付金	支給要件	出生時育児休業を取得し、出生時育児休業開始前2年間に、賃金支払基礎日数が11日以上ある月が12か月以上ある者
	支給額	賃金日額×支給日数の[67]%相当額

知っトク!

育児休業

- 1歳未満の子を養育する労働者が対象
- 保育所に入所できない等の場合は、最大で2歳未満まで延長可能
- 両親がともに育児休業を取得する場合は、子が1歳2か月になるまでの間で、それぞれが1年間取得可能(パパ・ママ育休プラス)
- 2回に分割して取得可能

出生時育児休業(産後パパ育休)

- 子の出生後8週間以内で4週間取得できる
- 2回に分割して取得可能

介護休業

- 対象家族1人につき、計3回通算93日まで取得可能

06 社会保障の財源と費用

社会保障の財源

- 2023年度の一般会計予算の歳出のうち、社会保険費や生活保護費などの社会保障関係費は[32.3]%を占める
- ◆2020年度の社会保障財源（収入）のうち、社会保険料が占める割合は[39.8]%、公費負担が占める割合は[31.9]%。公費負担の約7割が国庫負担である

社会保障給付費

- 2020年度の社会保障給付費総額は[132.2]兆円で、部門別では[年金]、[医療]、[福祉その他]の順で、1981年度以降は[年金]が最も大きな割合を占めている
- ◆2020年度の社会保障給付費の対国内総生産（GDP）比は[24.69]%である

社会支出

- 2020年度の社会支出は[136.4]兆円で、政策分野別にみると[保健]が最も大きい割合を占めており、続いて[高齢]、[家族]となっており、最も割合が低いのは[住宅]である

国民負担率

- 2023年度の国民負担率（国民所得に対する[租税]及び[社会保障]負担の合計比）は46.8%の見通しである
- 日本、フランス、スウェーデン、ドイツ、イギリス、アメリカの中で、2019年の国民負担率が最も低いのは[アメリカ]で、日本は[2]番目に低い

国民負担率は、国民所得に対する租税と社会保障負担の合計の割合で示されます

社会保障財源の全体像

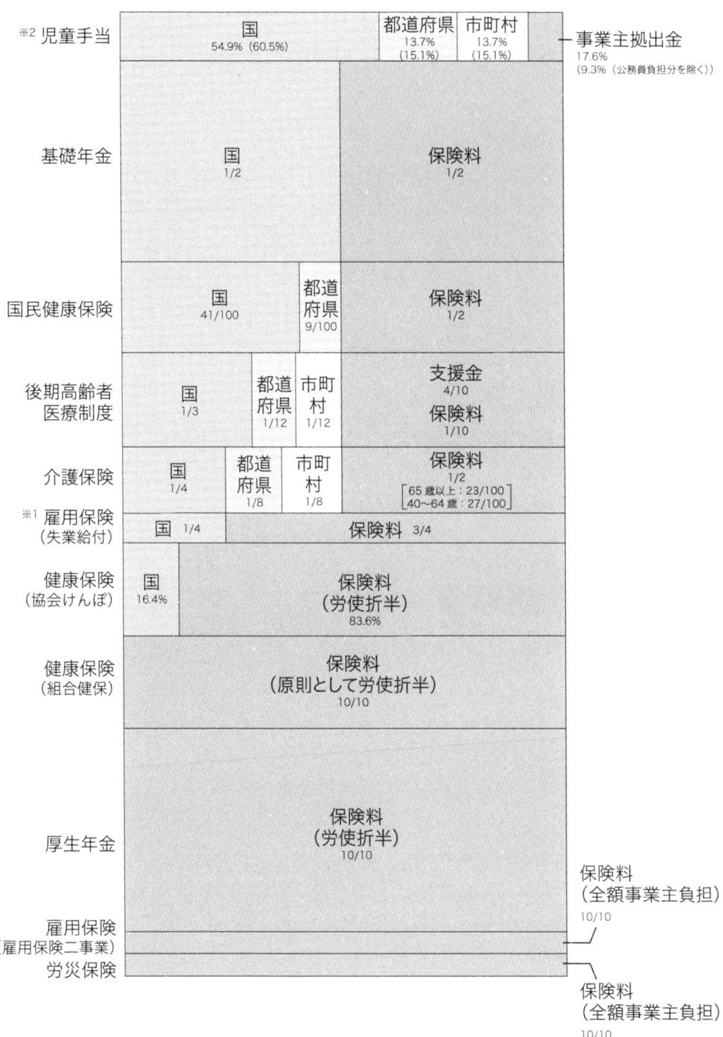

※1 雇用保険（失業給付）については、令和５年度まで、国庫負担額（1／4）の 10% に相当する額を負担。
※2 児童手当については、令和２年度当初予算ベースの割合を示したものであり、括弧書きは公務員負担分を除いた割合である。

知っトク!

労災保険の給付内容

療養・休業の場合

- **療養(補償)給付**:療養を要する場合は、労働者健康福祉機構が設置・運営している労災病院または労災指定医療機関等で療養給付を現物給付。これ以外の医療機関等で療養を受ける場合には、療養に要した費用を現金給付
- **休業(補償)給付**:療養のため休業し賃金が受けられない場合には、休業[4]日目から休業1日につき給付基礎日額の60%相当額を支給

障害が残った場合

- **障害(補償)年金**:障害等級第[1]級から第[7]級までに該当するとき障害の程度に応じた年金を支給
- **障害(補償)一時金**:障害等級第[8]級から第[14]級までに該当するとき障害の程度に応じた一時金を支給

労働者が死亡した場合

- **遺族(補償)年金**:被災労働者の収入によって生計を維持していた遺族に年金を支給
- **遺族(補償)一時金**:遺族補償年金の受給資格者がいない場合などには、その他の遺族に一時金を支給
- **葬祭料**:葬祭を行う者に対して葬祭料を支給

傷病が長期化した場合

- **傷病(補償)年金**:療養開始後1年6か月経過しても傷病が治らず、傷病による障害の程度が傷病等級第1級から第3級までに該当する場合には、休業補償給付に代えて支給

介護が必要になった場合

- **介護(補償)給付**:障害補償年金、傷病補償年金受給者が、常時または随時介護を要する状態にあって、実際に常時または随時介護を受けている場合に現金給付

障害者に対する支援と障害者自立支援制度

【第37回試験以降】
障害者福祉

障害者差別解消法

- 障害を理由とする差別の解消の推進に関する法律(障害者差別解消法)は、[障害者権利条約]の批准に向けた国内法整備の一環で制定された

障害を理由とする差別の解消の推進に関する法律(障害者差別解消法<平成25年法律第65号>)の概要

障害者基本法 第4条　基本原則 差別の禁止

第1項:障害を理由とする差別等の権利侵害行為の禁止	第2項:社会的障壁の除去を怠ることによる権利侵害の防止	第3項:国による啓発・知識の普及を図るための取組
何人も、障害者に対して、障害を理由として、差別することその他の[権利利益]を侵害する行為をしてはならない。	[社会的障壁]の除去は、それを必要としている障害者が現に存し、かつ、その実施に伴う負担が過重でないときは、それを怠ることによつて前項の規定に違反することとならないよう、その実施について必要かつ[合理的な配慮]がされなければならない。	国は、第一項の規定に違反する行為の防止に関する啓発及び知識の普及を図るため、当該行為の防止を図るために必要となる情報の収集、整理及び提供を行うものとする。

↓ 具体化

I. 差別を解消するための措置

	差別的取扱いの禁止	合理的配慮の不提供の禁止
国・地方公共団体等	[法的]義務	法的義務
民間事業者	[法的]義務	[努力]義務※

具体的な対応

政府全体の方針として、差別の解消の推進に関する基本方針を策定(閣議決定)

(●国・地方公共団体等 → 当該機関における取組に関する要領を策定※
●事業者 → 事業分野別の指針(ガイドライン)を策定)

※ 地方の策定は努力義務

実効性の確保 ●主務大臣による民間事業者に対する報告徴収、助言・指導、勧告

II. 差別を解消するための支援措置

紛争解決・相談	●相談・紛争解決の体制整備 → 既存の相談、紛争解決の制度の活用・充実
地域における連携	●障害者差別解消支援地域協議会における関係機関等の連携
啓発活動	●普及・啓発活動の実施
情報収集等	●国内外における差別及び差別の解消に向けた取組に関わる情報の収集、整理及び提供

※今後、法的義務に変更される予定

施行日:平成28年4月1日(施行後3年を目途に必要な見直し検討)

出典:「障害を理由とする差別の解消の推進」内閣府

障害者総合支援法

障害者総合支援法の概要

障害者総合支援法の給付・事業

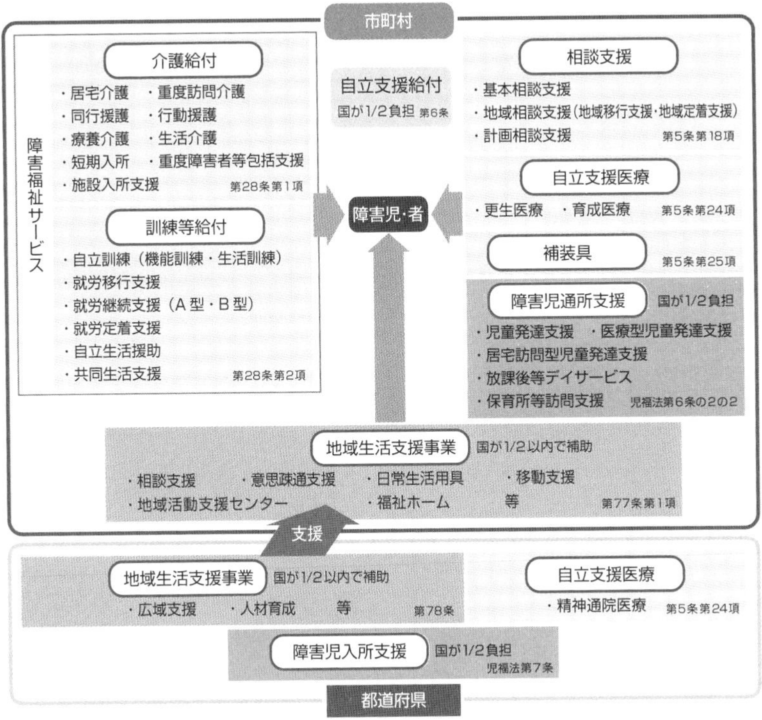

市町村

障害福祉サービス

介護給付
・居宅介護　・重度訪問介護
・同行援護　・行動援護
・療養介護　・生活介護
・短期入所　・重度障害者等包括支援
・施設入所支援　第28条第1項

訓練等給付
・自立訓練（機能訓練・生活訓練）
・就労移行支援
・就労継続支援（A型・B型）
・就労定着支援
・自立生活援助
・共同生活支援　第28条第2項

自立支援給付
国が1/2負担　第6条

障害児・者

相談支援
・基本相談支援
・地域相談支援（地域移行支援・地域定着支援）
・計画相談支援　第5条第18項

自立支援医療
・更生医療　・育成医療　第5条第24項

補装具　第5条第25項

障害児通所支援　国が1/2負担
・児童発達支援　・医療型児童発達支援
・居宅訪問型児童発達支援
・放課後等デイサービス
・保育所等訪問支援　児福法第6条の2の2

地域生活支援事業　国が1/2以内で補助
・相談支援　・意思疎通支援　・日常生活用具　・移動支援
・地域活動支援センター　・福祉ホーム　等　第77条第1項

支援

地域生活支援事業　国が1/2以内で補助
・広域支援　・人材育成　等　第78条

自立支援医療
・精神通院医療　第5条第24項

障害児入所支援　国が1/2負担
児福法第7条

都道府県

- ［ 障害者自立支援法 ］が廃止され、新たに障害者総合支援法が施行された
- 2010年の障害者自立支援法の改正で［ 発達障害者 ］が、2012年の障害者総合支援法への改正で［ 難病患者 ］等が障害者の定義に含まれた（2019年現在で361疾病が障害福祉サービス等の対象）
- 2012年の改正で［ 重度訪問介護 ］の対象が拡大され、「［ 知的障害 ］もしくは［ 精神障害 ］により行動上著しい困難を有する障害者であって常時介護を要する者」も含まれた

- 2016年の改正で、[就労定着支援]、[自立生活援助]の創設、居宅訪問による[児童発達支援]サービス、[医療的ケア]を要する障害児への支援等が図られた
- 障害者が65歳以上になっても、使い慣れた事業所においてサービスを利用しやすくするため、2017年の改正で、介護保険と障害福祉の制度に新たに[共生型サービス]を位置づけた
- [自立支援給付]と[地域生活支援事業]で支援システムが構成されている

自立支援給付

- 自立支援給付は、[介護]給付、[訓練等]給付、相談支援、[自立支援医療]、補装具などに分けられ、[市町村]によって実施される
- ◆[介護給付費]等の支給を受けようとする障害者または障害児の保護者は、[市町村]の支給決定を受けなければならない

◆ **主な介護給付の種類**

サービス	主なサービスの内容
居宅介護	・[居宅]での食事や排泄、入浴などの介護や掃除、買い物などの家事援助 ・区分[1]以上の者(障害児は、これに相当する心身状態の者)が対象
重度訪問介護	・常時介護を必要とする[重度の肢体不自由者]、[知的障害者]、[精神障害者]に対して、居宅で食事や排泄、入浴などの介護を行う ・区分[4]以上の者を対象とする ・障害児の場合は、[15]歳以上で[児童相談所長]が[市町村長]に通知することにより、支給決定が行われる
同行援護	・[視覚障害]により、移動に著しい困難を有する障害者等について、外出時に同行し、移動に必要な情報提供とともに移動の援護その他の便宜を供与する
行動援護	・[知的・精神障害]で行動上著しい困難がある人に対して、行動時の危険回避に必要な援護や外出時の移動支援を行う ・区分[3]以上で、障害支援区分の認定調査項目のうち行動関連項目等の合計点数が[10]点以上の者(障害児の場合は、これに相当する心身状態)が対象
生活介護	◆常時介護が必要な人に対して、食事や排泄、入浴などの介護や[創作的・生産活動]の機会を提供する ・区分[3](障害者支援施設に入所する場合は区分4)以上の者が対象 ・[50]歳以上の場合は、区分[2](障害者支援施設に入所する場合は区分3)以上の者を対象とする

- 訓練等給付で提供される支援の1つである[自立生活援助]は、障害者支援施設やグループホーム等を利用していた障害者で一人暮らしを希望する者に対して、定期的な[巡回訪問]、相談要請に対する[随時]対応を行うものである

※第18章-03「障害者に対する就労支援」も参照してください

地域生活支援事業

- 地域生活支援事業は、実施主体によって[市町村]地域生活支援事業と[都道府県]地域生活支援事業に分けられる
- 利用者負担については、[市町村]または[都道府県]の判断で設定される

市町村地域生活支援事業

必須事業	・[理解促進]研修・啓発 ・[相談]支援 ・成年後見制度法人後見支援 ・日常生活用具給付等 ・移動支援	・[自発的活動]支援 ・成年後見制度利用支援 ・[意思疎通]支援 ・手話奉仕員養成研修 ・[地域活動支援センター]機能強化
任意事業	・障害者等が自立した日常生活または社会生活を営むために必要な事業 ([福祉ホーム]、[訪問入浴サービス]等)	

都道府県地域生活支援事業

必須事業	・専門性の高い[相談支援] ・専門性の高い意思疎通支援を行う者の[養成研修] ・専門性の高い意思疎通支援を行う者の[派遣] ・意思疎通支援を行う者の派遣に係る市町村相互間の[連絡調整] ・[広域的]な支援
任意事業	・サービス・相談支援者、指導者育成(障害支援区分認定調査員等研修、相談支援従事者研修、[サービス管理責任者研修]等) ・障害者等が自立した日常生活または社会生活を営むために必要な事業

国の役割

- 市町村や都道府県が行う業務が適正かつ円滑に行われるように、必要な助言や情報の提供その他の援助を行う
- [厚生労働大臣]は、障害福祉サービスや相談支援、地域生活支援事業の提供体制を整備し、円滑な実施の確保のための[基本指針]を定め、公表しなければならない

都道府県の役割

- 市町村が行う[自立支援給付]や[地域生活支援事業]が適正かつ円滑に行われるように、必要な助言や情報の提供その他の援助を行う
- 自立支援医療のうち、[精神通院医療]の支給認定を行う

◆ 都道府県知事は、自立支援給付における[指定障害福祉サービス事業者]の指定、地域相談支援給付における[指定一般相談支援事業者]の指定を行う

◆ [介護給付費等]や[地域相談支援給付費等]などの処分に不服がある障害者・障害児の保護者は、[都道府県知事]に対して審査請求をすることができる

市町村の役割

◆ 障害者または障害児の保護者より介護給付費等の支給決定の申請があったときは、[市町村審査会]が行う当該申請に係る障害者等の[障害支援区分]に関する審査及び判定の結果に基づき認定を行う

● 支給要否決定を行うに当たり、障害者または障害児の保護者に対し、[指定特定相談支援事業者]が作成する[サービス等利用計画案]の提出を求める

● 自立支援医療(更生医療、育成医療)の支給認定、[市町村地域生活支援事業]の実施などの業務を行う

● 市町村は、障害支援区分の認定などのために行う障害者の心身の状況や環境などの調査を[指定一般相談支援事業者等]に[委託]することができる

事業所等の役割

● 地方公共団体は、単独でまたは共同して[協議会]を設置する努力義務がある

● 協議会は、関係機関等が相互の連絡を図ることにより、[地域]における障害者等への支援体制に関する課題について[情報を共有]し、関係機関等の[連携]の緊密化を図るとともに、地域の実情に応じた体制の整備について[協議]を行う

● [基幹相談支援センター]は、地域における相談支援の中核的な役割を担う機関として、[相談支援]事業、[成年後見制度利用支援]事業、並びに身体障害者福祉法、知的障害者福祉法、精神保健福祉法に基づく[相談]等の業務を総合的に行う施設である

◆ [市町村]は基幹相談支援センターを設置することができる。また、[一般相談支援事業者]や[特定相談支援事業者]にその業務の実施を委託することができる

相談支援

● 相談支援には、[基本相談支援]、[地域相談支援]、[計画相談支援]がある

● [相談支援専門員]は、相談支援事業所に配置され、利用者に対する相談支

援や連携などを行う専門職で、障害者のニーズに合わせた[サービス等利用計画]の作成、サービス担当者会議の開催、[モニタリング]などを行い、利用者を継続的に支援していく

相談支援の体系

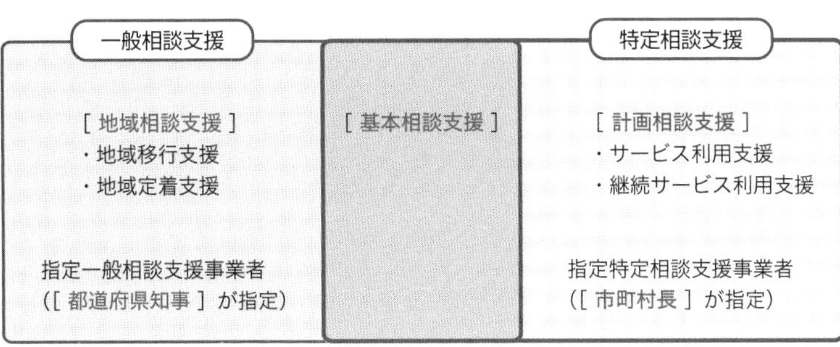

相談支援専門員の役割

- 相談支援専門員は、相談支援事業をはじめとする地域のシステムづくりの協議の場である[協議会]とのかかわりが重要である

・福祉サービス利用にかかる相談支援事業の中立・[公平性]の確保
・[困難事例]への対応のあり方に関する協議、調整
・地域の関係機関による[ネットワーク構築]等に向けた協議
・[障害福祉計画]の作成、具体化に向けた協議等

相談支援専門員に求められる技能

・利用者の幅広いニーズを把握し[総合的]かつ[継続的]なサービスの提供を確保すること
・社会資源の[改善]及び[開発]等に努めること
・自らその提供する指定計画相談支援の[評価]を行い、常にその改善を図ること
・ニーズ把握やプランの提示、モニタリング時などの相談支援のプロセスにおいて、障害者等の[意思決定]の支援に配慮すること

相談支援専門員の要件

・障害児・者に対する相談支援や介護業務、就労支援などの実務経験
・都道府県知事が行う[相談支援従事者初任者研修]の受講
・相談支援従事者の[相談支援従事者現任研修]を5年に1回以上受講

03 身体障害者福祉法／知的障害者福祉法

身体障害者福祉法の概要

- 障害者総合支援法と相まって、身体障害者の[自立]と[社会経済活動]への参加を促進すべく、身体障害者を援助し、及び必要に応じて保護し、もって身体障害者の福祉の増進を図ることを目的とする
- [都道府県]は身体障害者の更生援護の利便のため、及び市町村の援護の適切な実施支援のため、[身体障害者更生相談所]を設置しなければならない
- [身体障害者福祉司]は、都道府県の[身体障害者更生相談所]に配置され（市町村福祉事務所への配置は任意）、市町村相互間の連絡調整や市町村に対する情報の提供その他必要な援助、[専門的]な知識及び技術を必要とする相談や指導などを行う
- 身体障害者福祉センターとは、[無料]または[低額]な料金で身体障害者に関する各種相談に応じ、機能訓練、教養の向上、社会との交流促進、レクリエーションのための便宜を総合的に供与する施設である

身体障害者手帳

- 身体障害者は、居住地または現在地の[都道府県知事]に指定された医師の診断書を添えて、身体障害者手帳の交付を申請できる
- 15歳未満の障害児の手続きは、本人に代わり[保護者]が行う
- 障害の種類ごとに、障害の程度によって[1～7級]の等級がある
- 障害の状態が永続的であると認められた者は、原則として[身体障害者障害程度]の再認定を受ける必要はない

知的障害者福祉法の概要

- 1960年制定の[精神薄弱者福祉法]が1998年に知的障害者福祉法に改正
- 精神薄弱者福祉法の制定時に、[精神薄弱者援護]施設が法的に位置づけられた
- [知的障害者更生相談所]は、知的障害者に関する相談支援事業や医学・心理・職能的な判定などを行う機関
- ◆[都道府県]は、知的障害者更生相談所に[知的障害者福祉司]を置かなければならない
- 児童相談所または知的障害者更生相談所の判定に基づき、都道府県知事（指定都市の場合は市長）が[療育手帳]を交付する（厚生省通知）

04 精神保健福祉法

精神保健福祉法の概要

- [精神衛生法]が1950年に制定され、1987年には[精神保健法]、1995年に[精神保健及び精神障害者福祉に関する法律](精神保健福祉法)と改正

精神保健福祉センター

- 精神保健福祉に関して、[知識]の普及、[調査研究]の実施、[相談]及び[指導]のうち複雑・困難なものの実施等を行う
- [都道府県]や[指定都市]などに設置義務があり、精神保健福祉の中核機関として機能している

精神障害者保健福祉手帳

- 本人または家族が[市町村]に申請し、[都道府県]の精神保健福祉センターによる審査を経て、[都道府県知事]によって手帳が交付される
- 有効期限は[2]年で、手帳交付を受けた者は、[2]年ごとに都道府県知事の認定を受けなければならない

入院制度

[任意]入院	・[本人の同意]をもって入院を行う ・精神保健指定医の診断の結果、入院継続の必要性が認められる場合は[72]時間(特定医師の場合は[12]時間)に限り退院制限が可能
[措置]入院	・[自傷他害]のおそれのある精神障害者を[都道府県知事]の権限によって入院させる ・入院には[2]名以上の指定医の診察が必要 ・緊急でやむを得ない場合に指定医[1]名の診察によって[72]時間に限り入院させることができる(緊急措置入院)
[医療保護]入院	・本人の同意がなくても[家族等のうちいずれかの者]の同意により入院させることができる(2024年4月以降は、家族等が同意・不同意の意思表示を行わなくても[市町村長]の同意により入院が可能)
[応急]入院	・[急速]を要し、その家族等の同意を得ることができない場合に、本人の同意がなくても[72]時間に限り入院させることができる

障害者虐待防止法

障害者虐待の概要

- ◆障害者虐待とは、[養護者]、[障害者福祉施設従事者等]、[使用者]による虐待である
- ◆障害者虐待の類型は、[身体的]虐待、[性的]虐待、[心理的]虐待、[放棄、放置(ネグレクト)]、[経済的]虐待の5つである
- 「令和2年度都道府県・市区町村における障害者虐待事例への対応状況等(調査結果)」(厚生労働省)によると、養護者による虐待(類型別)では、[身体的虐待](67.1%)が最も多く、次いで[心理的虐待](31.4%)、[経済的虐待](16.6%)、[放棄、放置](13.0%)、[性的虐待](2.9%)の順となっている
- 同調査によると、障害者福祉施設従事者等による虐待(類型別)では、[身体的虐待](52.8%)が最も多く、次いで[心理的虐待](42.1%)、[性的虐待](16.1%)、[放棄、放置](7.4%)、[経済的虐待](4.7%)の順となっている

障害者虐待の通報・届出

養護者による虐待 障害者福祉施設従業者等による虐待	・虐待を受けたと思われる障害者を発見→速やかに[市町村]に通報 ・虐待を受けた障害者→速やかに[市町村]に届出
使用者による虐待	・虐待を受けたと思われる障害者を発見→速やかに[市町村または都道府県]に通報 ・虐待を受けた障害者→速やかに[市町村または都道府県]に届出

障害者虐待についての通報・届出を受けた市町村の対応

◆速やかに障害者の[安全]の確認、[事実]の確認を行うとともに、[市町村障害者虐待対応協力者]と対応について協議を行う

・養護者による虐待により生命または身体に重大な危険が生じているおそれがあると認められる障害者を[一時保護]するため、適切に措置を講ずる

・[市町村長]は、養護者による虐待により障害者の生命または身体に重大な危険が生じているおそれがあると認めるときは、担当職員を障害者の住所または居所に[立入調査]をさせることができる

低所得者に対する支援と生活保護制度

【第37回試験以降】
貧困に対する支援

01 貧困

貧困の実態

- 国民の所得格差を示す指標で、全国民の可処分所得の中央値の半分の額（ 貧困線 ）に満たない人の割合を［ 相対的貧困率 ］という
- 国民生活基礎調査によると、2018年の我が国の［ 相対的貧困率 ］は15.4（新基準15.7）％で、［ 子どもの貧困率 ］は13.5（新基準14.0）％となっている（貧困線は、リーマンショック以降、概ね125万前後で推移）
- OECDの所得定義の基準が変わったため、国民生活基礎調査では2018年分以降、旧基準での貧困率と新基準での貧困率が併記されている（可処分所得の算出に用いる拠出金の中に新たに自動車税等及び企業年金が追加）
- 「令和3年子供の生活状況の分析」（内閣府）によると、2019年の相対的貧困率は12.9%、［ ひとり親世帯 ］では50.2%であった

貧困線の年次推移

年	1991 平成3	1994 平成6	1997 平成9	2000 平成12	2003 平成15	2006 平成18	2009 平成21	2012 平成24	2015 平成27
貧困線（万円）	135	144	149	137	130	127	125	122	122

貧困率の年次推移

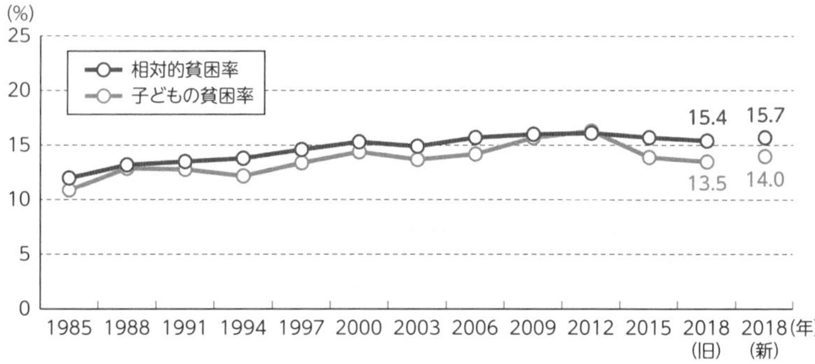

出典：厚生労働省「2019年 国民生活基礎調査の概況」

- 所得再分配調査報告書によると、2017年の再分配所得の［ ジニ係数 ］は0.3721で、前回調査（2014年）に比べ低下している

02 公的扶助

公的扶助の概念

- 公的扶助制度は最後の[セーフティネット]としての機能をもち、最低限度の生活水準を保障する[救貧的]な制度である
- 国が社会保障等の公共政策によって、すべての国民に保障する最低限度の生活基準を[ナショナル・ミニマム]という
- 我が国の代表的な公的扶助が[生活保護]である

◆ 社会保険と公的扶助の特徴

	社会保険	公的扶助
機能	[防貧的]機能	事後的に救済する[救貧的]機能
対象	[社会保険]の被保険者とその家族（制度により個人や世帯を単位とする）	困窮するすべての国民（原則、[世帯]を単位とする）
資力調査	なし	あり
財源	国の一部負担、保険料収入など	国や地方自治体からの財源
給付の権利性	権利性が[強く]、スティグマ（劣等感、社会的な不利益）が入り込みにくい	権利性は[弱く]、受給にスティグマが伴いやすい

イギリスの公的扶助の歴史

1601年	エリザベス救貧法成立	人権保護の観点よりも、治安維持や貧しい人への懲罰的対応を主目的とする制度。貧民は労働可能な者と不可能な者に分類され、労働可能な状態にもかかわらず貧しい人々は「怠惰」と見なされ、[ワークハウス]（ 救貧院 ）に収容され、懲罰的な労働に従事させられた（ 院内救済 ）
1782年	ギルバート法制定	どちらも博愛意識の広がりの中で、エリザベス救貧法下の貧民への非人間的な処遇を改善しようとする動きの中から生まれた法制度。初めて[院外救済]を導入したが、それにより救済の対象者が拡大し、救貧財政を急激に圧迫した
1795年	スピーナムランド制度	
1834年	新（改正）救貧法	再び[院内救済]へと揺り戻された。また、法による救済を、救済を受けていない最下層の労働者の賃金よりも低い水準にするという[劣等処遇]の原則が採用された

生活保護制度

生活保護制度の概要

- 生活保護制度は[生存権保障]の理念を具体的に実現するための制度
- 目的は[最低限度の生活の保障]と[自立の助長]である
- 給付の開始に当たっては、困窮状態にあることを確認するための[資力調査](ミーンズ・テスト)が行われる

旧生活保護法

- 1946年、連合国軍総司令部(GHQ)が出した覚書[社会救済]において、[公的扶助三原則]が提示され、これを背景に[旧生活保護法]が制定された
- 保護の種類は、[生活]扶助、[医療]扶助、[助産]扶助、[生業]扶助、[葬祭]扶助の5種類で、保護費に関する国の負担率は[8]割であった

公的扶助三原則
①[国家責任]の原則　②[無差別平等]の原則　◆③[最低生活]保障の原則

旧生活保護法の欠格条項
①働く能力がありながら、[勤労]の意思のない者、勤労を怠る者(怠惰者)
②[素行不良]な者
③[扶養義務者]が扶養できる者

現行生活保護法

- 1949年の[社会保障制度審議会]による「生活保護制度の改善強化に関する勧告」を踏まえて、1950年に現行生活保護法が制定された
- [日本国民]を対象とし、原則、[外国人]については対象外
- 外国人に対しては、一定要件のもと、[一般国民に準じた保護]の適用を行っている(保護請求権や不服申立権は認められない)
- ◆保護は、都道府県、市及び福祉事務所を設置する町村が実施し、保護の費用は国が[4分の3]、地方自治体が[4分の1]を負担する

生活保護法の基本原理・基本原則

- 生活保護法では基本原理として、[国家責任]、[無差別平等]、[最低生活保障]、[保護の補足性]の4つを、1条から4条に規定している

◆ 生活保護の基本原理

国家責任の原理 (同法1条)	◆[国]が生活に困窮する[すべての国民]に対し、困窮の程度に応じ、必要な保護を行い、その[最低限度]の生活を[保障]するとともに、その自立を助長する
無差別平等の原理 (同法2条)	・生活困窮となった原因や性別、社会的身分などによって[差別的]な取扱いを受けることがない ・旧生活保護法に定められていた[欠格条項]がない ◆すべての国民はこの法律の定める要件を満たす限り、保護を[無差別平等]に受けることができる(労働や住民税納付の有無などを問わない)
最低生活保障の原理 (同法3条)	・生活保護法により保障される最低限度の生活は、[健康で文化的な生活水準]を維持することができるものでなければならない
保護の補足性の原理 (同法4条)	・保護は、生活に困窮する者が、その利用し得る資産、能力その他あらゆるものを、その[最低限度]の生活の維持のために活用することを要件として行われる ◆民法に定める[扶養義務者]の扶養が、[生活保護法]による保護に優先して行われるものとする

◆ 生活保護の基本原則

申請保護の原則 (同法7条)	◆保護は、要保護者、その扶養義務またはその他の同居の親族の[申請]に基づいて開始するものとする ・要保護者が[急迫]した状況にあるときは、保護の[申請]がなくても、必要な保護を行うことができる ・[保護請求権]を具体的に実現するものである ・保護の申請ができるのは、要保護者本人のほか、その[扶養義務者]、その他の[同居の親族]
基準及び程度の原則 (同法8条)	◆保護は、[厚生労働大臣]の定める基準により測定した要保護者の需要を基とし、その者の金銭または物品で満たすことのできない[不足分]を補う程度において行うものとする ・基準は、要保護者の年齢、性別、世帯構成別、所在地域別その他保護の種類に応じた[最低限度の生活]の需要を満たすのに十分なものであって、かつ、これを超えないものでなければならない ・保護が必要かどうかを判定する基準(判定基準)であり、その基準に基づく最低限度の生活と収入とを対比して不足分を支給するための基準(支給基準)ともなっている

必要即応の原則（同法9条）	◆保護は、要保護者の年齢別、性別、健康状態等その個人または世帯の実際の必要の[相違]を考慮して、有効かつ適切に行うものとする ・要保護者のそれぞれの実情に合わせて(必要即応)、保護を実施すべきという趣旨である
世帯単位の原則（同法10条）	◆保護は、[世帯]を単位としてその保護の要否及び程度を定めるものとする。ただし、これによりがたいときは、個人を単位として定めることができる ・世帯とは、同じ住居に居住し、[生計]を一つにしている者をいう ・[親族]だけとは限らず、住居、生計をともにする里子や使用人など、[非家族員]も含まれる ・例外的に、この原則に合わない事情のある場合には、個人を単位に別世帯として扱うことがあり、[世帯分離]と呼ばれている ・世帯分離には、世帯員の1人分を分離して、その者だけを保護する場合（例：長期の寝たきり状態にある、入院している）と、その他の者を保護する場合（例：働ける能力があるのに働かない者がいる）がある

被保護者の権利と義務

被保護者の権利（生活保護法56、57、58条）

[不利益変更]の禁止	被保護者は、正当な理由がなければ、すでに決定された保護を、不利益に変更されることがない
[公課]禁止	被保護者は、保護金品（給与や貸与される金銭・物品）及び[進学準備給付金]を標準として租税その他の公課（国や地方自治体による公的負担）を課せられることはない
◆[差押]禁止	すでに給与を受けた保護金品及び[進学準備給付金]またはこれを受ける権利を差し押さえられることはない

被保護者の義務（生活保護法59、60、61、62、63条）

◆[譲渡]禁止	被保護者は、保護または[就労自立給付金]もしくは[進学準備給付金]の支給を受ける権利を譲り渡すことができない
[生活上]の義務	被保護者は、常に、能力に応じて勤労に励み、健康の保持及び増進に努め、生計の状況の適切な把握と支出の[節約]を図り、生活の維持及び向上に努めなければならない
◆[届出]の義務	被保護者は、収入、支出その他生計の状況について変動があったとき、または居住地もしくは世帯の構成に異動があったときは、速やかに、保護の実施機関または[福祉事務所長]にその旨を届け出なければならない

[指示等に従う]義務	保護の実施機関は被保護者に対して生活の維持向上その他保護の目的達成に必要な指導指示をすることができるが、被保護者はこれに従う義務がある。被保護者が指導指示に従わない場合は、保護の[変更]、[停止]または[廃止]ができるが、[弁明の機会]を与えなければならない
[費用返還]義務	被保護者が、急迫の場合において資力があるにもかかわらず、保護を受けたときは、速やかに受けた保護金品に相当する金額の範囲内において[保護の実施機関]の定める額を返還しなければならない

保護の停止・廃止（生活保護法26条）

- 保護の実施機関は、被保護者が保護を必要としなくなったときは、速やかに保護の停止または廃止を決定し、[書面]をもって、これを被保護者に通知しなければならない

知っトク!

恤救規則（じゅっきゅう）

- 1874年に日本で初めて成立した貧困者に対する一般的な救済法で、実施主体は[内務省]
- ◆1年間に25kgの米代を給付する救済方法で、対象は[無告の窮民]（廃疾者、70歳以上の重病者・老衰者、疾病で労働不能な身寄りのない者、13歳以下の者）

救護法

- 1929年に制定され、1946年の[旧生活保護法]施行により廃止された
- 対象は65歳以上の老衰者、13歳以下の幼者、妊産婦・疾病・傷病、心身の障害等で労務を行うのに支障のある者で、困窮していても[怠慢な者]や[素行不良の者]は対象外
- 補助機関は[方面委員]

生活困窮者緊急生活援護要綱

- 1945年に閣議決定され、1946年の[旧生活保護法]施行まで実施
- 対象は一般困窮者及び失業者、戦災者、海外引揚者、在外者留守家族、傷痍軍人、軍人の遺族で、補助機関は[方面委員]

04 不服申立てと訴訟

不服申立て制度の概要

- 最低生活保障の権利を実効性のあるものにし、[保護請求権]を保障する制度である
- 生活保護の決定も[行政]処分であり、不服申立てについては[行政不服審査法]や[行政事件訴訟法]の適用を受ける

不服申立ての手続き

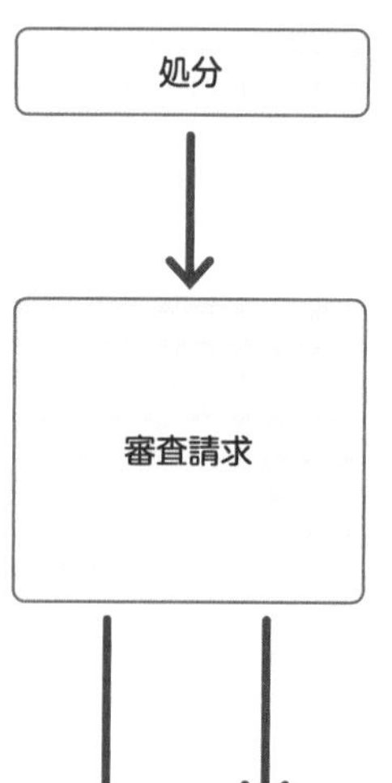

- ◆ 保護の実施機関が行った処分に不服がある者は、その処分を知った日の翌日から[3]か月以内に[都道府県知事]に対して審査請求ができる
- 審査請求を受けた都道府県知事は、[第三者機関]に諮問を行うときは[70]日以内に裁決
- 諮問を行わないときは[50]日以内に裁決をしなければならない
- ◆ 裁決がなされない場合は、[棄却]されたとみなすことができる

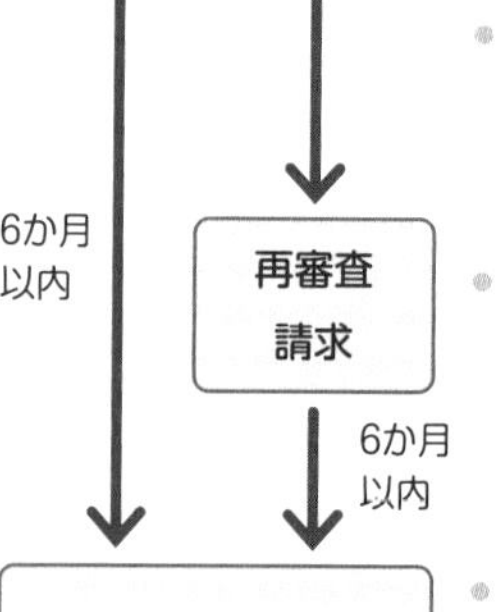

- 審査請求についての都道府県知事の裁決に不服がある者は、その裁決を知った日の翌日から[1]か月以内に[厚生労働大臣]に対して再審査請求ができる
- 再審査請求を受けた厚生労働大臣は、[70]日以内に裁決を行う
- 審査請求が棄却され、その決定に不服がある者は[行政事件訴訟法]に基づき、訴訟を起こすことができる
- 保護の実施機関が行った処分に関する[取消訴訟]は、当該処分についての審査請求の裁決を経た[後]でなければ提起できない

05 保護の種類と基準

保護の基準

- 保護の基準には、保護の[要否]を判定する機能と、保護費の支給の[程度]を決定する機能がある
- 保護の基準は、[社会保障審議会]における一般低所得世帯との均衡についての評価・検証を経て、[厚生労働大臣]が定める
- 2013年の生活保護法改正で、安定した職業に就いて保護を必要としなくなった世帯に対する[就労自立]給付金が、2018年の改正で、大学等への進学を支援するための[進学準備]給付金が創設された
- 要保護世帯の所在地域を考慮した[級地]区分が導入されており、生活扶助、住宅扶助、葬祭扶助の基準額に地域差が設けられている

扶助の種類

(原則)金銭給付	[生活]扶助	◆衣食その他日常生活の需要を満たすために必要な一般生活費について行う ・[介護]保険料は[介護]保険料加算として算定される
	[教育]扶助	◆義務教育に必要な教科書、学用品、通学用品、[学校給食費]などについて行う
	[住宅]扶助	・家賃・地代等の住居費用、家屋に必要な水道設備等の修理・補修費用などについて行う ・転居が必要と認められる場合には、敷金、礼金、不動産手数料等が支給される
	[出産]扶助	・分娩の介助、分娩前後の処置などの助産のほか、分娩に伴って必要なガーゼその他の衛生材料が一定の額の範囲内で対象となる
	[葬祭]扶助	・死亡者の遺族または扶養義務者が困窮のため葬祭を行うことができない場合、遺族または扶養義務者に対して給付される
	[生業]扶助	・生業に必要な資金(設備費、運営費など)を対象とする[生業費] ・就業するための授業料、交通費などを対象とする[技能習得費] ・就職に必要な洋服、身の回りの物を購入するための[就職支度費] ◆[高等学校就学費]は[生業]扶助の技能習得費として給付 ・要保護者の稼働能力を引き出し、収入増または[自立]を図ることを目的とする

(原則)現物給付	[医療]扶助	・診察、薬剤または[治療材料]等、医学的処置、手術などの治療・看護について行う ・入退院に伴う交通費等も対象 ・給付は、[医療保護施設]、もしくは[指定医療機関](厚生労働大臣または都道府県知事が指定)が行う
	[介護]扶助	・[要介護者]:居宅介護(居宅介護支援計画に基づく)、福祉用具、住宅改修、施設介護、移送について行う ・[要支援者]:介護予防・日常生活支援(介護予防支援計画に基づく)、介護予防福祉用具、介護予防住宅改修、移送について行う

- 生活扶助は、被保護者の[居宅]において行うものとする。ただし、[居宅]において行えないとき、保護の目的を達しがたいとき、または被保護者が希望したときは、[救護施設]、[更生施設]、[日常生活支援住居施設]等に入所させ(もしくは施設に入所を委託して)行うことができる
- 1984年度より、[生活扶助]基準の算定は、[水準均衡]方式で行われている
- 生活扶助の母子加算は、父母の[一方]もしくは[両方]が欠けているかこれに準ずる場合に対象となる

生活扶助

基準生活費	[第1類]	・[個人]を単位として算定される(食費、被服費等)
	[第2類]	・[世帯]を単位として算定される(光熱水費、家具什器費等) ＋地区別[冬季]加算
加算		・特別に必要と考えられる者だけに積算される生活費 ・加算対象者と加算のない者が、実質的に同水準の最低生活が保障される ・妊産婦加算、[母子]加算、障害者加算、介護施設入所者加算、在宅患者加算、放射線障害者加算、[児童養育]加算、[介護保険料]加算の8種類
入院患者日用品費		病院等に入院する被保護者の一般生活費
介護施設入所者基本生活費		介護施設に入所する被保護者の一般生活費
一時扶助		・一時的に特別な費用が必要な場合に支給 ・支給は保護の要否判定の後 ・被服費、家具什器費、移送費、就労活動促進費、[入学準備金](小・中学校)等

保護の運営実施体制

保護の実施機関

- [都道府県知事]、[市長]及び[福祉事務所]を管理する[町村長]は、保護を決定し、実施しなければならない
- ◆[都道府県知事]は、生活保護法に定める職権の一部を、その管理に属する行政庁に[委任]することができる
- 実施機関は、保護の開始の申請があった日から[14]日以内に、保護の要否、種類、程度及び方法を決定し、申請者に対して[書面]をもって通知しなければならない(特別な理由がある場合は、30日まで延長可)

福祉事務所

- 社会福祉全般に関する相談・指導・給付などの業務を行う[現業機関]である
- ◆[都道府県]、及び[市]([特別区]を含む)は、条例で福祉事務所を設置しなければならない
- [町村]は、条例で福祉事務所を設置できる(任意設置)

福祉事務所が行う保護の実施責任

保護の種類	内容	実施責任の所在
[居住地保護]	福祉事務所の管轄区域内に居住地を有する要保護者に対する保護	居住地の福祉事務所
[現在地保護]	居住地がないか、または明らかでない要保護者であって、福祉事務所管轄区域内に現在地を有する者に対する保護	現在地の福祉事務所
[急迫保護]	所管外に居住地があることが明らかであっても、要保護者が急迫した状況にあるとき、その急迫した事由が止むまでの保護	
[施設入所保護等の特例]	生活扶助を行うために救護施設・更生施設に要保護者を入所もしくは入所委託した場合、介護扶助を介護老人福祉施設に委託して行う場合などの特例	入所もしくは入所委託前の居住地または現在地の福祉事務所

福祉事務所の所員

◆ 事務所の所員の定数は条例により定められており、[現業]を行う職員の数には[標準定数]がある

区分	現業員標準定数	追加
都道府県設置事務所	被保護世帯が390以下なら6人	[65] 世帯増ごとに1人
市(特別区)設置事務所	被保護世帯が240以下なら3人	[80]世帯増ごとに1人
町村設置事務所	被保護世帯が160以下なら2人	[80]世帯増ごとに1人

◎ 福祉事務所には所長のほかに、指導監督を行う[査察指導員]、現業を行う所員(現業員)、事務を行う所員を置かなくてはならない

◆ 福祉事務所の査察指導員と現業を行う所員は[社会福祉主事]でなければならない

◎ [福祉事務所長]は、都道府県知事または市町村長の指揮監督を受けて所務を掌理する

◎ [査察指導員]は、所長の指揮監督を受けて、現業事務の指導監督を行う

◆ [社会福祉主事]は福祉事務所に[必置]の社会福祉職であり、[18]歳以上で、大学等で厚生労働大臣の指定する社会福祉に関する科目を修めて卒業した者、[社会福祉士]、厚生労働大臣の指定する社会福祉事業従事者試験に合格した者、その他の条件を満たす者とされている

◆ 社会福祉主事は、都道府県知事または市町村長の事務の執行を[補助]する

◎ [民生委員]は、市町村長、福祉事務所長または社会福祉主事の事務の執行に[協力]するものとする

知っトク!

民生委員の変遷

年	内容
1936(昭和11)年	[方面委員令]により、方面委員制度が全国的制度となる
1946(昭和21)年	[民生委員令]により民生委員へ改称され、市町村長の[補助機関]となる
1947(昭和22)年	児童福祉法制定により[児童委員]を兼務することとなる
1953(昭和28)年	民生委員法の改正により、補助機関から[協力機関]へ変更

保護施設

- 保護施設は、居宅において生活を営むことが困難な要保護者を[入所]または[利用]させる、生活保護法に基づく施設である
- 保護施設を設置できるのは、[都道府県]、[市町村]、[地方独立行政法人]、社会福祉法人、日本赤十字社である

施設の種類	目的・内容
[救護]施設	身体上または精神上著しい障害があるために、日常生活を営むことが困難な要保護者を[入所]させて[生活]扶助を行う
[更生]施設	身体上または精神上の理由により[養護]及び[生活指導]を必要とする要保護者を[入所]させて[生活]扶助を行う
[医療保護]施設	医療を必要とする要保護者に対して、医療の給付([医療]扶助)を行う
[授産]施設	身体上もしくは精神上の理由または世帯の事情により[就業能力]の限られている要保護者に就労または技術の修得のために必要な機会及び便宜を与えて、[自立]を助長する([生業]扶助)
[宿所提供]施設	住居のない要保護者の世帯に対して[住宅]扶助を行う

調査・指導

- 保護の実施機関は、保護の決定・実施のため必要があるときは、[調査]や[報告]、資料の提供の求め等ができる

調査・報告・資料提供の求め等の概要

立入調査・検診命令	要保護者の[資産]及び[収入]の状況、[健康状態]その他の事項を調査するために、職員に立入調査させ、または[検診命令]をすることができる
報告の求め	要保護者の[扶養義務者]、その他の同居の親族、または保護の開始・変更申請当時の要保護者、要保護者であった者に対して、[報告]を求めることができる
資料の提供・報告の求め	・要保護者または被保護者であった者、その扶養義務者の資産及び収入の状況等について、官公署、日本年金機構、共済組合等に必要な書類の[閲覧]や資料の[提供]を求めることができる ・銀行、信託会社、及び被保護者(過去の受給者を含む)と扶養義務者の[雇用主]等に報告を求めることができる
課税調査	被保護者の収入を客観的に把握するため、年[1]回、税務担当官署の協力を得て被保護者の課税状況を調査する

- 訪問調査は要保護者の[生活状況]などを把握し、自立助長のための指導を行うことを目的として行われる

訪問調査の概要

申請時等の訪問	保護の開始・変更の申請があった場合に、申請書等を受理した日から[1]週間以内に実地調査のため訪問
訪問計画に基づく訪問（定期訪問）	①[家庭]訪問：少なくとも1年に[2]回以上 ②[入院入所者]訪問：少なくとも1年に[1]回以上（本人及び担当主治医等への面接を行う）
臨時訪問	申請による保護の変更、生業扶助による就労助成、水道設備・電灯設備・家屋補修の経費の認定、保護[停止]中、その他の指導、助成、調査が必要な場合

- 保護の実施機関は、被保護者に対し、生活の維持、向上その他保護の目的達成に必要最小限の[指導]または[指示]を行うことができる

指導・指示の概要

保護申請時	・保護の申請が行われた場合、保護の受給要件、保護を受ける権利、[届出]の義務などについて十分に説明し、適切な指導を行う ・要保護者が利用できる資産・能力、他法などの活用を怠り、または忌避している場合は、適切な[助言指導]を行い、これに従わないときは保護の要件を欠くものとして申請を[却下]する
保護受給中	指導・指示は、直接被保護者に対して[口頭]により行うことを原則とするが、これによりがたいときは、[文書]によって行う。これに従わなかった場合には、保護の変更、停止または廃止を行う
保護停止中	保護停止中の被保護者について、生活状況の経過を把握し、必要に応じて、生活の維持向上に関する適切な[助言指導]などを行う

生活保護の動向

被保護世帯・人員の推移／保護の開始・廃止

- 「令和３年度被保護者調査月次調査（確定値）」（厚生労働省）によると、被保護実人員は約[204万]人で、被保護世帯は約[164万]世帯となっている
- 世帯類型別被保護世帯では、[高齢者世帯]が最も多い
- 世帯人員別被保護世帯では、[１人世帯]が最も多く、1993年以降[70]%を超える状態が続き、2018年には[80]%に達した
- ◆保護の種類別扶助人員では、[生活扶助]が最も多く、次いで住宅扶助、医療扶助、介護扶養となっている

◆ 保護開始の主な理由別の保護開始世帯数の構成割合（2021年度）

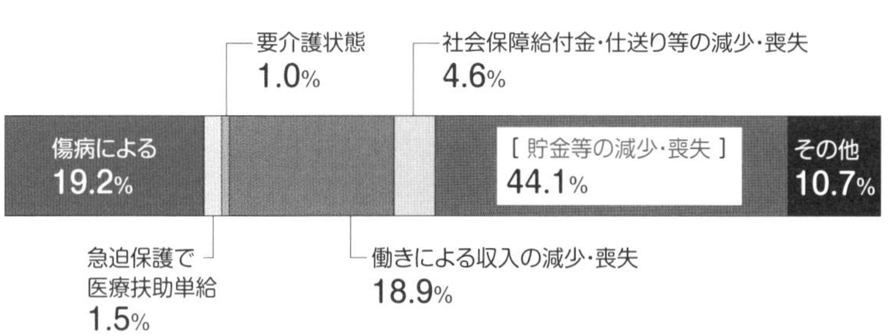

◆ 保護廃止の主な理由別の保護廃止世帯数の構成割合（2021年度）

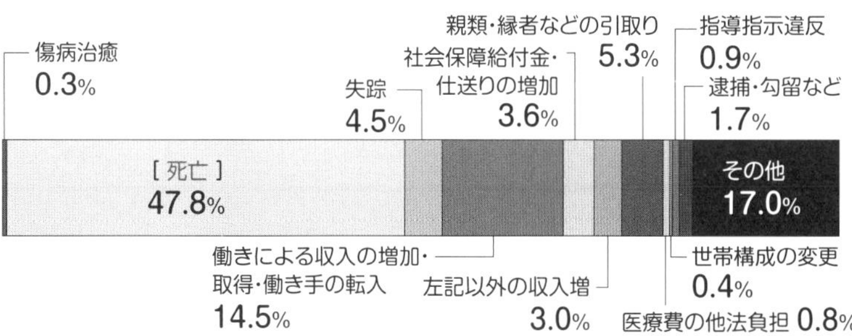

出典:厚生労働省「被保護者調査（月次調査）（2021年度確定値）」

被保護者への自立支援

自立支援プログラム

- 2005年度より導入された[自立支援プログラム]では、[保護の実施機関]が被保護者の状況や自立阻害要因を類型化し、その類型に応じた自立支援の具体的内容及び実施手順等を定め、これに基づき必要な[個別支援]を行う
- 自立支援には、就労による経済的自立のための[就労自立]支援、自分で自分の健康・生活管理を行う[日常生活自立]支援、社会的なつながりを回復・維持する[社会生活自立]支援 がある

自立支援プログラムのプロセス

①[アセスメント]	・被保護者の健康状態、日常生活及び社会生活の状況の把握 ・自立に向けた課題の明確化
②[自立支援計画策定]	・課題に応じて支援方針、内容を決定 ・被保護者に支援計画を説明し、[同意]と参加の確認を得る
③[支援の実施]	・被保護者本人、世帯への働きかけ ・関係機関など環境への働きかけ
④[評価]	・支援目標の達成状況の評価 ・被保護者の課題への取り組みや実施機関の支援を評価
⑤[終結]	・支援目標の達成 ・支援が不要となった

生活保護受給者等就労自立促進事業

- 自治体と公共職業安定所が連携し、[福祉事務所]へのハローワーク常設窓口の設置や、[巡回相談]等による[ワンストップ]型の支援体制の整備が進められている

就労支援チーム	・福祉事務所等とハローワークによる就労支援チーム ・支援事業担当責任者、就労支援ナビゲーター、就労支援コーディネーター等で構成
支援対象者	生活保護受給者、児童扶養手当受給者、住居確保給付金受給者、生活保護の相談・申請段階にある者等で、次の要件を満たす者 ・15歳以上65歳未満(65歳以上も、就労が期待できる場合は対象) ・[稼働能力]を有する ・就労意欲が[一定程度]ある ・就労にあたり著しい[阻害要因]がない ・事業への参加に[同意]している

09 低所得者対策

生活福祉資金貸付制度

- [低利]または[無利子]での必要な資金の貸付と相談支援を行い、経済的自立と生活意欲を助長し、安定した生活を確保することが目的
- 経済的な援助に合わせて、地域の[民生委員]・[児童委員]が援助・指導を行う
- ◆実施主体は、[都道府県社会福祉協議会]だが、窓口等の業務の一部は[市町村社会福祉協議会]に委託されている

◆貸与対象世帯

①[低所得者世帯]:必要な資金を他から借り受けることが困難な世帯
②[障害者世帯]:身体障害者手帳・療育手帳・精神障害者保健福祉手帳の交付を受けた者の属する世帯
③[高齢者世帯]:日常生活上で療養や介護で必要とする、おおむね65歳以上の高齢者の属する世帯

- 緊急小口資金と不動産担保型生活資金、教育支援資金を除き、原則として[連帯保証人]は必要だが、連帯保証人を立てない場合でも貸付は[可能]とされた
- 福祉資金、総合支援資金の貸付利子は、連帯保証人を立てる場合には[無利子]、連帯保証人を立てない場合は年[1.5]%となっている
- 緊急小口資金、教育支援資金は[無利子]である
- 総合支援資金と緊急小口資金の貸付に当たっては、原則、生活困窮者自立支援法における[自立相談支援事業]の利用が要件となっている

生活福祉資金の種類と対象世帯

資金種類		資金の目的・内容	貸付対象世帯		
			低所得	障害者	高齢者
[福祉]資金	福祉費	生業を営むために必要な経費	○	○	
		技能習得に必要な経費及びその期間中の生計を維持するために必要な経費	○	○	
		住宅の増改築、補修等に必要な経費	○	○	○
		福祉用具等の購入に必要な経費		○	○
		障害者用の自動車の購入に必要な経費		○	
		中国残留邦人等に係る国民年金保険料の追納に必要な経費			
		負傷または疾病の療養に必要な経費及びその療養期間中の生計を維持するために必要な経費	○		○
		介護サービス、障害者サービス等を受けるのに必要な経費及びその期間中の生計を維持するために必要な経費	○	○	○
		災害を受けたことにより臨時に必要となる経費	○		
		冠婚葬祭に必要な経費	○		
		住居の移転等に必要な経費	○	○	○
		就職、技能習得等の支度に必要な経費	○	○	
		その他日常生活上一時的に必要な経費	○		
	緊急小口資金	緊急かつ一時的に生計の維持が困難となった場合に貸し付ける少額資金	○		
[教育支援]資金	教育支援費	高校、高等専門学校、短大、大学、専修学校の授業料等に必要な費用	○		
	就学支度費	上記の学校の入学に必要な費用	○		
[総合支援]資金	生活支援費	生活再建に向けて就職活動等を行う間の生活費	○		
	住宅入居費	敷金・礼金等住宅の賃貸契約に必要な経費	○		
	一時生活再建費	低家賃住宅への転居費用、公共料金等滞納の支払い費用等	○		
[不動産担保型生活]支援資金	不動産担保型生活資金	[低所得の高齢者]世帯に対する居住用不動産を担保とした生活資金の貸付			○
	要保護世帯向け不動産担保型生活資金	[要保護の高齢者]に対する居住用不動産を担保とした生活資金の貸付			○

生活困窮者自立支援法

- ◆都道府県、市(特別区を含む)及び福祉事務所を設置する町村は、関係機関との緊密な連携を図りつつ、適切に[生活困窮者自立相談支援事業]及び[生活困窮者住居確保給付金の支給]を行う責務を有する
- [生活困窮者]とは、現に[経済的]に困窮し、最低限度の生活を維持できなくなる[おそれ]のある者をいう

事業の種類

		事業名	事業内容
[必須]事業		◆自立相談支援事業	[就労]その他の自立に関する相談支援、事業利用のための自立支援計画の作成などを行う
[必須]事業		◆住居確保給付金	[離職]等により、住居を失ったか家賃の支払いが困難となった生活困窮者に対して、就職活動を容易にするために家賃相当の「住居確保給付金」を支給する
[任意]事業	[努力義務]	就労準備支援事業	直ちに就労が困難な生活困窮者に対して、就労に必要な知識・能力の向上のための訓練を一定期間行う
[任意]事業	[努力義務]	家計改善支援事業	家計の状況を適切に把握することが難しい生活困窮者などに対して、家計に関する相談、家計管理に関する指導、貸付のあっせん等を行う
[任意]事業		◆一時生活支援事業	住居のない生活困窮者に対して一定期間宿泊場所や衣食の提供を行う
[任意]事業		子どもの学習・生活支援事業	生活困窮者の子どもに対して学習の支援、生活環境・育成環境に関する助言等を行う
[任意]事業		その他の事業	生活困窮者の自立の促進を図るために必要なその他の事業を行う

生活困窮者自立相談支援事業に配置する職員

主任相談支援員	相談支援業務のマネジメント、地域の社会資源開発等
相談支援員	アセスメント、プランの作成など相談支援全般
就労支援員	就労意欲の喚起、ハローワーク同行訪問、キャリアコンサルティング等

- 2018年の改正では、①生活困窮者に対する[包括的]な支援体制の強化、②子どもの学習支援事業の強化、③[一時生活支援]事業の拡充による居住支援の強化などが図られた

生活困難者のための事業（第2種社会福祉事業）

無料低額宿泊事業	生活困難者のために無料または低額な料金で［ 簡易住宅 ］を貸し付け、または［ 宿泊所 ］その他の施設を利用させる事業（施設によってサービス内容は異なる）
無料低額診療事業	生活困難者のために無料または低額な料金で診療を行う事業
無料低額介護老人保健施設利用事業	生活困難者のために無料または低額で［ 介護老人保健施設 ］を利用させる事業
無料低額介護医療院利用事業	生活困難者のために無料または低額で［ 介護医療院 ］を利用させる事業

公営住宅

- 公営住宅法に基づき、健康で文化的な生活を住宅面から保障することを目的に、［ 国 ］及び［ 地方公共団体 ］が協力して住宅を整備し、住宅に困窮する［ 低所得者 ］に低廉な家賃で賃貸（または転貸）する
- 家賃は、入居者の収入や立地条件、規模、築年数などに応じ、［ 毎年度 ］決定
- ［ 特定目的住宅 ］は、ひとり親世帯、高齢者世帯、障害者世帯など特に住宅に困窮する世帯が優先的に入居できる公営住宅である

ホームレス自立支援法

- 2002年に成立したホームレス自立支援法は、国による基本方針の策定、都道府県・市町村の実施計画の策定、［ 民間団体 ］との連携と能力の活用、ホームレスの実態に関する［ 調査 ］の実施などを内容としている
- ホームレスは、「［ 都市公園 ］、［ 河川 ］、道路、駅舎その他の施設を故なく起居の場とし、［ 日常生活 ］を営んでいる者」と定義されている
- ホームレスに対する生活保護の適用について、［ 居住の場所 ］がないことや、［ 稼働能力 ］があることのみで欠格要件になるということはない
- 「令和4年ホームレスの実態に関する全国調査」（概数調査）によると、ホームレス数が最も多かったのは［ 大阪府 ］（966人）、［ 東京都 ］（770人）、次いで［ 神奈川県 ］（536人）である
- 同調査によると、東京都23区及び指定都市で全国のホームレス数の［ 8 ］割弱を占める
- 同調査によると、ホームレスが確認された場所の割合は、「 都市公園 」24.6%、「 河川 」24.0%、「道路」21.3%、「駅舎」5.7%、「その他施設」24.3%

保健医療サービス

【第37回試験以降】
保健医療と福祉

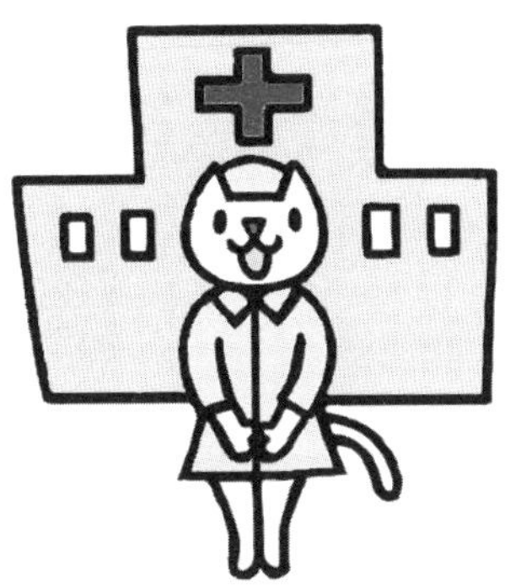

01 国民医療費

国民医療費の状況

- 国民医療費とは、当該年度内の医療機関等における[保険診療]の対象となり得る傷病の治療に要した費用を推計したもの
- 国民医療費は、傷病の治療に限っており、正常な[妊娠・出産]、健康診断・予防接種、身体障害のために必要とする義肢の作成の費用は含まれない
- 2020年度の国民医療費は[42兆9,665億]円であり、人口1人当たりの国民医療費は[34万600]円となっている
- 国民医療費は国内総生産(GDP)に対して[8.02]%である
- 財源別にみると、[保険料](49.5%)、[公費](38.4%)、[患者負担](11.5%)の順に大きい(公費の内訳は[国庫](25.7%)、地方(12.7%))
- 診療種類別にみると、[医科診療]医療費が最も大きく(内訳は[入院]医療費(38.0%)、[入院外]医療費(33.6%))、[薬局調剤]医療費(17.8%)、[歯科診療]医療費(7.0%)の順となっている
- 年齢階級別にみると、国民医療費に占める65歳以上の医療費の割合は、[61.5]%、75歳以上は[39.0]%である
- 制度区分別にみると、[医療保険]等給付分(45.1%)、[後期高齢者医療]給付分(35.6%)、[患者等]負担分(12.1%)、[公費負担医療]給付分(7.3%)の順となっている

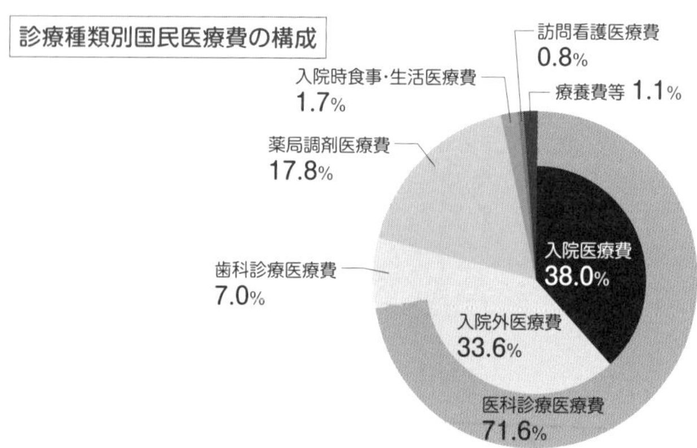

出典:厚生労働省「令和2年度 国民医療費の概況」

02 診療報酬

診療報酬制度の概要

- 保険診療は、[被保険者](患者)、[医療保険者]、[保険医療機関等]、[審査支払機関]の4者によって行われる
- 保健医療機関等は、[被保険者]への診療行為の費用を、診療報酬点数表をもとに計算し、レセプト(診療報酬明細書)として[審査支払機関]に請求する
- 審査支払機関は、[レセプト]が保険医療機関及び保険医療養担当規則等に合致しているか、また医学的に妥当かなどを審査し、その療養の給付に関する費用を[保険医療機関等]へ支払う
- ◆ 診療報酬には、[医科診療報酬]、[歯科診療報酬]、[調剤報酬]がある
- 医科の外来診療報酬は、[病院]と[診療所]で共通の点数表となっている
- 診療報酬点数表において、1点単価は[10]円とされており、[全国一律]
- 診療報酬の決定は[厚生労働大臣]の権限と規定されている
- 健康保険に係る診療報酬の審査、支払いは、[社会保険診療報酬支払基金]が行い、国民健康保険の場合は[国民健康保険団体連合会]が行う

保険診療の仕組み

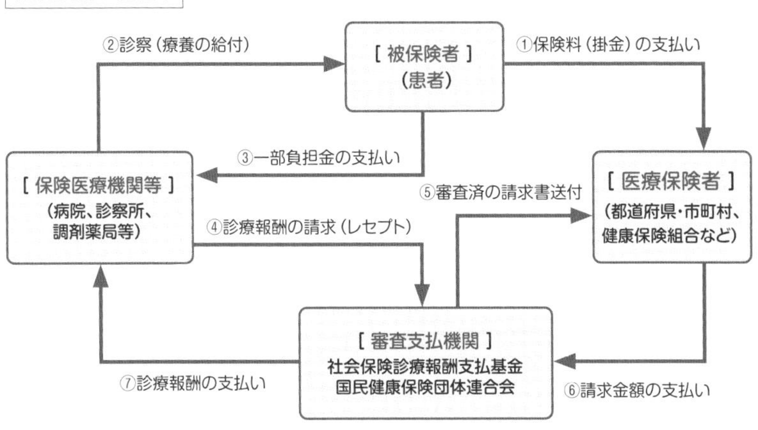

10章 保健医療

診療報酬の改定

- ◆診療報酬は、原則[2]年ごとに改定される
- [6]年に1回、診療報酬と[介護報酬]の同時改定が行われる
- ◆[社会保障審議会医療部会及び医療保険部会]において策定された基本方針に基づき、[中央社会保険医療協議会]において審議される
- [中央社会保険医療協議会]は厚生労働大臣の諮問機関で、支払い側委員、診療側委員、公益委員の3者、20名の委員で構成される
- 2018年の診療報酬改定で、入院前から「入院生活」「退院」「退院後の生活」を見据えて行う支援を退院時に評価する[入院時支援加算]が新設された
- 入院時支援加算は、入院前支援を行う者として、入退院支援と地域連携業務について十分な経験を持つ「[専従]の[看護師]が1名以上」または「専任の看護師及び専任の[社会福祉士]がそれぞれ1名以上」配置されている必要がある

包括払い方式(DPC制度)

- 診療報酬には、[出来高払い]方式と[包括払い]方式(DPC制度)がある
- 我が国では、実施された各診療行為の点数を合算する[出来高払い]方式が採用されているが、急性期入院医療を対象として、医療の質を高め過剰診療を防ぎ、医療費を抑制する観点から[包括払い]方式が採用されるようになっている
- DPC制度では、診療内容にかかわらず、厚生労働省が定めた[診療群分類]に基づいて[入院1日当たり]の金額が定められている
- DPC制度では、厚生労働省が定めた入院1日当たりの定額からなる[包括部分](投薬・注射・処置・入院料等)と[出来高部分](手術・麻酔・リハビリテーション等)を組み合わせて計算する

薬価基準

- [薬価基準]には、保険診療に使用できる医薬品銘柄と、その価格が記載されており、価格表としての機能を有している
- 医薬品名の収載については、主成分を指定した一般名収載から販売名である[銘柄別収載]に移行した

03 医療保険制度

高額療養費制度

- 医療機関や薬局の窓口で支払った額(自己負担額)が、ひと月(月の初めから終わりまで)で上限額を超えた場合に、その超えた金額を支給(償還)する制度
- 事前に保険者から[限度額適用認定証]の交付を受けることで、医療機関の窓口での支払いを自己負担限度額以内に抑えることもできる
- 自己負担限度額は、[年齢]及び[所得]に応じて設定され、入院時の[居住費]や[食費]、患者の希望による[差額ベッド代]、[先進医療にかかる費用]などは対象にならない
- 自己負担額は、[世帯]で合算が可能

保険外併用療養費

- 保険診療と保険外診療の併用(混合診療)は原則禁止であるため、保険外診療があると全体として[自由診療]となり、医療費の[全額]が自己負担となる
- 保険外診療を受けた場合でも、[評価療養]、[選定療養]、[患者申出療養]については、保険診療の費用の一部が保険外併用療養費として支給される
- 評価療養や選定療養、患者申出療養を受けたときは、基礎的部分は[保険外併用療養費]として医療保険から給付され、特別料金部分は[全額自己負担]となる
- 保険外併用療養費制度を受けるためには、[保険医療機関]で療養を受ける必要がある

評価療養	・高度先進医療と将来的に保険適用を検討する医療 ・[先進医療] ・医薬品、医療機器、[再生医療]等製品の治験に係る診療 ・薬機法承認後で保険収載前の医薬品、医療機器、再生医療等製品の使用 ・薬価基準収載医薬品の適応外使用など
選定療養	・保険適用を前提としない患者が特別に希望する医療 ・[特別の療養環境](差額ベッド) ・予約診療、時間外診療 ・小児う蝕の指導管理 ・制限回数を超える医療行為など ・歯科の金合金等 ・大病院の初診、再診 ・[180]日以上の入院
患者申出療養	・[未承認薬]等の先進医療を希望する患者の申出を受けたことを起点として、安全性・有効性等を確認しつつ、身近な医療機関で迅速に受けられるようにするもの

※第7章-04「医療保険制度」も参照してください

医療計画／その他の医療対策

医療計画

- 医療計画制度は、[医療法]で規定され、[都道府県]が[厚生労働大臣]の定める基本方針に即して、かつ地域の実情に応じて医療計画を策定する

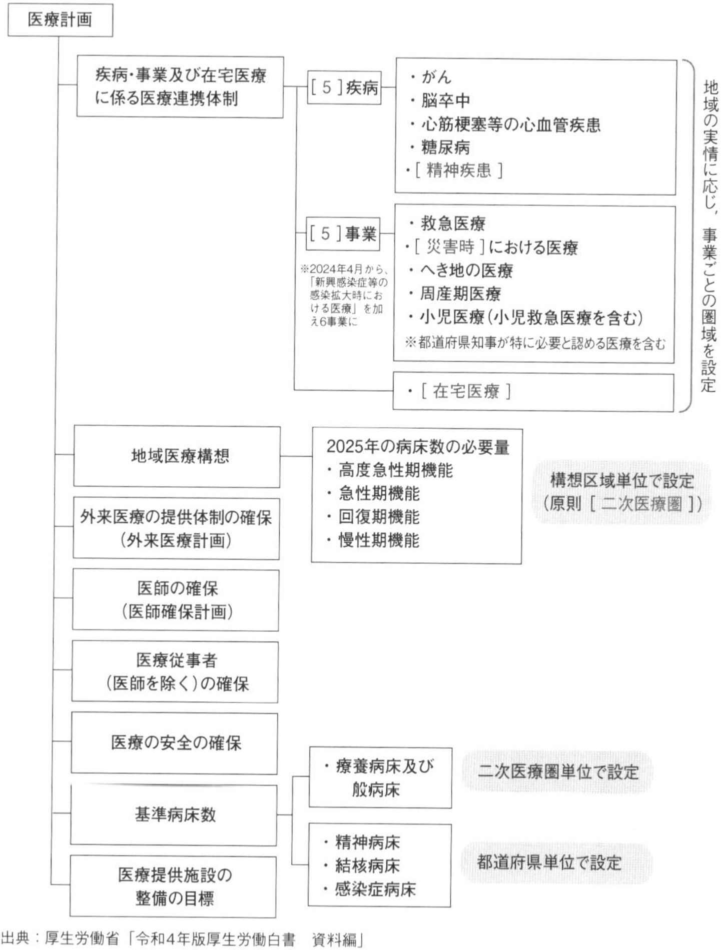

医療計画
- 疾病・事業及び在宅医療に係る医療連携体制（地域の実情に応じ，事業ごとの圏域を設定）
  - [5]疾病
    - がん
    - 脳卒中
    - 心筋梗塞等の心血管疾患
    - 糖尿病
    - [精神疾患]
  - [5]事業
    ※2024年4月から、「新興感染症等の感染拡大時における医療」を加え6事業に
    - 救急医療
    - [災害時]における医療
    - へき地の医療
    - 周産期医療
    - 小児医療（小児救急医療を含む）
    ※都道府県知事が特に必要と認める医療を含む
  - [在宅医療]
- 地域医療構想
  - 2025年の病床数の必要量（構想区域単位で設定（原則［ 二次医療圏 ］））
    - 高度急性期機能
    - 急性期機能
    - 回復期機能
    - 慢性期機能
- 外来医療の提供体制の確保（外来医療計画）
- 医師の確保（医師確保計画）
- 医療従事者（医師を除く）の確保
- 医療の安全の確保
- 基準病床数
  - 療養病床及び一般病床（二次医療圏単位で設定）
  - 精神病床・結核病床・感染症病床（都道府県単位で設定）
- 医療提供施設の整備の目標

出典：厚生労働省「令和4年版厚生労働白書　資料編」

医療圏

一次医療圏	住民の日常生活に密着した保健医療サービスが提供される[市町村]単位の圏域
二次医療圏	入院や救急医療など一般的な保健医療を提供する[複数]の市町村で構成する圏域
三次医療圏	高度な専門医療が提供される[都道府県]単位の圏域

その他の医療対策

- 災害拠点病院の指定要件には、重篤患者の[救命医療]等の高度の診療機能、[24]時間体制の緊急対応、[災害派遣医療チーム(DMAT)]の保有などがある
- ◆今後の医療ニーズの質・量の変化や労働力人口の減少を見据え、2025年の[医療需要]と[病床]の必要量について、各地域における医療機能(高度急性期・急性期・回復期・慢性期)ごとに推計し、策定するものを[地域医療構想]という
- 特定健康診査及び特定保健指導は、[40]歳以上[74]歳以下の被保険者・被扶養者を対象としている
- [特定健康診査]は、[メタボリックシンドローム]に着目して生活習慣病等のリスクの有無を検査し、保健指導につなげることで、生活習慣病の有病者・予備群の減少や重症化の予防を目的としている
- [特定保健指導]は、対象者が専門スタッフ(医師や保健師等)の指導のもと、[特定健康診査]の結果から自らの健康状態を正しく理解し、生活習慣改善に向けた行動を実施できるようにすることを目的としている

地域連携クリティカルパス

- [急性期]病院と[回復期]病院などが連携し、入院から退院までの一連の診療計画表(クリティカルパス)を治療を受けるすべての医療機関で[共有]する
- [シームレスケア](急性期から在宅まで切れ目のないケアを地域全体で実現するための、多機関、多職種の連携を目指した)研究会等において、患者に関する情報交換を行い、作成される

※ P98 の「医療計画」も参照してください

05 医療施設と医療の専門職

医療施設

- 医療提供施設は医療法により、その機能・目的に応じて、[病院]や[診療所]、[特定機能病院]、[地域医療支援病院]、臨床研究中核病院、[助産所]などに分類される([介護老人保健施設]や[介護医療院]、[調剤薬局]なども医療提供施設)
- [病床機能報告制度]とは、一般病床・療養病床を有する病院・診療所の[管理者]が当該病床において担う医療機能の現状と今後の方向について、病棟単位で①[高度急性期]機能、②[急性期]機能、③[回復期]機能、④[慢性期]機能の4区分から1つを選択し、その他の具体的な報告事項と合わせて[都道府県]に報告するものである
- 病院等の[管理者]は、医療事故が発生した場合、[医療事故調査・支援センター]に報告しなければならない(医療法)

病院

- [20]人以上の患者を入院させるための施設を有するもの
- 病院の病床には、①[一般]病床、②[療養]病床、③[精神]病床、④[感染症]病床、⑤[結核]病床の5種類がある
- 病院の病床の半数以上は[一般]病床で、次いで[精神]病床、[療養]病床の順である
- 診療報酬のうち入院基本料は、[一般]病棟、[療養]病棟、[結核]病棟、[精神]病棟、[特定機能]病院、専門病院等によって区分・算定される

特定機能病院	・[厚生労働大臣]により承認される ・高度の医療の[提供]する能力を有する ・高度の医療技術の[開発]及び[評価]を行う能力を有する ・高度の医療に関する[研修]を実施する能力を有する ・高度な[医療安全管理体制]が整備されている ・原則、定められた[16]の診療科を標榜していることや[400]床以上の病床を有する必要があり、紹介率は[50]%以上、逆紹介率は40%以上が要件となっている

地域医療支援病院	・第3次医療法改正(1992年)により創設 ・所在地の[都道府県知事]により承認される ・[紹介患者]中心の医療を提供している(以下のいずれかを満たすこと) ①紹介率が[80]%以上 ②紹介率が[65]%以上、かつ、逆紹介率が[40]%以上 ③紹介率が[50]%以上、かつ、逆紹介率が[70]%以上 ・[救急医療]を提供する能力を有する ・建物、設備、機器等を地域の医師等が利用できる(共同利用)体制を確保している ・地域医療従事者に対する[研修]を実施している ・原則、[200]床以上の病床、及び地域医療支援病院としてふさわしい施設を有する
臨床研究中核病院	・[厚生労働大臣]により承認される ・[臨床研究]の実施の中核的な役割を担うことに関する能力等を備えている ・原則、定められた[10]の診療科を標榜していること、[400]床以上の病床、技術能力について外部評価を受けた臨床検査室を有する必要がある
在宅療養支援病院	・[200]床未満のもの、または当該病院を中心とした半径[4]km以内に診療所が存在しない ・[24時間]連絡を受ける体制が確保され、連絡先電話番号等、緊急時の注意事項等について、事前に患者またはその看護を行う家族に対して説明の上、[文書]により提供している ・24時間[往診]・[訪問看護]が可能な体制である ・緊急時に入院できる[病床]を確保している ・連携する保険医療機関、訪問看護ステーションに、適切に患者の情報を提供している ・年1回、在宅看取り数等を[地方厚生局]に報告している

診療所

- ◆ 患者を入院させるための施設を有しないもの、または[19]人以下の患者を入院させるための施設を有するもの
- 臨床研修等を修了した医師や歯科医師は、診療所開設後[10]日以内に[都道府県知事]に届け出ることで開設できる

在宅療養支援診療所	・24時間連絡を受ける体制が確保され、連絡先電話番号等、緊急時の注意事項等について、事前に患者またはその看護を行う家族に対して説明の上、[文書]により提供している ・24時間[往診]・[訪問看護]が可能な体制である ・緊急時に入院できる[病床]を確保している ・連携する保険医療機関、訪問看護ステーションに、適切に患者の情報を提供している ・年1回、在宅看取り数等を[地方厚生局]に報告している

訪問看護ステーション

- [看護師]、[保健師]、[助産師]等が常勤換算で2.5人以上配置され、自宅で療養を希望する人のために、訪問して看護サービスを提供する事業所
- ◆[主治医]による訪問看護指示書をもとに、[看護師]、[保健師]、理学療法士、作業療法士、言語聴覚士等が訪問看護を行う
- 要介護者、難病患者、障害者など、在宅で医療・療養を受けるすべての人を対象とし、利用者の年齢・疾患等により[医療保険]または[介護保険]の対象となる

保健所／保健センター

保健所	・[地域保健法]に基づく、疾病の予防、衛生の向上など、地域住民の健康の保持及び増進を図る、地域保健の[広域的]・[専門的]な機関であり、[健康危機管理]の拠点 ・[都道府県]、[政令指定都市]、[中核市]、[特別区]などに設置が義務づけられている ・都道府県の保健所の所管区域については、[二次]医療圏または[介護保険事業支援計画]に規定する区域とおおむね一致することを原則としている ・所長は、原則[医師]である
保健センター	・[地域保健法]に基づく、住民に対し健康相談、保健指導、健康診査その他地域活動に関し必要な事業を行うことを目的とする施設 ・[市町村]は、保健センターを設置することができる ・[母子健康手帳]の交付及び保健指導、母親学級、家庭訪問(乳児家庭全戸訪問等)、[乳幼児健診]等の実施や障害の早期発見・早期発達支援(療育)を進め、家族の支援を含めた母子保健支援の中心となっている

医療の専門職

医師	・国家試験に合格し医籍登録を完了した者に[厚生労働大臣]より免許が与えられる、[名称]独占かつ[業務]独占の資格 ・診療と[保健指導]は、義務として定められている ・診療に従事する医師は、診察治療の求めがあった場合には、[正当な事由]がなければ、これを拒んではならない([応召]義務) ・患者に対し治療上薬剤を調剤して投与する必要があると認めた場合には、患者またはその看護に当たっている者に対して[処方せん]を交付しなければならない ・診療をしたときは、遅滞なく診療に関する事項を[診療録]に記載しなければならない(保存期間は[5]年)

看護師	・[厚生労働大臣]の免許を受けて、傷病者もしくはじょく婦に対する療養上の世話または[診療の補助]を行う(准看護師は、[都道府県知事]の免許を受ける) ・医師、歯科医師、看護師・准看護師以外の者が看護を行うことは禁止(業務独占)されている ・医師または歯科医師の指示の下でなくとも、[臨時応急の手当]は行うことが可能である
理学療法士(PT)	・[厚生労働大臣]の免許を受けて、理学療法士の名称を用いて、[医師]の指示の下に、理学療法を行うことを業とするリハビリテーションの専門家 ◆理学療法とは、[身体に障害のある者]に対し、主としてその[基本的動作]能力の回復を図るため、治療体操などの運動を行わせ、[電気刺激]、[マッサージ]、[温熱]その他の物理的手段を加えることと定義されている ・保健師助産師看護師法の規定にかかわらず、[診療の補助]として理学療法を行うことができる
作業療法士(OT)	・[厚生労働大臣]の免許を受けて、作業療法士の名称を用いて、[医師]の指示の下に、作業療法を行うことを業とするリハビリテーションの専門家 ◆作業療法とは、身体または[精神]に障害のある者に対し、主としてその[応用的動作]能力または[社会的適応]能力の回復を図るため、[手芸]、[工作]その他の作業を行わせることと定義されている ・保健師助産師看護師法の規定にかかわらず、[診療の補助]として作業療法を行うことができる
言語聴覚士(ST)	・[厚生労働大臣]の免許を受けて、[音声]機能、言語機能または[聴覚]に障害のある者についてその機能の維持向上を図るため、言語訓練その他の訓練、これに必要な[検査]及び助言、指導その他の援助を行うことを業とするリハビリテーションの専門家 ◆保健師助産師看護師法の規定にかかわらず、[診療の補助]として、[医師]または[歯科医師]の指示の下に、[嚥下]訓練、[人工内耳]の調整その他厚生労働省令で定める行為を行うことができる
臨床工学技士(CE)	・[厚生労働大臣]の免許を受けて、臨床工学技士の名称を用いて、[医師]の指示の下に、[生命維持管理装置]の[操作]及び[保守点検]を行うことを業とする医療機器の専門家
義肢装具士(PO)	・[厚生労働大臣]の免許を受けて、義肢装具士の名称を用いて、[医師]の指示の下に、[義肢]及び[装具]の装着部位の採型並びに義肢及び装具の[製作]及び身体への[適合]を行うことを業とする専門家

◆医療・福祉の現場では、医師や看護師、[理学療法士]、[作業療法士]、[言語聴覚士]、[管理栄養士]、[保健師]、[医療ソーシャルワーカー]といった多職種の[連携]が必要である

医療ソーシャルワーカー（MSW）

- 社会福祉の立場から患者や家族の抱える[心理社会]的問題や[経済]的問題の解決、調整を援助し、社会復帰の促進を図る専門職であり、[社会福祉士]や[精神保健福祉士]の資格を有し、[医療ソーシャルワーカー業務指針]に基づき支援することが求められる

業務の範囲	・療養中の[心理]的・[社会]的問題の解決と調整援助 ・[退院]援助 ・[社会復帰]援助 ・[受診]・[受療]援助 ・[経済的]問題の解決、調整援助 ・[地域]活動
業務の方法	・[個別援助]に係る業務の具体的展開 ・患者の[主体性]の尊重 ・[プライバシー]の尊重 ・他の保健医療スタッフ及び[地域の関係機関]との連携 ・受診・受療援助と[医師]の指示 ・問題の[予測]と計画的対応 ・[記録]の作成等

- 社会福祉士が他の保健医療専門職とともに支援を実施することで、[診療報酬]上加算されるものがある

患者の権利擁護

- ◆ 医師が治療の目的や方針を患者に[説明]し、患者が納得し[同意]した上で治療を始めることを[インフォームドコンセント]という
- インフォームドコンセントには、[保健医療サービス]を提供する側からの[アカウンタビリティ]（説明責任）が確保されなければならない
- 患者が医師から十分な説明を受けた上で、自らの意思で治療を選ぶことを、[インフォームドチョイス]（説明と選択）という
- 治療を受ける小児患者に対して、本人の理解度に応じて治療についてわかりやすく説明し、その内容について子ども自身の納得（同意）を得ることを[インフォームドアセント]という

権利擁護と成年後見制度

【第37回試験以降】
権利擁護を支える法制度

基本的人権

個別的人権

自由権

精神的自由	・[思想]・[良心]の自由 ・[信教]の自由 ・集会・結社及び[表現]の自由 ・[学問]の自由
身体的自由	・[奴隷的拘束]及び[苦役]からの自由 ・[刑事手続]及び[行政手続]の基本原則 ・[刑事被疑者]・[刑事被告人]の権利
経済的自由	・[住居]・[移転]・[職業]選択の自由 ・[外国移住]・[国籍離脱]の自由 ・[財産権]の保障

社会権

生存権	・健康で文化的な最低限度の生活を営む権利 ・国の[努力]義務
教育を受ける権利	・[子ども]の教育を受ける権利を保障 ・義務教育の無償
勤労の権利	・[児童]を酷使することは禁止されている
労働基本権	・[団結]権、[団体交渉]権、[団体行動]権の３つの権利が存在する ・争議権は保障された権利だが、暴力の行使は、労働組合の正当な行為と解釈されてはならない

包括的人権

幸福追求権

幸福追求権	・プライバシーの権利 ・自己決定権 ・人格権 ・名誉権

契約

委任契約

- 委任契約は、当事者の一方が法律行為をすることを相手に[委託]し、相手がそれを[承諾]することによって成立する
- 受任者は、委任契約の無償・有償問わず、[善良な管理者]としての注意をもって事務処理する必要がある(善管注意義務)
- 代理権をもたない者が当事者に代わって[無権代理]契約をした場合でも、当事者が後に[追認]すれば、契約時に遡ってその行為は[有効]となる

委任が終了するとき
①委任者または受任者の[死亡]
②委任者または受任者が[破産手続き]開始の決定を受けたこと
③受任者が[後見開始]の審判を受けたこと

契約不適合責任

- 2017年の民法改正(2020年4月施行)により、瑕疵担保責任に代わって[契約不適合責任]の規定が設けられた
- 買主は、①[履行の追完]の請求、②[代金減額]請求、③[損害賠償]請求、④[解除]の方法で契約不適合責任を追及できる
- 改正前は、売買の目的物に[隠れた瑕疵]がある場合に、売主が買主に対して責任を負う規定があったが、改正法では、隠れた瑕疵があった場合を含めて、目的物が[契約に適合しない]場合の規定に統合された
- 契約不適合責任の追及は、買主が不適合を知ってから[1]年以内に売主に[通知]をして行わなければならない
- 契約不適合責任は[契約当事者間]にあり、買主は購入物を[第三者]に譲渡した後でも、売主を追及することができる

03 消費者保護

クーリングオフ

- クーリングオフとは、契約後一定期間内であれば[無条件]に契約を撤回できることによって、[消費者]を保護するための制度
- 消費者の意思で[営業所を訪問]して契約した場合や、[通信販売]での購入等の場合には、クーリングオフは認められない
- クーリングオフの権利行使は[書面]によると規定されているが、[口頭]や[電話]によるクーリングオフも裁判で認められている
- クーリングオフの通知は、撤回の旨の書面を発した時にその効力を生ずる[発信]主義が取られている
- クーリングオフの期間内(8日間)に通知を発送した場合、相手方に[9]日目以降に通知が届いても、その通知は[有効]である
- 訪問販売で購入した商品を[使用・消費]した場合はクーリングオフできないが、その旨が契約書面に[記載]されている場合に限られる

クーリングオフの主な種類

商品、販売方法、契約の種類	クーリングオフ期間
訪問販売・電話勧誘販売 宅地建物取引・ゴルフ会員権契約など	契約書面受領日から[8]日間
保険契約	契約書面受領日と契約の申込みをした日のいずれか遅いほうから[8]日間
投資顧問契約	契約書面受領日から[10]日間
預託取引契約	契約書面受領日から[14]日間
連鎖販売取引(マルチ商法)	契約書面受領日から[20]日間

消費者契約法

- [消費者]の利益の[援護]を図り、国民生活の安定向上と国民経済の健全な発展に寄与することを目的とし、2000年に公布された

- 次のような不適切な勧誘で[誤認]・[困惑]して締結した契約は、取消ができる

> ① **不実告知**:[重要項目]について事実と違うことを言う
> ② **断定的判断の提供**:将来の変動が[不確実]なことを[断定的]に言う
> ③ **不利益事実の不告知**:[重要項目]について不利益になることを[故意]に言わない(事業者に[重大な過失]があった場合でも取消可能)
> ④ **不退去**:帰ってほしいと言ったのに帰らない
> ⑤ **監禁**:帰りたいと言ったのに帰してくれない
> ⑥ **社会生活上の経験不足の不当な利用**:進学・就職・結婚等への[不安をあおる]告知、[恋愛感情]等に乗じた人間関係の濫用
> ⑦ **加齢等による判断力の低下の不当な利用**:認知症等で[判断力]が著しく低下した消費者の不安をあおる
> ⑧ **霊感等による知見を用いた告知**:霊感等を用いて、そのままでは消費者に重大な不利益が生じると示して不安をあおる
> ⑨ **契約締結前に債務の内容を実施等**:契約の締結後に負うこととなる[義務]を締結前に[実施]し、その実施前の原状の回復を著しく困難にする
> ※⑥〜⑨は2018年の改正で追加

- 次のような事業者の損害賠償の責任を免除する条項または事業者にその責任の有無や限度を決定する権限を付与する条項は[無効]である

> ①事業者の債務不履行、債務履行の際の不法行為による損害賠償責任の全部を[免除]するとする条項
> ②事業者の債務不履行、債務履行の際の不法行為(事業者側の[故意]または[重大な過失]によるもの)による損害賠償責任の一部を免除する条項

- 事業者の債務不履行により生じた消費者の[解除権]を放棄させる条項は無効である
- 消費者契約が有償契約であり、契約の目的物に[隠れた瑕疵]があるとき(目的物が[契約に適合しない]とき)について、次の場合は無効とならない

> **当事者である事業者が**
> ① 履行の追完をする責任を負っている場合
> ② 不適合の程度に応じた代金もしくは報酬の減額をする責任を負っている場合
>
> **当事者以外の他の事業者が**
> ① 消費者に生じた損害を賠償する責任の全部もしくは一部を負っている場合
> ② 履行の追完をする責任を負っている場合

04 親族

扶養義務

- 民法では、[直系血族]及び[兄弟姉妹]は互いを扶養する義務がある
- [家庭裁判所]は、特別な事情がある場合には、[3親等内]の親族に扶養の義務を負わせることができる
- 扶養義務者が複数いる場合に、扶養の順序、程度または方法について、当事者間に[協議]が調わないとき、または協議をすることができないときは、[家庭裁判所]が決定する
- 扶養を受ける権利は、[処分]することができない

親権

- 嫡出子の場合、[父母]が共同して親権者となる(離婚した場合は父母の一方)
- 非嫡出子の場合、[母]が単独親権者となり、父が認知し、かつ協議で父を親権者と定めた場合のみ、父が親権者となる
- 未成年者が法律行為をするには、原則、[親権者(法定代理人)]の同意を得なければならない。同意を得ずになされた法律行為は取り消すことができる
- 親権者が子と利益が相反する行為を行う場合には、子のための[特別代理人]の選任を[家庭裁判所]に請求しなければならない

養子縁組の種類

	普通養子縁組	特別養子縁組
戸籍	養子	長男等
実親との関係	[二重]の親子関係	親族関係は[消滅]
条件	・養子が親族の[尊属]、[年長者]でないこと ・養親が20歳に達していること ・後見人が被後見人を養子とする場合は、[家庭裁判所]の許可が必要	・養子は請求時[15]歳未満であること([15]歳前から引き続き養親が監護し、[15]歳までに特別養子縁組の請求がされなかったことにやむを得ない事由があるときは[15]歳以上でも可) ・養子は特別養子縁組の成立までに[18]歳に達していないこと ・養親は[25]歳以上の配偶者のある者 ・養子が15歳に達している場合は、養子の[同意]があること ・[家庭裁判所]の審判が必要
離縁	協議離縁が認められる	特別な理由がある場合のみ請求できる

親権者の決定・変更

	ケース	親権者
養子縁組	①子が養子になった	[実親]がいても[養親]が親権者となる
	②養親の一方が死亡	他の一方が単独親権者となる
	③養親がともに死亡	養子縁組は[解消]されないので、養親が親権者のまま[後見](実親に親権は復活せず)
	④養子が養親双方と離縁	[実親]の親権が回復し、[実親]が親権者となる
離婚	⑤父母が協議離婚	・協議により[一方]に確定する ・協議が不調または不能な場合は[家庭裁判所]の審判で定める
	⑥父母が裁判または審判離婚	[家庭裁判所]が親権者を定める

相続

- 相続は、被相続人の[死亡]によって開始する
- 法定相続人の第1順位は[子]、第2順位は[直系尊属](親、祖父母等)、第3順位は[兄弟姉妹]である(配偶者は常に法定相続となる)
- [相続開始]のときに懐胎されていた胎児は、出生すれば相続時に遡って法定相続人となる([死産]の場合は適用されない)
- [代襲相続]とは、相続人となるべき相続者が相続開始前に死亡していたり、相続権を失ったりしている場合、その子が相続する制度

相続順位と相続割合

	相続人と相続割合	代襲相続人の例
第1順位	配偶者[2分の1] 子(代襲相続人含む)[2分の1]	孫、ひ孫
第2順位	配偶者[3分の2] 直系尊属(親、祖父母)[3分の1]	
第3順位	配偶者[4分の3] 兄弟姉妹(代襲相続人含む)[4分の1]	甥、姪

05 行政法

行政行為

- [裁量行為]とは、行政庁の行為のうち、法律が行政庁に根拠法の解釈を委ねている行為である
- [羈束(きそく)行為]とは、行政庁の行為のうち、法の解釈が一義的であって、行政庁はそれをそのまま執行しなければならない行為である

行政行為の効力の原則

公定力	・違法な行政行為も不服申立てまたは行政訴訟によって取り消されるまでは[有効]となる ・[重大かつ明白]な瑕疵のある行政行為については、この限りではない
自力執行力	・裁判所の強制執行によらずに行政庁には自力執行力が認められる ・行政不服申立てまたは行政訴訟が提起されても、停止しない
不可争力	・行政への不服申立てや行政訴訟は[一定の期間]に制限されており、それを過ぎると、行政行為の効果を争えなくなる
不可変更力	・行政行為をした行政庁は、それを職権で取り消すことはできない

主観訴訟と客観訴訟

- 行政法上の訴訟類型には、国民の個人的な権利、利益の保護を目的とする[主観]訴訟と、客観的な法の歪みを是正するための[客観]訴訟がある

主観訴訟	[取消]訴訟	審査請求、不服申立てに対する行政庁の裁決、決定その他の行為の[取消]を求める訴訟
	[無効等確認]訴訟	処分や裁決の存否またはその効力の有無の確認を求める訴え
	[不作為の違法確認]訴訟	相当の期間内に何らかの処分または決裁を[すべき]であるにもかかわらず、これを[しない]ことについての違法の確認を求める訴訟
	[義務付け]訴訟	行政庁がその処分または決裁を[すべき]旨を命ずることを求める訴訟
	[差止め]訴訟	行政庁が処分または決裁を[してはならない]旨を命ずることを求める訴訟
客観訴訟	[民衆]訴訟	国や地方公共団体の機関の法規に、適合しない行為の是正を求める訴訟
	[機関]訴訟	国や地方公共団体の機関相互における訴訟

行政不服審査制度

行政不服審査法1条1項
行政庁の違法又は不当な処分その他公権力の行使に当たる行為に関し、国民が[簡易迅速]かつ[公正]な手続の下で広く行政庁に対する不服申立てをすることができるための制度を定めることにより、国民の[権利利益]の救済を図るとともに、行政の適正な運営を確保することを目的とする

- 不服申立ては国民の[権利]であり、審査請求に[費用]はかからない
- 審査請求は、処分の効力、処分の[執行]または[手続]の続行を妨げない(判断が決まるまで、処分の状態は続く)
- 2014年の改正で、不服申立ての手続きが[審査請求]に一本化され、不服申立てができる期間が60日から[3か月]に延長された

行政手続法

- 行政手続法は、申請に対する処分、行政指導、届出などのルールを明確にし、行政運営の[公正]や[透明性]を図ることを目的としている
- 不利益処分をする場合の意見陳述のための手続きには、[聴聞]([口頭]で行う)と[弁明の機会の付与]([書面(弁明書)]で行う)がある
- 行政庁は、手続きの迅速化のため、申請から処分までに通常要すべき[標準的]な期間を定めるよう努めることとされている
- 行政指導の担当者は、その相手方に対して、当該行政指導の[趣旨]や[内容]、[責任者]を明確に示さなければならない
- 行政指導の担当者は、その相手方が行政指導に従わなかったことを理由に[不利益な取扱い]をしてはならない
- [裁判の執行]としてされる処分、[不服申立て]に対する行政庁の裁決、決定その他の処分には、[行政手続法]が適用されない(適用除外)

介護保険給付に関する処分に不満がある場合は、介護保険審査会に不服申立てをすることになります

06 成年後見制度

成年後見制度の概要

- 認知症・知的障害・精神障害等によって[判断能力]が十分でない人の生活及び[財産管理]に関する事務を、成年後見人等が支援する制度
- 成年後見人がその事務を行う際は、[本人(成年被後見人等)の意思]を尊重し、その心身の状態と生活状況に配慮しなければならない
- 成年後見人は、[善良な管理者]の注意をもって、後見事務を処理する義務を負う(善管注意義務)
- 成年後見制度を利用した場合、成年被後見人と被保佐人には、一定の資格や業務等から一律に排除する規定等(欠格条項)が180あまり存在したが、人権侵害との批判が相次いだことから、各種法律の欠格条項を原則[削除]する一括法が制定された

成年後見制度の類型

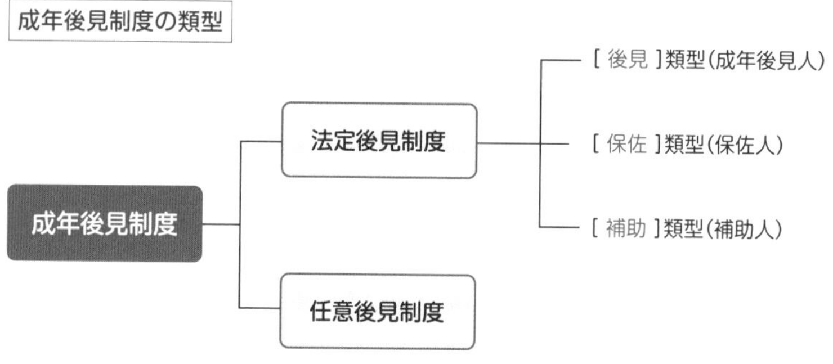

法定後見制度

- 理解力や判断能力が[低下]または[欠けている]人が対象となる
- 本人の判断能力の程度やその他の事情により、[家庭裁判所]に後見・保佐・補助開始の申立てを行う
- ◆成年後見開始の審判の申立てができるのは、[本人]、[配偶者]、[4親等以内の親族]、[市町村長]等である
- ◆市町村長による申立ての対象は、[65]歳以上の者、[知的]障害者、[精神]障害者である

- 成年後見人等は、[正当な事由]がある場合は、[家庭裁判所]の許可を得て、その任務を辞退することができる
- ◆成年後見人等は、成年被後見人等に代わって、その[居住の用に供する建物]またはその[敷地]について、[売却]、[賃貸]、賃貸借の解除または抵当権の設定その他これらに準ずる処分をするには、[家庭裁判所]の許可を得なければならない
- 成年被後見人の法律行為は取消ができるが、[日用品]の購入など[日常生活]に関する行為については、この限りではない

法定後見制度の概要

		補助	保佐	後見
要件	対象者	判断能力が[不十分]な者	判断能力が[著しく不十分]な者	判断能力に[欠ける]者
開始の手続き	◆申立人	[本人]、[配偶者]、[4親等]以内の親族、未成年後見人、未成年後見監督人、検察官等、市町村長、任意後見受任者、任意後見人、任意後見監督人		
	本人の同意	[必要]	[不要]	
同意権・取消権	付与の対象	申立ての範囲内で家庭裁判所が定める[特定の法律行為]	民法13条1項所定の行為	[日常生活]に関する行為以外の行為
	付与の手段	補助開始の審判・同意権付与の審判・本人の同意	保佐開始の審判	後見開始の審判
	取消権者	本人・補助人	本人・保佐人	本人・成年後見人
代理権	付与の対象	申立ての範囲内で[家庭裁判所]が定める[特定の法律行為]		[財産]にかかわるすべての法律行為
	付与の手続き	補助開始の審判・代理権付与の審判・本人の同意	保佐開始の審判・代理権付与の審判・本人の同意	後見開始の審判
	本人の同意	[必要]		[不要]

後見人になることができない者

①[未成年者]
②家庭裁判所で解任された[法定代理人]、[保佐人]、[補助人]
③[破産者]で復権していない者
④被後見人に対して訴訟をし、またはした者、並びにその配偶者及び直系血族
⑤行方不明者

任意後見制度

- [本人]があらかじめ信頼できる人と契約し、本人の判断能力が不十分になったときに、任意後見人の援助を受ける制度
- 任意後見契約は、[公証役場]で[公証人]に[公正証書]を作成してもらい、さらに登記する必要がある
- 任意後見人等選任の申立てができるのは、[本人]と[配偶者]、[4]親等以内の親族、任意後見受任者(任意後見監督人が選出されるまでの任意後見人の呼び方)である
- ◆家庭裁判所から[任意後見監督人]が選任されて、初めて契約の効力が発生する
- [任意後見受任者]または任意後見人の[配偶者]、[直系血族]及び[兄弟姉妹]は、任意後見監督人となることができない
- 本人または任意後見人は[正当な事由]がある場合に限り、[家庭裁判所]の[許可]を得て、任意後見契約を[解除]することができる
- 通常、任意後見と法定後見では任意後見が優先されるが、任意後見契約が登記されている場合でも、家庭裁判所は[本人の利益]のために特に必要があると認めるときに限り、後見開始の審判等をすることができる

法定後見制度と任意後見制度の違い

法定後見制度		任意後見制度	
成年後見人(保佐人、補助人)	[家庭裁判所]は、後見(保佐、補助)開始の審判をするときは、職権で選任する	**任意後見人**	[本人]が法人・個人から選任する
成年後見監督人(保佐監督人、補助監督人)	[家庭裁判所]は、必要があると認めるときは、請求または職権で成年後見監督人(保佐監督人、補助監督人)を選任することができる	**任意後見監督人**	[家庭裁判所]は、本人、配偶者、[4]親等以内の親族または任意後見受任者の請求により選任する

未成年後見制度

- 親権者の死亡等のため未成年者に対し親権を行う者がない場合に、[家庭裁判所]は申立てにより[未成年後見人]を選任する
- 未成年後見人は、[親権者]と同一の権利義務を有し、未成年被後見人の監護養育、財産管理、契約等の法律行為などを行う

07 成年後見制度の動向

成年後見関係の概況

- 「成年後見関係事件の概況(令和4年1月～12月)」(最高裁判所事務総局家庭局)によると、申立人については、[市区町村長]が最も多く全体の約23.3%を占め、次いで[本人](約21.0%)、[本人の子](約20.8%)の順となっている
- 同資料によると、主な申立ての動機では、[預貯金等の管理・解約](31.6%)が最も多く、次いで[身上保護](24.2%)となっている
- 同資料によると、成年後見等の開始の原因は[認知症](63.2%)が最も多く、次いで[知的障害](9.4%)、[統合失調症](8.7%)となっている
- 同資料によると、親族以外の第三者が成年後見人等に選任されたものは、全体の約[80.9]%(前年は約80.2%)であり、親族が成年後見人等に選任されたものを上回っている

2022年の成年後見人等と本人の関係別件数

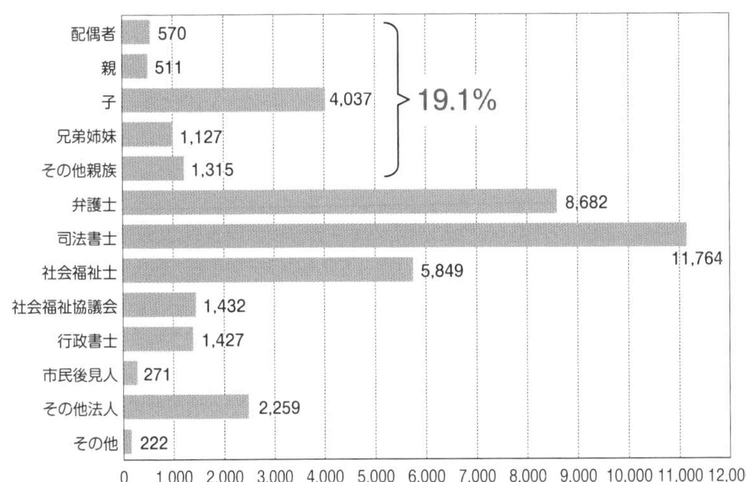

出典:最高裁判所事務総局家庭局「成年後見関係事件の概況(令和4年1月～12月)」より作成

08 日常生活自立支援事業

日常生活自立支援事業の概要

- ◆認知症高齢者、知的障害者、精神障害者等のうち[判断能力]が不十分な者に対し、[福祉サービス]の利用援助等を行うことにより、地域において自立した生活が送れるように支援することを目的とした事業
- ◆日常生活自立支援事業は本人の判断能力等をアセスメントした上で[成年後見制度]と併用も可能
- ◆実施主体は、[都道府県社会福祉協議会]または[指定都市社会福祉協議会]
- 実施主体は、事業の一部を[市区町村社会福祉協議会](基幹的社会福祉協議会)に委託できる
- 基幹的社会福祉協議会には[専門員]と[生活支援員]が配置されている
- 生活支援員は、資格は[不要]だが、一定の研修を修了する必要がある
- 相談の受付から契約締結までの費用は[無料]であるが、契約後のサービス費用は[利用者]負担(金額は実施主体によって異なる)である。なお、生活保護受給者の場合は基本的に利用者負担はない

生活支援員による主な援助

・[福祉サービス]の利用援助
・[苦情解決制度]の利用援助
・住宅改造、居住家屋の貸借、日常生活上の消費契約及び[住民票]の届出等の行政手続に関する援助等
・預金の払い戻し、預金の解約、預金の預け入れの手続等利用者の日常生活費の管理(日常的金銭管理)
・定期的な訪問による生活変化の[察知]

日常生活自立支援事業の仕組み

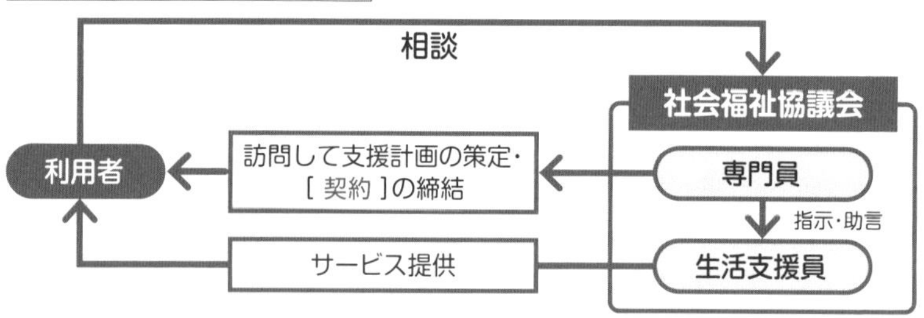

第12章 社会調査の基礎

【第37回試験以降】
社会福祉調査の基礎

01 統計法

社会調査の定義

- 社会調査とは、[社会的な問題意識]に基づいて行われる調査のことをいう
- 上記の条件さえ満たしていれば、調査の[主体]や[対象]、[分析対象]などにかかわらず、どんな調査も社会調査であるといえる

統計法の改正

- 1947年に制定され、2007年に改正(2009年施行)された統計法は、「行政のための統計」から「[社会の情報基盤]としての統計 」へと大きく転換した
- 新統計法では、「[インターネット]などによる統計データの有効利用の促進」が追加された
- [総務省]に設置された[統計委員会]は、公的統計の整備に関する「司令塔」機能の中核としての役割を担う

基幹統計

- 基幹統計は、[国勢統計]、[国民経済計算]に加え、それぞれの統計の重要性を鑑みて[総務大臣]が指定することになっている

主な基幹統計

統計名	主体	調査間隔	内容
◆[国勢統計]	総務省	5年ごと	日本の人口や労働力、世帯に関する基本的な統計
労働力統計	総務省	毎月	国民の就業・不就業の状況を明らかにする統計
[国民生活基礎統計]	厚生労働省	毎年	国民の保険・医療・福祉へのかかわり方を明らかにする統計
国民経済計算	内閣府	大規模は3年ごと	日本の経済の全体像を、国際比較可能な形で記録するマクロ統計

社会調査における倫理と個人情報保護

倫理規定

◆調査への協力は、調査協力者の[自由意志]によるものでなければならず、決して強要してはならない

●日本社会福祉士会の「社会福祉士の[倫理綱領]」では、「社会福祉士は、すべての調査・研究過程で利用者の人権を尊重し、倫理性を確保する」ことを求めている

●日本社会福祉士会の「社会福祉士の[行動規範]」においては、以下のことが定められている

> **Ⅳ. 専門職としての倫理責任　7. 調査・研究**
> 社会福祉士は、調査・研究を行うにあたっては、その[目的、内容、方法]などを明らかにし、クライエントを含む研究対象の不利益にならないように、最大限の[倫理的配慮]を行わなければならない。

個人情報の保護と管理

◆調査対象者には、調査目的や調査結果の公表方法などを[事前に]伝え、「 調査に協力しない権利 」があることを説明した上で、[同意]を得なければならない

●住民基本台帳や選挙人名簿は、調査目的や調査の社会的な意義について[公益性が高い]と認められた場合にのみ、閲覧できる

●調査記録は厳重に保管し、個人情報は[第三者]の目に触れないようにする

●データを公表する場合には、[個人情報]や個人が特定されるような属性は公表せず、[匿名化]する

◆共同研究者と情報を共有する場合にも、原則、[匿名化]する必要がある

●調査協力者から調査データの[開示・修正・削除]を求められた場合には、速やかに応じなければならない

●保管期限が過ぎたら、調査データは速やかに[廃棄]する

03 量的調査の方法

量的調査の特徴と方法

- 調査結果を統計的に分析し、[社会の全体像]を把握するための方法
- 調査対象となる人々全体のことを[母集団]と呼び、その全員を調査することを[全数調査](悉皆(しっかい)調査)という
- 母集団を[代表]するような一部の人々を選び出すことを[標本抽出](サンプリング)といい、抽出された人々に対して行われる調査を[標本調査]と呼ぶ
- 標本抽出の方法には、[有意(非確率)]抽出と[無作為(確率)]抽出がある
- 標本抽出の基本原則は[無作為抽出](ランダム・サンプリング)である
- [単純無作為抽出法]は、母集団の各構成員に一連の番号をつけ、乱数表などで数を選び、「その数＝番号の個体」を抽出する方法
- [系統抽出法]は、最初の標本のみを無作為に抽出した後、等間隔に対象を抽出していく方法。単純無作為抽出に比べ、標本の[代表性]が低下する代わりに、標本抽出にかかる[時間]や[労力]が削減できる

横断調査と縦断調査

- 調査票調査は、調査の[継続性]によって、横断調査と縦断調査に分類できる
- ◆ パネル調査では、調査を重ねるたびに対象者が減少することがある(パネルの摩耗)

横断調査と縦断調査

横断調査	同一時点における調査
◆縦断調査 (時系列調査)	同一の母集団に対し、間隔を空けて[複数回]行われる調査
継続調査 (トレンド調査)	・調査のたびに標本抽出を行う ・同一母集団に所属しつつも、毎回異なる対象者に調査を行う
パネル調査	・標本抽出は初回調査時の一度きり ・同一の対象者に対し、複数回調査を行う

自記式調査と他記式調査

- 調査票に対象者本人が記入する調査方法を[自記式(自計式)]調査と呼ぶ
- 対象者の回答を聞いて調査者が調査票に記入する方法を[他記式(他計式)]調査と呼ぶ

自記式調査と他記式調査の特徴

	自記式	他記式
質問数	ある程度多くてもよい	少ない方が望ましい
[身代わり回答]の可能性	あり得る	低い
記入漏れ・誤記入・[無回答]	多い	少ない
[社会的に望ましくない質問]に対する嘘の回答の可能性	他記式より低い	高い
調査にかかるコスト	小さい	大きい
調査員の質問の仕方等による影響	無	有

□がメリットに当たる部分

量的調査の主な調査方法

訪問面接調査	・調査員が対象者を訪問して行う、[他記式]の調査 ・コスト(手間や時間、お金など)はかかるが、無回答や記入漏れなどを防ぐことができ、[回収率]も高い
電話調査	・調査員が対象者に電話で質問を行う、[他記式]の調査 ・コストが小さく、即時にデータ分析ができる反面、質問数は数問に限られ、回収率も低い
◆留置調査	・調査員が対象者を訪問して調査票を配布し、一定期間内に対象者自身に回答を記入してもらって、後日回収に訪れるという[自記式]の調査 ・郵送調査に比べてコストはかかるが、回収率が高くなる
◆郵送調査	・調査票の配布と回収を郵送によって行う、[自記式]の調査 ・最も一般的な調査方法 ・あらかじめ母集団の住所録などがあればコストは小さくて済む ・回収率は[2～3]割
集合調査	・学校や会社、イベント会場など、人々が1箇所に集まる場で調査票を配布・回収する、[自記式]の調査 ・低コストで回収率も高いが、対象者の属性や回答の傾向に[偏り]が出る可能性がある

◆インターネット調査	・対象者にインターネット上で回答してもらう、[自記式]の調査 ・非常に低コストで即時にデータ分析ができるというメリットはあるが、[無作為抽出]が不可能という標本調査にとっての最大のデメリットも有している

質問紙の信頼性と妥当性

- 質問紙作成時には、妥当性と信頼性を確保する必要がある
- [妥当性]とは、作成した質問文や選択肢が測定したい事柄をどの程度適切に測定できているかという、測定の適切さのことを指す
- [信頼性]とは、質問文や選択肢の解釈が人によって異なることがないか、同じ調査をもう一度行った場合にもおおよそ同じような結果を得られるかといった、調査の安定性によって判断される

質問紙作成時の注意点

- 信頼できる調査データを得るためには、対象者の回答を[誘導]しないよう配慮する
- [ワーディング]に留意し、あらかじめ良いイメージや悪いイメージがある言葉(ステレオタイプ言葉)の使用は避ける
- [一般的]な質問と[個人的]な質問では、回答の解釈が異なることに留意する

> 例 「宗教は大事だと思いますか」という問いは、一般論として宗教は大事だと思うかを尋ねる質問(一般的な質問)であり、回答者本人の信仰の強さを測定するもの(個人的な質問)ではない

- ◆ 1つの質問文の中に複数の要素が入り込む[ダブル・バーレル]質問は避ける
- 質問文の前半に説明文を加えることで回答を誘導してしまうことを[威光暗示効果]という
- ◆ 前の質問への回答が後続の質問の回答へ影響を与えてしまうことを[キャリーオーバー効果]という
- 回答形式には[選択肢法]と[自由回答法]があるが、後者はなるべく避ける

04 量的調査の整理と分析

尺度水準と各尺度の特性

- 量的調査で扱われるデータは[名義]尺度、[順序]尺度、[間隔]尺度、[比率(比例)]尺度の4つに分類される

尺度水準と代表値

	名義尺度	順序尺度	間隔尺度	比率(比例)尺度
データの性質	質的データ	質的データ	量的データ	量的データ
例	性別、職業	順位、4件法の選択肢	気温、時間	年齢、年収
大小関係	×	○	○	○
四則演算	×	×	加減は可能	四則すべて可能
平均値	×	×	○	○
中央値	×	○	○	○
最頻値	○	○	○	○

度数分布表とヒストグラム

- 量的調査では、データを入手後、まずは[度数分布表]と[ヒストグラム]を作成する
- 度数分布表とは、各カテゴリー(階級)に属するデータの数(度数)がどのように分布しているのかをみるための表である
- ヒストグラムとは、横軸に[階級]、縦軸に[度数]をとり、各階級の度数を長方形の柱で示したものをいう

クロス集計

- クロス集計とは、2変数をクロスした表を作成し(クロス表)、2変数間の関係性をみるための集計法
- 通常、度数ではなく割合(百分率や[相対度数])を示す

代表値と散布度

- 量的データ(間隔尺度・比率尺度)の場合には、単純集計とともに[代表値]や[散布度]も算出する

代表値と散布度

代表値	[平均値]	・データの値の合計を、データの個数で割ったもの ・極端な値(外れ値)があった場合、全体の中心を表すとはいいがたい
	[中央値]	・データを小さい順に並べたときに、ちょうど真ん中にくる標本のもつ値 ・データが偶数の場合には、中央の2つのデータの[平均値]をとる
	◆[最頻値]	・データの中で最も出現頻度が高い(度数が多い)値 ・同一データにおいて、[複数]存在することがある
散布度	[範囲]	最大値と最小値の差
	[分散]	偏差(データの値から平均値を引いた値)を2乗した値を全データ分足し上げ、自由度(データの個数－1)で割ったもの
	[標準偏差]	分散の平方根(分散に√をつけた値)

相関係数

- 2つの量的変数の[関連の強さ]を示す指標で、一般的には[ピアソン]の積率相関係数が用いられる
- ピアソンの積率相関係数は、2変数の関連の有無と強さを[0]を中心とした[－1]から[1]までの値で表す
- 相関係数が[正]の場合、2変数は「一方の値が大きくなるほど、もう一方の値も[大きくなる]」関係にあり、[負]の場合には「一方の値が大きくなるほど、もう一方の値は[小さくなる]」関係にある
- 相関係数が1や-1に近いほど2変数間の関連性は[強く]、0に近いほど2変数間の関連性は[弱い]
- 単位の異なる変数を用いても(例えば、年齢と年収の関係をみる場合、年収の単位が「円」でも「ドル」でも)、相関係数は一律に－1から1までの範囲に収まり、[測定単位]によって値の大きさが左右されることはない

05 質的調査の方法

質的調査の特徴と方法

- 調査対象者の生活のありようや経験を数量的な側面からではなく、その[質]の面からとらえようとする調査
- 代表的な調査方法として、[観察法]や[面接法]がある
- 調査地では[フィールドメモ]をとることが多いが、同時に、録音機・カメラ・ビデオカメラなどを用いて記録を行うこともある
- ◆分析の対象は、[音声]データや[映像]データに加えて、文書資料等(官公庁の記録や個人の[日記]や[手紙]といった私的文書、ブログ記事やインターネット上の掲示板など)、多岐にわたる
- 量的調査以上に、対象者の[プライバシー保護]のための配慮が必要とされる

参与観察法

- 調査対象とする集団・組織・地域社会などに入り込み、そこで生きる人々と[活動や生活をともにしながら]、データを収集する方法
- フィールドにおける観察者の参加の度合いによって、観察者の立場は「 完全なる参加者 」から「 完全なる観察者 」までの4つに分類される
- 「完全なる観察者」以外の立場では、調査者は多かれ少なかれ調査対象集団に参与することとなるため、そうした観察法は「 参与観察 」と呼ばれる

観察者の4つの立場

完全なる参加者	観察者としてではなく、参加者の1人としてフィールドに参加 (フィールドメモなども原則とらない)
観察者としての参加者	フィールドでメモなどをとりつつも、参加者としての役割を重視 (組織内では「準メンバー」のような立ち位置)
参加者としての観察者	参加者としての役割を演じながらも、情報収集者としての役割を優先
完全なる観察者	調査対象者と接触をもたずに観察を行う (マジックミラー越しの観察など)

エスノグラフィ

- [参与観察]によってデータを収集し、フィールドノートに基づき、フィールドで起こった様々な出来事を鮮明に描き出す手法

面接法

- 面接法には、1人の対象者にインタビューを行う[個別面接法]と、複数の対象者に同時にインタビューを行う[集団面接法]がある
- ◆集団面接法(フォーカスグループインタビュー)の目的は、合意形成ではなく、[異なる意見を幅広く収集]することにある

◆ **面接の進め方による面接法の分類**

	面接の進め方	留意点
[構造化]面接	質問項目や質問の順序を事前に決めておき、すべての対象者に同じ質問を同じ順序で行う	調査者の反応や聞き方、パーソナリティなどが調査対象者に与える影響をある程度排除できるが、質問紙調査における訪問面接法とほとんど違いがない
[半構造化]面接	質問項目や質問の順序はある程度事前に決めるが、必ずしもそのとおりに調査を行うわけではなく、状況に応じて質問項目を増やしたり減らしたり、順序を入れ替えたりする	ある程度の指針とある程度の自由度とを兼ね備えているため、最も行いやすく一般的な面接法
[非構造化]面接(自由面接)	質問項目などを用意せず、その場の状況や対象者の反応を見ながらその場その場で質問を考え、調査を行う	調査経験や調査スキル、調査対象に関する知識などを調査者が十分に備えている必要がある

観察法や面接法におけるメモのとり方

- メモをとる際には、調査対象者に[不信感]や[警戒感]を与えないよう工夫する必要がある
- 調査対象者と会話をする際は、相手の顔を見て話をきちんと聞くことに重点を置き、メモは[最小限]とする
- フィールドメモは、なるべく早い段階で(帰宅後すぐなど)[フィールドノート]としてまとめ、調査者の解釈等は事実と混同しないよう[別枠に]記載する

アクション・リサーチ

- ◆問題解決を目指し、研究者が[当事者]と[協働]して調査や実践を進める研究法のこと
- アクション・リサーチでは、観察法や面接法といった質的調査の手法だけでなく、[質問紙法]のような量的調査の手法も併用される

質的調査の整理と分析

KJ法

- 文化人類学者の[川喜田二郎]によって開発されたデータの分析手法の1つ
- データが書かれたカードを分類し、見出し作りやグループ構成作業を[反復]して行うことで、新たな関連を[発見]する方法
- 新たな発想や仮説を[創造]する場合などに用いられる

KJ法の大まかな手順

1	紙切れづくり	「関連がありそうだ」と思われるものを、その内容の区切りごとに紙切れに書いていく
2	紙切れ集め	紙切れを眺めながら、似ていると感じさせる紙切れを、理屈でなく[情念]で集める
3	表札づくりとグループ編成	集まった紙切れの束に[表札]をつけ、表札をつけた束についても、似ているもの同士をまとめていく
4	図解描き	集まった束を納得がいく場所に配置し、記号などを用いて[関係性]を図解化していく
5	発表と文章化	図解を見ながら全体を1つの物語として口に出し、そのとき思いついたアイデアも含めて文章化する

グラウンデッド・セオリー・アプローチ(GTA)

- 社会学者であるグレイザーとストラウスによって開発された分析手法で、データの収集と分析を繰り返し行うことで、[理論の構築]を目指す

GTAの4段階

第1段階	データの読み込みと切片化	データを読み込んだ上で、文脈から切り離し細分化
第2段階	[コーディング]	切片化したデータをグループ化し、グループ同士を関連づけていく
第3段階	[理論的飽和]	新しいデータを集めても、新しいグループができあがらなくなるまで、1～2段階目を繰り返す
第4段階	ストーリーラインの作成	グループ化したデータをもとに、ストーリーを作成

07 ITの活用方法

調査におけるインターネットの活用

- インターネットを用いた調査は[低コスト]なため企業などにおいては頻繁に用いられているが、[無作為抽出]ができないために標本に偏りが出てしまうというデメリットがある
- 基幹統計をはじめとする政府の行う調査の結果は、「政府統計の総合窓口[e-stat]」というサイトに集約されており、インターネットを通じて誰でも自由に調査結果をみることができる
- 2015年の[国勢調査]から、インターネットによる回答が可能になっている。インターネットでの回答がない世帯には、[調査票]を配布する

データ分析におけるコンピュータ技術の活用

- インターネット上の匿名掲示板や個人のブログ・Twitter等への書き込みも社会調査の分析対象であり、しばしば[ドキュメント分析]等に用いられる
- 近年は文字データの分析にコンピュータを利用することも増えてきており、代表的な手法としては、単語や文節で区切られた文字データから隠れた傾向や関係を見出す[テキストマイニング]などがある

第13章 相談援助の基盤と専門職

【第37回試験以降】
ソーシャルワークの基盤と専門職

01 社会福祉士

社会福祉士

- 社会福祉士とは、専門的知識及び技術をもって、福祉に関する相談に応じ、助言、指導、福祉サービスを提供する者または医師その他の保健医療サービスを提供する者その他の関係者（ 福祉サービス関係者等 ）との［ 連絡 ］及び［ 調整 ］その他の援助を行うこと（ 相談援助 ）を業とする者をいう
- 社会福祉士でなければ、社会福祉士の［ 名称 ］を用いて業務をすることはできない（ 名称独占 ）。また、名称使用は社会福祉士登録簿に［ 登録 ］を受けた後となる
- 社会福祉士が相談援助等を行う際は、［ 利用者本位 ］の援助をすることが求められる

社会福祉士の義務（社会福祉士及び介護福祉士法）

誠実義務（44条の2）	その担当する者が［ 個人の尊厳 ］を保持し、［ 自立した ］日常生活を営むことができるよう、常にその者の立場に立って、［ 誠実 ］にその業務を行わなければならない
信用失墜行為の禁止（45条）	社会福祉士の［ 信用を傷つける ］ような行為をしてはならない
◆秘密保持義務（46条）	［ 正当な理由 ］がなく、その業務に関して知り得た人の［ 秘密 ］を漏らしてはならない（［ 社会福祉士でなくなった後 ］においても同様）
◆連携（47条1項）	その業務を行うに当たっては、その担当する者に、福祉サービス等が総合的かつ適切に提供されるよう、［ 地域 ］に即した創意と工夫を行いつつ、福祉サービス関係者等との［ 連携 ］を保たなければならない
◆［ 資質向上 ］の責務（47条の2）	社会福祉を取り巻く環境の変化による業務の内容の変化に適応するため、相談援助等に関する［ 知識 ］及び［ 技能 ］の向上に努めなければならない
罰則規定（53条）	［ 社会福祉士でない者 ］が社会福祉士を名乗ると［ 30万円以下の罰金 ］に処せられる

試験では、同法で規定されていないことが問われる場合もあります（資格の更新、後継者の育成など）。また、精神保健福祉士のような、クライエントの主治医との関係性についても明記されていません

日本社会福祉士会の倫理綱領

- [人権]と[社会正義]の原則に則り、サービス利用者本位の質の高い福祉サービスの開発と提供に努めることによって、社会福祉の推進とサービス利用者の[自己実現]を目指す
- 人々をあらゆる差別、貧困、抑圧、排除、暴力、環境破壊などから守り、包含的な社会(ソーシャル・インクルージョン)を目指す

社会福祉士の行動規範のポイント

・利用者の自己決定が重大な[危険]を伴う場合、あらかじめその行動を制限することがあることを伝え、そのような制限をした場合には、その[理由]を説明しなければならない
・業務の遂行にあたり、必要以上の[情報収集]をしてはならない
・利用者の情報を[電子媒体]等により取り扱う場合、厳重な[管理]体制と最新の[セキュリティ]に配慮しなければならない
・他の社会福祉士が非倫理的な行動をとった場合、必要に応じて関係機関や[日本社会福祉士会]に対し適切な行動を取るよう働きかけなければならない
・社会福祉に関する調査研究を行い、結果を公表する場合、その目的を明らかにし、利用者等の[不利益]にならないよう[最大限の配慮]をしなければならない

認定社会福祉士

- 高度な福祉ニーズに応えられる専門性の高い人材を確保するため、[2012]年より認定社会福祉士制度が始まり、[認定社会福祉士]と[認定上級社会福祉士]が位置づけられた

認定社会福祉士の要件

①[社会福祉士]資格を有する
②職能団体のいずれかの正会員である
③一定の実務経験を有する([5]年以上)
④[認定社会福祉士認証・認定機構] の承認
⑤決められた機関での[研修]の受講(認定試験はない)

- 認定社会福祉士の名称の使用には、認定社会福祉士資格を[5]年ごとに[更新]するか、[認定上級社会福祉士]資格を取得・更新する必要がある
- 認定社会福祉士は、高齢、障害、児童・家庭、医療、地域社会・多文化の[分野ごと]に認定される
- 認定上級社会福祉士は、地域の[複数分野]にまたがる課題について、実践、連携、教育を行う能力を有する者とされている

02 その他の専門職

精神保健福祉士

- [精神障害者]の相談に応じ、日常生活への適応に必要な訓練や援助等を行う、[名称]独占の国家資格である
- ◆ その業務を行うに当たって精神障害者に[主治の医師]があるときは、その[指導]を受けなければならない

介護福祉士

- 介護福祉士は、身体上・精神上の障害により日常生活を営むのに支障がある者につき、[心身の状況に応じた]介護を行い、介護に関する[指導]を行う
- [名称]独占の資格である
- 介護福祉士や初任者研修修了者は[訪問介護員]として、訪問介護サービスに従事することができる
- 初任者研修修了者等による訪問介護の場合も、介護福祉士と同様に[介護報酬]の対象となる
- ◆ 介護職員等は[痰の吸引]や[経管栄養]等の処置を、医師の指示・看護師等の連携の下で行うことができる

介護支援専門員（ケアマネジャー）

- ◆ 要援護者やその家族からの相談に応じ、居宅介護サービス計画(ケアプラン)を作成し、市町村や他の介護サービス事業者との連絡、調整を行う者である
- ◆ 実務経験者で、都道府県知事が行う[介護支援専門員実務研修受講]試験に合格し、かつ[介護支援専門員実務]研修の課程を修了した者は、介護支援専門員として登録を受けられる（5年ごとに更新研修の必要あり）
- 登録を受けるために必要とされている実務経験は、[介護]福祉士、[社会]福祉士、[精神保健]福祉士等の場合、通算[5]年とされている

福祉用具専門相談員

- 福祉用具の[貸与]や[販売]において、使い方や選び方の助言をする者であり、福祉用具の貸与・販売事業所等への配置が定められている

03 ソーシャルワーク

ソーシャルワークの概要

◆ソーシャルワークの定義(国際ソーシャルワーカー連盟)

[人間の福利](ウェルビーイング)の増進を目指して、社会の変革を進め、人間関係における問題解決を図り、人々の[エンパワメント]と[解放]を促す。ソーシャルワークは、人間の行動と社会システムに関する理論を利用して、人々がその[環境と相互に影響]し合う接点に介入する。[人権と社会正義]の原理は、ソーシャルワークの拠り所とする基盤である

◆ソーシャルワークのグローバル定義(2014年)

ソーシャルワークは、[社会変革]と[社会開発]、社会的結束、および人々の[エンパワメント]と[解放]を促進する、実践に基づいた専門職であり学問である。[社会正義]、[人権]、[集団的責任]、および[多様性尊重]の諸原理は、ソーシャルワークの中核をなす。ソーシャルワークの理論、社会科学、人文学、および[地域・民族固有の知]を基盤として、ソーシャルワークは、生活課題に取り組み[ウェルビーイング]を高めるよう、人々やさまざまな構造に働きかける。この定義は、[各国および世界の各地域で展開してもよい]

ソーシャルワークのグローバル定義の「注釈」におけるキーワードとポイント

中核になる任務	・[社会変革]、社会開発、社会的結束の推進 ・経済成長が社会開発の前提条件という考えには賛同しない
原則	・人間の内在的価値、尊厳の尊重、[多様性]の尊重
知	・先住民を含めた地域、民族固有の知 ・西洋諸国を基準に展開しているわけではない ・[複数の学問をまたぎ]、広範囲な科学的諸理論及び研究 ・サービス利用者との双方性のある[対話的過程]を通して共同でつくり上げたもの
実践	・「人々とともに」働く考え ・セラピーやカウンセリングを含める

ソーシャルワークの主な機能

[仲介]機能 [媒介]機能	利用者の能力や可能性を引き出す[ストレングス]の視点で、利用者のニーズと社会資源をつなげていく機能
[調停]機能	利用者とその家族との対立に介入し、その対立を解決する機能
◆[代弁]機能 (アドボカシー)	利用者の立場を[優先的]に考え、利用者の訴えを聞き、それを関係者に伝えて利用者の権利を擁護する機能。サービス利用機関の権利の代弁はしない
[連携・調整]機能	利用者のニーズに対するサービスやサポートを調整する機能
[教育]機能	利用者に必要な情報を提供し、利用者の対処能力を高める機能
[保護]機能	[緊急介入]・[強制介入]をせざるを得ないほどの危機に直面している人を保護する機能

主なアドボカシーの種類

ケースアドボカシー	[個人]を支援対象とする
◆コーズアドボカシー (クラスアドボカシー)	[特定のニーズ]を持つ集団を支援対象とする
◆セルフアドボカシー	クライエント自らが自己課題の克服のため、要求、意思、権利を主張する
シチズンアドボカシー	当事者を含む市民が課題を抱える[市民]の権利を擁護する
リーガルアドボカシー	クライエントの権利を守るために法的な手段を用いる

ソーシャルアクション

- 課題を解決するために、ソーシャルワーカーが関係者や関係団体へ働きかけ、当事者とともに世論を喚起し、制度やサービスの創出、改善、廃止などを目指す[組織的]な活動

ソーシャルワークのミクロ・メゾ・マクロ

- [ミクロ]ソーシャルワークは個人や家族を、[メゾ]ソーシャルワークは主に集団や公的組織を、[マクロ]ソーシャルワークは主に地域や社会全体を対象とした支援やかかわりが求められる

ジェネラリスト・ソーシャルワーク

- 児童・高齢者・障害者など領域を分けず、ソーシャルワークの共通基盤を重視し、[総合的]かつ[包括的]に行う援助技術のこと
- 地域住民の参加を伴い、要援護者の発見と見守りにより[予防的な働き]をする
- 関係機関の連携や[協働]、専門職と地域住民やボランティアの[協働]を重視する
- 法や社会福祉制度の[対象]とならない人や、自ら[援助]を求めない人に対してのサービス提供も重視する
- アドボカシーとは、サービス利用者の主体的な生活を実現するために、その意思や権利を[代弁]することである

ソーシャルワークの統合化

- ソーシャルワークの統合化とは、ケースワーク、グループワーク、コミュニティワークの3つの援助方法の[共通基盤]を統合化する動きのことである
- 統合化の背景には、専門化されたソーシャルワーク実践が、[複雑化]する社会問題に対応できていない現実への[危機感]があった
- [ミルフォード会議](1923〜28年)の報告書(1929年)において、[ジェネリック・ソーシャルワーク]という概念が示され、統合化への先駆けとなった
- 後に、統合化に影響を与えた理論的動向として、ソーシャルワークに[システム理論]が導入された

◆システム理論は、[個人]と[環境]を切り離さず一体的にとらえ、それらの[交互作用]に焦点を当てる考え方であり、個人や家族などの集団、地域の調和を図りながら問題解決を図るものである

ソーシャルワークの主な研究者

リッチモンド	◆ケースワークは、[人]と[社会環境]との間を個別に意識的に調整することを通して、[パーソナリティ]を発達させる過程であると定義した ・後に[ケースワークの母]といわれた ・ケースワークの過程と対象として、個人に働きかける[直接的活動]と、社会を通じて働きかける[間接的活動]を挙げた
フレックスナー	・1915年、アメリカ・ボルチモアでの全米慈善矯正会議で、ソーシャルワークを「いまだ[専門職]とはいえない」とした

ホリス	・『ケースワーク：心理社会療法』の中で、人とそれを取り巻く状況、及び両者の相互作用という視点から、[状況の中にある人]に焦点を当てて、利用者の問題状況をとらえるアプローチを提唱した
ソロモン	・『黒人のエンパワメント』を著し、公民権運動を背景に[エンパワメント]の概念を主張
ジャーメイン	・生物学的アプローチで、個人と環境の[相互作用]に焦点を当て、両者は相互に影響し合うとするエコロジカル・ソーシャルワークを提唱
ブトゥリム	・ソーシャルワークの3つの価値前提を、[人間尊重]、[人間の社会性]、[人間の変化の可能性]とし、ソーシャルワークに必要不可欠なものであるとした
ミラーソン	・専門職の6つの属性（①体系的な理論、②伝達可能な技術、③公衆の福祉という目的、④専門職の組織化、⑤倫理綱領、⑥[テスト・学歴]による社会的承認）
グリーンウッド	・専門職の属性。ソーシャルワークはすでに専門職である
カー・ソンダース	・専門職の歴史的発展過程をとらえる ・テストによる能力の証明の必要性
エツィオーニ	・準専門職の概念
ハミルトン	・心理・社会的アプローチ。自我心理学
トール	・人間の基本的な欲求の充足の重要性を提唱 ・ケースワークと公的扶助行政の関係を論ずる
パールマン	・[問題解決]という視点から、[診断主義]（クライエントに精神分析療法的な介入をして理解し、分析、変容させる）と[機能主義]（ソーシャルワークを「クライエントが援助者に働きかける過程」ととらえる）の折衷を図った（ 問題解決アプローチ ） ・ケースワークを構成する要素として[4つのP]を提示した Problem：問題 Person：相談に来る人 Place：援助の場所 Process：ワーカーとクライエントの間の援助の過程 ・クライエントが問題解決に取り組む力を[ワーカビリティ]と呼び、その向上がソーシャルワークの重要な役割であると主張した
ゴールドシュタイン	・[システム理論]を指向した一元的アプローチを展開し、クライエントの生活課題を統合的にとらえ、認知的、人間性尊重アプローチを展開
バートレット	・人と環境の関係を、人々が試みる対処と環境からの要求との間で保たれる[均衡関係]としてとらえた ・著書『ソーシャルワーク実践の共通基盤』の中で、ソーシャルワーク実践には、[価値]の体系、[知識]の体系、人と環境との相互作用への多様な[介入方法]など、共通する構成要素があり、価値や知識が方法より優先されるとした

相談援助の理論と方法

【第37回試験以降】
ソーシャルワークの理論と方法

01 相談援助の実践モデルとアプローチ

実践モデル

治療モデル	・[リッチモンド]らによって確立 ・クライエントが直面する問題に対して、科学的にその原因を特定し、[原因を取り除く]ことを目的に、「治療する」「助ける」といった視点で介入を行う ・[直接的因果関係]やエビデンス、客観性等を重視し、[医学モデル]とも呼ばれる
生活モデル	・[ジャーメイン]、[ギッターマン]らによって提唱された[エコロジカル]・アプローチを基礎とする方法 ◆クライエントを人間生態系的な集団の一員としてとらえ、個人と取り巻く環境との[相互作用]を活用しながら、両者の統合を目指し援助していく
ストレングス・モデル	・[サリービー]らによって提唱 ◆クライエントの[強さ]や[能力]に焦点を当てようとする[ストレングス視点]を活用した援助方法 ・人間は逆境や困難な経験に直面しても、それを試練や教訓にし、耐える力(復元力)があるということを体系化した ・問題解決を行うためのストレングスは、個人や家族だけでなく[地域]の中にも見出すことができる

実践アプローチ

診断主義アプローチ	・[トール]や[ハミルトン]、[ホリス]らによって提唱 ・利用者の問題やその原因を個々の内面から分析し、治療していく援助方法 ・リッチモンドが提唱してきた利用者の問題を科学的に診断していく治療モデルから発展し、特にフロイトによる[精神分析]学に強い影響を受けている

心理社会的アプローチ	・[ホリス]らによって確立された、診断主義アプローチの代表的な方法 ◆心理的側面と社会的側面([状況の中にある人]という視点)が影響し合っているととらえ、人と環境相互の機能不全の解消に焦点を当てる 〈介入技法〉 ①持続的支持 ②直接的支持 ③浄化法 ④全体関連的反省 ⑤パターン力動的反省 ⑥発達的反省
機能主義アプローチ	・[ランク]、[ロビンソン]らが確立し、[スモーリー]によって体系化された ◆診断主義アプローチが批判される中で、[意志心理学]を基礎として発展した ・援助機関や専門職がもつ機能などを十分に活用しながら、クライエントが[主体的]に問題を解決できるように支援していく方法 ・クライエントの成長しようとする[意志]や[能力]を重視する ◆[援助機関]の機能との関係の中で、クライエントのニーズを明確にし、必要な機能を個別化して提供する
問題解決アプローチ	・[パールマン]によって提唱された、診断主義と機能主義を結合した方法 ◆クライエント自身の問題解決への動機づけや、[ワーカビリティ](問題解決能力)を高めていこうとする方法
行動変容アプローチ	・スキナーが提唱した心理学の[行動理論](学習理論)やバンデューラが提唱した社会的学習理論などを基盤としている ◆経験を通じた再学習によって、特定の[問題行動]そのものの変容(修正)を促す方法
課題中心アプローチ	・[リード]、[エプスタイン]によって提唱 ◆解決すべき課題をクライエントとともに[具体的]に設定し、自身が主体的に解決できるように[短期課題]として明確化する ◆過去の原因よりも、クライエントが抱える問題の[現在]を重視する
危機介入アプローチ	・[リンデマン]、[キャプラン]、[ラポポート]らによって確立 ◆危機に直面しているクライエントに対して、できるだけ[早期]に[短期集中的]に介入し、元の状態に修復できるよう援助していく方法 ・精神保健分野で発達してきた[危機理論]が応用されている ・利用者の[対処能力]の強化、社会的機能の[回復]に焦点を当てる

エンパワメント・アプローチ	◆[ソロモン]らによって提唱 ・クライエント自らが置かれている否定的な[抑圧状況]を認識し、自身がもつ対処能力を高めて、問題に対処していくよう支援する方法 ・問題解決の主導者はクライエントであり、援助者はその[パートナー]であることを認識できるよう支援する ・ソロモンは、個人と敵対的な社会環境との[相互関係]によって、人は無力な状態に陥ることが多いとし、そうした[内在化]された問題を、クライエント自身の知識や技術で解決することを目指した
解決志向アプローチ	・[バーグ]、[シェザー]らによって提唱 ◆問題の要因ではなく、クライエントが問題を解決してどのような状態になりたいのかという[望ましいイメージ]や[可能性]に焦点を当てる ・特殊な質問法等を用いて、[短期間]で[具体的解決]に導くことが目的 〈質問法〉 ・[ミラクル]・クエスチョン:問題が解決した後の生活の状況や、そうなったときの気持ちなどについて想像を促す質問をする ・[スケーリング]・クエスチョン:これまでの経験や今後の見通しなどについて、数値に置き換えて質問する ・[コーピング]・クエスチョン:問題を抱えていながら、ここまで切り抜けてきている事実や、その際の対処法に目を向けられるような質問をする ・[サポーズ](サバイバル)・クエスチョン:解決した場合の状況を聞きながら、現在の考えを未来志向に向けていく質問をする ・[エクセプション]・クエスチョン:問題の起きていない例外状況を質問する
ナラティブ・アプローチ	・[ホワイト]や[エプストン]らによって提唱 ◆クライエントが語る[ストーリー]を重視して、それとは異なる新たな世界を援助者とともに作成し、でき得る限り問題状況から決別していくことが目的 ・現実は人々が語る言葉で構成されるとする[社会構成主義]を理論的基盤とし、それらを人々が言語により共有しているとする[認識論]の立場に立っている
認知アプローチ	・[アドラー]、[エリス]、[ベック]らによって提唱されてきた[認知理論]に基づく ・問題を抱えたクライエントの[認知のゆがみ]を改善することで感情や行動を変化させ、問題解決を図る

相談援助における援助関係

基本的態度

- 援助者は、クライエントの話に耳を傾け（ 傾聴 ）、理解を示していく（ 共感 ）
- 援助者は、クライエントに対して善悪の判断や感情の判断などを行わずに、あるがままを受け入れていく（ 受容 ）
- ◆援助者は、クライエントの［ 意思 ］や［ 自己決定 ］を大切にし、クライエントの意向にかかわりなく意思決定すること（ パターナリズム ）のないようにする

ラポール

- クライエントと援助者の間においてつくり上げられる、親密で調和のとれた相互の［ 信頼関係 ］のこと
- 援助関係では、利用者本位に即した［ ラポール ］を築くことが重要である

自己覚知

- 援助者が、自身の価値観や考え方、傾向などを［ 客観的に把握・理解 ］し、それが支援に影響を及ぼさないようにすること

援助関係において生じる様々な感情

感情過多	自分の感情に酔って感傷に溺れてしまうなど、クライエントの［ 感情表出 ］が非常に多くみられる状態
感情移入	援助者がクライエントの感情面に引き込まれ、クライエントと［ 同一 ］となったかのように錯覚する状態
［ 感情転移 ］	クライエントの個人的欲求や過去に出会った人物に対する感情や態度を、［ 援助者に向けてしまう ］こと。逆に、援助者がクライエントにこうした感情を向けてしまうことを、［ 逆転移 ］という
選好感情	自分の感情を［ 選り好んで表出 ］すること
感情失禁	ささいなことで怒り出したり、泣き出したりする［ 感情調節 ］の障害

03 相談援助の流れ

①インテーク（ケースの発見とエンゲージメント）

◆サービス利用が必要な人々やそのニーズを発見し、サービスの方向性やその利用について[合意（エンゲージメント）]し、[契約]を結ぶ

◆クライエントの抱えている問題点やニーズなどを明らかにし、取り組みの方向性を検討する[スクリーニング]を行う

◆クライエントの[主訴]（何を相談したいのか）や置かれている状況、周囲との関係の把握、[緊急性]の度合い、[相談機関]の説明等を主目的とする

◆クライエントとの間に[信頼関係]（ ラポール ）を築くため、[傾聴]や[共感]に努める

②アセスメント（事前評価）

◆[情報収集]と分析を行って問題の原因を究明し、問題解決の方法や目標を[事前評価]する

◆情報収集は、クライエントだけでなく家族、関係者等から[総合的]に行う

● クライエントのニーズと援助機関の機能やサービス内容との[適合性]を判断する

● アセスメントを行う際は、[マッピング技法]を用いると効果的である

◆ 主なマッピング技法

[ジェノグラム]	三世代以上の世代間における、現在に至るまでの家族の関係性や連鎖的な問題発生の状況などを1つの図に示していく方法で、[家族関係図]、[世代関係図]ともいう
[エコマップ]	家族の関係性だけでなく、周囲の人々や社会資源との関係性など取り巻く環境とのつながりも含めて、それらの相互関連状況を示す方法。[生態地図]、[社会関係図]ともいう
[ソシオグラム]	集団メンバー間の選択・拒否関係を[図式化]することで、人間関係や心理的関係の構造を明らかにしようとするもの
[PIE]	利用者の[社会生活機能]における問題を、記述・分離・コード化して記録し、明確化するためのもの

③プランニング（支援計画）

◆アセスメントを踏まえて、問題解決へ向けた目標や援助方法を具体的に設定し、[支援計画]を立てる

◉最終的な目標となる[長期目標]と、それを達成するために必要な手段を盛り込んだ[短期目標]を設定する

④インターベンション（支援の実施）

◉プランニングにおいて設定した目標に向けて、[具体的]な支援方法を実行に移していく段階

◉[面接技法]などによりクライエントに直接働きかける[直接的]介入と、社会資源の活用などクライエントを取り巻く環境を調整する[間接的]介入がある

⑤モニタリング（経過観察）

◉クライエントに対する支援を開始した後、目標通りに計画が進行しているかどうかを把握する過程

◆クライエントの状況を観察・評価しながら、支援方法や計画等の[見直し]を行う

◆モニタリングの結果、期待した効果がもたらされていないと判断された場合は、[再アセスメント]及び[計画の修正]等を行う

◆プランニングで設定した計画の進捗状況を継続的に把握し、新たな[アセスメント]につなげることが目的である

⑥エバリュエーション（事後評価）

◆援助の終了時に、効果測定や今後の課題の検討を[クライエント]とともに行う段階

◉援助過程の評価（ プロセス評価 ）、支援がクライエントの問題解決に有効だったかの評価（ アウトカム評価 ）が行われる

◆クライエントが再度相談に訪れたり、施設を再利用することも想定し、支援の[再開や再利用]が可能であることを伝える必要がある

⑦ターミネーション（支援の終結）

- 支援目標の達成や問題解決、ニーズの充足などがなされ、支援を終結していく段階

◆残された問題がある場合も、クライエント自身が対応可能な状況に至っているかを双方で確認しながら、[終結]に向けた意識を形成する

- 実行した[支援計画]の有効性を検証し、その効果を示す[効果測定]が行われることが望ましい
- 効果測定は、クライエントや社会への[アカウンタビリティ](説明責任)を果たす意味もある

主な効果測定の方法

単一事例実験計画法（シングル・システム・デザイン）	◆[1つ]のクライエント（個人、家族）に実施した支援と問題解決に至った状況との因果関係を調査し、[支援実施前]と[実施後]の効果を測定する方法 ・利用者の状況の変化と援助との因果関係を、時間の流れに沿って[繰り返し]観察する ・介入開始前(ベースライン)から介入後(インターベンション)終結までの変化等を比較する
集団比較（古典的）実験計画法	◆同様の問題を抱える[複数]のクライエントを、支援を実施した[実験集団]（実験群）と実施しない[統制集団]（比較統制群）に[無作為]割当し、比較調査を行う方法

⑧アフターケア（終結後の支援）

- 支援の終結後において、発生する課題や環境の変化などに対応できるよう、[フォローアップ体制]を整えていく段階

◆終結後も必要が生じた際には、利用した機関や施設の[再利用]や、支援の[再開]が可能であることを、クライエントに伝えることも重要

04 相談援助の面接技術

バイステックの7原則

- 援助関係の構築や面接場面、介入の際などに用いられる援助原則である

[個別化]の原則	クライエント自身や抱えている課題は各々異なるため、[個別のケース]としてとらえ対応する
[意図的な感情表出]の原則	クライエントには、独善的な考え方や否定的な感情も含め、[ありのままを表出]してもらうことが大切である
◆[統制された情緒的関与]の原則	援助者自身が偏った判断や感情を示さないよう、自らの[感情を統制]して接する
◆[受容]の原則	クライエントの考えや個性について、決してはじめから否定したり判断したりせずに、[ありのままを受けとめ]、理解する
◆[非審判的態度]の原則	クライエントの行動や思考に対して、援助者が善悪の判断を[一方的に行わない]
◆[利用者の自己決定]の原則	問題を解決していくための行動を決定する主体は、あくまでも[クライエント自身]であるため、援助者はその行動を尊重する
[秘密保持]の原則	クライエントについて知り得た個人的な情報やプライバシーについて、[第三者]に漏らしてはならない

面接時における主な技法

名称	内容
[頷き]	話の合間に首を縦に振るなどして、話に[耳を傾けている]ことを示す
[繰り返し]	クライエントの言葉を[そのまま返し]、話に耳を傾けていることを示す
[相槌(相づち)]	話の合間に[短い言葉]を挟むなどして、話を理解していることを示す
[励まし]	話の合間に短い感想や[共感]を示す言葉を返し、クライエントが話しやすくなるような姿勢を示す

[言い換え]	クライエントの言葉を短い言葉で[言い換え]ながら返し、内容を理解していることを示す
[明確化]	クライエントの話した内容を[端的に]言い表した言葉で返し、伝えたいことを明確にしていく
◆[要約]	クライエントの[話の要点]をまとめて返し、伝えようとしていることの整理を手助けし、ともに内容の再確認を行う
[感情の反映]	クライエントが話している内容について、抱えている[感情]を想定して言い表す
◆[開いた質問・閉じた質問]	開いた質問:「 どのように～ 」などクライエント自身に答える幅ができるような質問 閉じた質問:「 はい 」「 いいえ 」で答えるような質問
[沈黙]	クライエントが示す[沈黙の意味]を理解して対応していく方法。迷いによる沈黙には考えが整理できるまで待ち、援助への抵抗感やワーカーへの否定的感情などがあるときの沈黙には共感的な働きかけを行う
[支持]	クライエントの話の内容を踏まえ、[プラスの側面]に着目してクライエントを支えるようなメッセージを返す
[助言・提案]	助言:「～してみるのは[いかがですか]」などとクライエントに方向性を示す技法 提案:「～する方法もあると思うのですが、[どう考えますか]」などとクライエントの考えを促す技法
[直面化]	クライエントが向き合うことを避けていることを、あえて正面から取り上げて向き合わせ変容を促していく(葛藤を抱えたクライエントには効果的ではない)
[対決]	クライエントの言葉の[矛盾点などを指摘]することで、考え方の修正を促し、課題解決へと導いていく
◆[自己開示]	ワーカーが自らの[個人的な情報]を率直にクライエントに伝えることによって、安心感や親近感を与えるとともに、クライエント自身の自己開示を促す
[I(アイ)メッセージの伝達]	クライエントの話の内容を踏まえ、相談者としての一般的なメッセージではなく、一人の人間として「 私は 」といった形で思いを伝える

05 集団を活用した相談援助

グループワークの定義

◆グループワークとは、メンバー間における[相互援助作用]や[プログラム]活動を通して、各メンバーの成長を促しながら課題解決を図っていくことである

グループワークの主な提唱者とその定義

[コノプカ]	意図的なグループ体験を通じて個人の社会的に機能する能力を高め、また個人、グループ、地域社会の諸問題により効果的に対処し得るよう人々を援助するものであるとして、治療的機能に着目し、[14の原則]を提唱した
[コイル]	集団的な経験を通して個人の成長と発達を図るとともに、社会的に望ましい目的のために各成員が集団を利用することであるとして、理論的に体系化した(グループワークの母)
◆[シュワルツ]	個人と個人を取り巻く社会との[相互作用]に焦点を当てて、個人と社会の双方を援助しようとするものであるとし、[相互作用モデル]を提唱した
[トレッカー]	各自のニーズと能力に応じて他の人々と結びつき、成長の機会を与えられ、もって個人、グループ、及び地域社会の成長と発展を図ろうとするものであるとして「 グループワーカーの機能に関する定義 」を起草した

コノプカのグループワークの主な原則

[個別化]の原則	メンバー個々の特性やグループそれぞれの[特性]を把握して対応する
[参加]の原則	メンバー個々の[能力の段階]に応じて参加するように励まし、またその能力をさらに高めることができるよう援助する
[葛藤解決]の原則	メンバー間の相互作用で生じる葛藤や、メンバー個人の内的葛藤に対して、[自ら]解決のためのよりよい方法を[経験]するように援助する
[制限]の原則	メンバー個人及びグループ全体の状況に対する診断的評価に基づいて、それぞれの状況にふさわしいプログラムを[意図的に]用いる
[受容]の原則	各メンバーの長所、短所、価値観、考え方などを[ありのまま]受けとめる

グループワークの過程

[準備]期	・メンバーと予備的な接触を図り、[援助計画]を立てていく段階 ・グループの形成や問題の明確化、[波長合わせ]などを行う
◆[開始]期	・メンバーが顔を合わせ、グループ活動を始めていく段階で、[契約](目標やグループワークの進め方などの共通基盤をもつこと)や[アイスブレーキング](メンバー間の不安や緊張を解くこと)などを行う
[作業]期	・メンバーがプログラムの中で自分たちの課題や役割を達成していけるよう[媒介]する段階 ・援助者は、メンバー同士の相互援助体制をつくり、それを[側面的]に支援していく ・問題が起きた場合には、メンバーとともにグループ内で解決できるように対処することが求められる
[終結]期	・グループ活動やプログラムを終える段階 ・メンバーの[目標達成]の程度や活動について評価を行い、全体的なまとめをする ◆メンバー自身がグループ活動を振り返り、その成果や個々の不安をメンバー間で[共有]する機会をつくる

グループダイナミックス

- [レヴィン]によって提唱され、小集団の中で形成される力動的な相互作用を活用して、潜在的な力を引き出していく技術を[グループダイナミックス]という
- グループダイナミックスの1つである[集団規範]とは、集団を目的達成に向かわせるために用意される、メンバーが共有する判断の枠組や思考様式のことを指す

セルフヘルプ・グループ

◆同じような問題を抱えた人同士が集まって、[専門職から独立]して、それぞれの問題を同じ立場で支え合いながら([エンパワメント]しながら)、状況の改善を目指すグループ

◆グループにおいて、メンバーは仲間であり、[対等]である

- セルフヘルプ・グループには、[自己が肯定的に変容]する機能、メンバー[相互が援助]する機能、[社会を変革]する機能がある
- リースマンは、メンバー相互が援助する作用を[ヘルパー・セラピー]原則と呼んだ

06 相談援助における様々な技術

アウトリーチ

◆ 支援やサービスを必要としているにもかかわらず、表出できていない人や拒否している人、認識できていないような人を[インボランタリー・クライエント](接近困難な人)といい、そうした人へ積極的に働きかけることをアウトリーチという

ネットワーキング

- クライエントを取り巻く家族やボランティアなどの[インフォーマル]な社会資源の連携と、機関・施設などの[フォーマル]な社会資源との連携を行うことを[ソーシャルサポート・ネットワーク]と呼ぶ
- 多職種チーム等による会議では、取り扱う事例や協議事項の内容や出席者の状況などにより、[リーダー役]となる者は異なる
- 目的や目標を共有するなどの[信頼関係]が形成されると、異なる職種の者同士で不安や葛藤を相互に受け止められるようになる

ケア(ケース)マネジメント

- ケアマネジメントとは、援助を必要としている人に対して、[サービスや社会資源]を利用できるよう調整し、問題解決に向けて[環境]を整えていく過程のこと
- [マッチング]とは、利用者のニーズに適合したサービスを提供する事業者等を探して、必要なサービス、提供方法などについて交渉、調整することをいう

◆ [リファーラル]とは、支援が望まれると判断された人々を、地域の関係機関が[支援提供機関]などに連絡、紹介、送致することなどをいう

- [リンケージ]とは、利用者のニーズを明らかにし、制度や既存のフォーマルサービスだけでなく、インフォーマルサービスや開発した資源なども含めた社会資源と接合していくことをいう

ケアマネジメントの過程

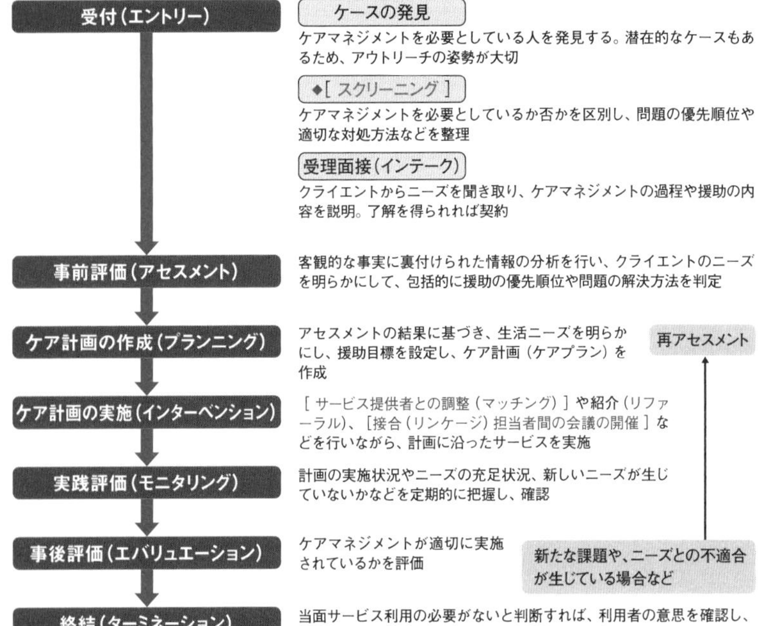

受付（エントリー）
ケースの発見
ケアマネジメントを必要としている人を発見する。潜在的なケースもあるため、アウトリーチの姿勢が大切
◆[スクリーニング]
ケアマネジメントを必要としているか否かを区別し、問題の優先順位や適切な対処方法などを整理
受理面接（インテーク）
クライエントからニーズを聞き取り、ケアマネジメントの過程や援助の内容を説明。了解を得られれば契約
事前評価（アセスメント）
客観的な事実に裏付けられた情報の分析を行い、クライエントのニーズを明らかにして、包括的に援助の優先順位や問題の解決方法を判定
ケア計画の作成（プランニング）
アセスメントの結果に基づき、生活ニーズを明らかにし、援助目標を設定し、ケア計画（ケアプラン）を作成
再アセスメント
ケア計画の実施（インターベンション）
[サービス提供者との調整（マッチング）] や紹介（リファーラル）、[接合（リンケージ）担当者間の会議の開催] などを行いながら、計画に沿ったサービスを実施
実践評価（モニタリング）
計画の実施状況やニーズの充足状況、新しいニーズが生じていないかなどを定期的に把握し、確認
事後評価（エバリュエーション）
ケアマネジメントが適切に実施されているかを評価
新たな課題や、ニーズとの不適合が生じている場合など
終結（ターミネーション）
当面サービス利用の必要がないと判断すれば、利用者の意思を確認し、各サービス担当者の参加を得て、終結を決定

スーパービジョン

◆ 経験豊かな援助者（ スーパーバイザー ）が、経験の浅い援助者（ スーパーバイジー ）に対して、専門性を向上させて、よりよい援助を行えるよう支援すること

スーパービジョンの機能

[管理的]機能	スーパーバイジーに所属する機関や専門職の理念、機能、業務内容、役割等を十分に[理解]させ、組織全体の業務管理や環境整備などを進めていく機能
[教育的]機能	スーパーバイザーの[指導]により、専門職として相談過程を適切に進めていくために必要な考え方や技術の向上等を図る機能
[支持的]機能	葛藤を抱えたスーパーバイジーを、援助者としての自己覚知や意欲の向上、[バーンアウト]の防止といった精神面のケアを含めて、支える機能

スーパービジョンの種類

[個別]スーパービジョン	スーパーバイザーとスーパーバイジーの、[一対一]の面接方式などで行われる。個別の関係で行われるため、自己覚知を促すなどの個別的な支援を行うことができる
◆[グループ]・スーパービジョン	1人のスーパーバイザーと[複数のスーパーバイジー]で行われる。メンバー同士の相互作用によって能力の向上等を図ることができる
◆[ライブ]・スーパービジョン	ともにケースに[かかわりながら]行われる。実際のケースの援助場面で実施されるため、実践的な指導が受けられる
◆[ピア]・スーパービジョン	スーパーバイジーや援助者、学生などの[仲間同士(ピア)]の関係で行われる。親しみやすい雰囲気の中で行われるため、互いの共通課題などについて自由に表現し合うことができる
[セルフ]・スーパービジョン	スーパーバイジー本人が、自己検証や自己評価の実践を意図的に行う。自分自身の対応や今後の展望について[客観視して]検討することができる

コンサルテーション

- 援助業務を遂行する上で専門的な領域の知識や技術が必要となった場合に、その[専門職]から助言や提案を得ること
- コンサルタント(専門職)とコンサルティ(コンサルテーションを受ける人)は[対等]な関係となるので、援助者を[監督・指導]するということではない
- ソーシャルワーカー同士で専門的な意見を求め合ったり、ソーシャルワーカーが他の専門職の相談に応じたりすることもある

記録

- 援助の実践での記録では、状況に応じて様々な記述の仕方や文体を用いる

◆ 主な記録の文体

[逐語体]	ワーカーとクライエントの会話のみを、その言葉通りに[そのまま]記述する
[箇条書き]	それぞれ独立した内容を項目ごとに並べ、比較的短い言葉で記述する
[叙述体]	ワーカーの解釈を加えずに、[時間的経過]にそって記述する。要点を絞って短縮して記述する文体を[圧縮叙述体]・相互のやりとりを詳細に記述する文体を[過程叙述体]という
[要約体]	ワーカーの解釈を加え再整理し、[要点]をまとめて主眼点を明確にする
[説明体]	ワーカーの解釈や考え方などを加えながら[説明]する

個人情報保護法

> **◆個人情報保護法 1条**
> デジタル社会の進展に伴い個人情報の利用が著しく拡大していることに鑑み、個人情報の適正な取扱いに関し、(中略)[国]及び[地方公共団体]の責務等を明らかにし、個人情報を取り扱う[事業者]及び[行政機関]等についてこれらの特性に応じて遵守すべき義務等を定め(中略)個人情報の有用性に配慮しつつ、個人の[権利利益]を保護することを目的とする

- 個人情報とは[生存]する個人に関する情報である
- 顧客情報だけでなく、利用者の家族、従業員情報、ボランティア等の情報も個人情報に[該当]する
- 個人情報取扱事業者は、あらかじめ本人の[同意]を得ないで、個人データを第三者に提供してはならない

> **個人情報について本人の同意を得る必要がない場合**
> ・[法令]に基づく場合
> ◆人の[生命]、[身体]または[財産]の保護のために必要がある場合であって、本人の[同意]を得ることが困難であるとき
> ・[公衆衛生]の向上または[児童]の健全な育成の推進のために特に必要がある場合であって、本人の[同意]を得ることが困難であるとき
> ・国の機関もしくは地方公共団体またはその委託を受けた者が法令の定める事務を遂行することに対して協力する必要がある場合であって、[本人の同意を得ること]により当該事務の遂行に支障を及ぼすおそれがあるとき

- 本人は、個人情報取扱事業者に対し、当該本人が識別される個人データの開示を請求することができ、個人情報取扱事業者は、本人に対し[遅滞]なく当該個人データを開示しなければならない
- 個人情報取扱事業者は、個人情報の開示等の請求等を、政令で定めるところにより、[代理人]によってすることができる
- [要配慮個人情報]とは、本人の人種、信条、社会的身分、病歴、犯罪の経歴、犯罪により害を被った事実その他本人に対する不当な差別、偏見その他の不利益が生じないようにその取扱いに特に配慮を要するものが含まれる個人情報をいう

福祉サービスの組織と経営

【第37回試験以降】
福祉サービスの組織と経営

社会福祉法人

社会福祉法人の概要

- 「[社会福祉事業]を行うことを目的として、この法律の定めるところにより設立された法人」(社会福祉法22条)と定義される[非営利]法人である
- ◆社会福祉事業の主たる担い手としてふさわしい事業を確実、効果的かつ適正に行うため、自主的にその[経営基盤の強化]を図るとともに、その提供する福祉サービスの[質の向上]及び[事業経営の透明性]の確保を図らなければならない
- ◆その経営する[社会福祉事業]に支障がない限り、[公益事業]または[収益事業]を行うことができる
- 社会福祉法人の所轄庁は、その主たる事務所の所在地の[都道府県知事]である

主たる事務所が当該市内で、当該市内のみでその事業を実施する場合	[市長(特別区の区長を含む)]
・主たる事務所が指定都市の区域内で、1つの都道府県において2つ以上の市町村で事業を実施する場合 **・地区社会福祉協議会である社会福祉法人**	[指定都市の長]
2つ以上の都道府県で事業を実施する場合で厚生労働省令で定めるもの	[厚生労働大臣]

- 社会福祉法人は、[評議員]、[評議員会]、[理事]、[理事会]、[監事]を置かなければならない
- 一定規模以上の社会福祉法人は、[会計監査人]を置かなければならない
- 何人も、社会福祉法人の業務時間内は、いつでも、計算書類等、財産目録等の[閲覧]を請求することができる。この場合においては、当該社会福祉法人は、正当な理由がないのにこれを[拒んではならない]
- ◆定款、報酬等の支給の基準、計算書類等、財産目録等の一部(現況報告書、役員等名簿、貸借対照表等)などを、[インターネット]の利用により、遅滞なく、[公表]しなければならない
- ◆[社会福祉事業]及び[公益事業]を行うに当たっては、日常生活または社会生活上の支援を必要とする者に対して、[無料]または[低額な料金]で福祉サービスを積極的に提供するよう努めなければならない

◆社会福祉事業の経営者は、常に、その提供する福祉サービスについて、利用者等からの[苦情]の適切な解決に努めなければならない

● 社会福祉法人は、事業を行うに当たり、評議員、理事、監事、職員その他の関係者に対し[特別の利益]を与えてはならない

● 社会福祉法人は、社会福祉事業・公益事業に対する[法人]税、[事業]税などは原則非課税だが、[収益]事業による所得は課税される

● 金融機関からの資金の借入を[間接]金融という。資金需要者が金融機関を介さずに、資金供給者から直接に資金を調達する方式を[直接]金融という

評議員・理事・監事の概要

	評議員	理事	監事
員数	[理事の員数]を超える数	[6]人以上	[2]人以上
任期	選任後[4]年以内に終了する会計年度のうち最終のものに関する定時評議員会の終結の時まで([6]年まで伸長可能)	・選任後[2]年以内に終了する会計年度のうち最終のものに関する定時評議員会の終結の時まで(短縮可能) ・[再任]が可能	
概要	・社会福祉法人の適正な運営に必要な識見を有する者のうちから、定款の定めるところにより選任 ・役員(理事、監事)、当該[社会福祉法人の職員]との兼務不可 ・各評議員・各役員について[親族等特殊関係者](3親等以内の親族など)が含まれてはならない	・[評議員会]の決議によって選任 ・各理事について[親族等特殊関係者]が[3]人を超えて含まれ、または当該理事並びに親族等特殊関係者が、理事の総数の[3分の1]を超えて含まれてはならない	・[評議員会]の決議によって選任 ・各役員(理事、監事)について[親族等特殊関係者]が含まれてはならない ・[理事]、当該[社会福祉法人の職員]との兼務不可

社会福祉事業

	第1種社会福祉事業	第2種社会福祉事業
経営主体	原則、国、地方公共団体、社会福祉法人が運営。保護施設並びに養護老人ホーム及び特別養護老人ホームの運営主体は、[行政]、[社会福祉法人]に限定	◆[届出]をすることにより事業経営が可能
事業例	保護施設、養護老人ホーム、特別養護老人ホーム、障害者支援施設、乳児院、[共同募金]など	◆デイサービス事業、認知症対応型老人共同生活援助事業、保育所、障害福祉サービス事業、無料低額宿泊所、無料低額診療事業など

社会福祉法人の合併・解散

- 社会福祉法人は、他の社会福祉法人と[合併]することができる(登記により効力発生)

社会福祉法人の解散事由

①[評議員会]の決議
②[定款に定めた解散事由]の発生
③[目的たる事業の成功]の不能
④合併(合併により当該社会福祉法人が消滅する場合に限る)
⑤[破産手続開始]の決定
⑥所轄庁の解散命令

※①③の事由による解散は、所轄庁の[認可または認定]がなければその効力を生じない
※清算人は、②⑤の事由によって解散した場合には、遅滞なくその旨を所轄庁に[届け出]なければならない

- 解散した社会福祉法人の[残余財産]は、上記④及び⑤の場合を除くほか、所轄庁に対する清算結了の届出の時において、[定款]の定めるところにより、その帰属すべき者に帰属する(この規定により処分されない財産は[国庫]に帰属)

社会福祉充実計画

- 社会福祉法人は、毎会計年度、その保有する財産について、事業継続に必要な財産を控除した上、再投下可能な財産(社会福祉充実残額)を算定しなければならない
- 社会福祉充実残額が生じる場合には、[社会福祉充実計画]を作成し、その実施費用に充てなければならない
- 社会福祉法人には、[配当(利益処分)]が認められておらず、内部留保(過去の利益の蓄積額)は赤字経営をしない限り[増加]する特性がある

02 特定非営利活動法人(NPO法人)

特定非営利活動法人(NPO法人)

- [特定非営利活動]を行うことを主たる目的とし、[特定非営利活動促進法]の定めるところによって設立された法人である
- NPO法人は、その主たる事務所が所在する[都道府県知事]または[指定都市の長]の[認証]を得て、[登記]することにより活動できる
- 特定非営利活動は、[20]分野に限定されている
- ◆これまで「 保健、医療又は福祉の増進を図る活動 」の分野で最も多くのNPO法人が設立されている
- 理事[3]人以上、監事[1]人以上を置かなければならない
- 役員総数の[3分の1]以下の役員は、報酬を受けることができる
- 設立にあたり、社員が[10]人以上であることを要する
- [社員総会]が最高議決機関であり、少なくとも年[1]回以上開催する
- [監事]は、理事またはNPO法人の職員を兼ねてはならない
- 特定非営利活動に係る事業に支障がない限り、本業以外の事業を行うことができ、[利益]が生じたときは、これを当該特定非営利活動に係る事業(収益事業、公益事業など)のために利用しなければならない
- 社会福祉法人に比べ、税制上の[優遇措置]がとられていない

認定特定非営利活動法人(認定NPO法人)

- 認定特定非営利活動法人とは、NPO法人のうち、運営組織及び事業活動が[適正]であって[公益]の増進に資するとして、[都道府県知事]または[指定都市の長]の認定を受けた法人である
- 認定にあたり[パブリック・サポート・テスト](PST)(広く市民からの支援を受けているかどうかを判断するための基準)に適合していることが必要である
- PSTの基準の1つに、経常収入金額に占める寄附金収入の割合が[5分の1]以上であること(相対値基準)がある
- 認定NPO法人の認定の有効期限は、認定の日から[5]年である
- 認定NPO法人に個人や法人が[寄附]または贈与をした場合、[所得税]、法人税、相続税の課税について[寄附金控除]等の特例の適用がある

03 経営と組織運営

主な経営戦略論者

[アンゾフ]	・組織の階層を、トップマネジメント、ミドルマネジメント、ロアーマネジメントの3つに分類した ・トップマネジメントは[戦略的意思決定]、ミドルマネジメントは[管理的意思決定]、ロアーマネジメントは[日常業務的意思決定]を行うと主張した
[チャンドラー]	組織構造は、その企業の採用した経営戦略に従うという「 組織は戦略に従う 」を導き出した(チャンドラー命題)
[アンドルーズ]	[SWOT]分析を用いて自社の内部環境における[強み]と[弱み]、外部環境における[機会]と[脅威]を把握・分析し、前者と後者を融合させることで戦略を企画・立案すると提唱した
[ミンツバーグ]	当初から意図したものではなく、実践の中で結果的に形成される戦略を、[創発的戦略]と名付けた

モチベーション(動機づけ)

- モチベーションには[内容理論]と[過程理論]がある

内容理論	人は何によって動機づけられるのかという[欲求の内容]を重視する
過程理論	人はどのようなプロセスで動機づけられていくのかという[過程]を重視する

マクレガー

- [X理論]による管理を批判し、[Y理論]による管理を求めた(内容理論)

X理論	人間は本来仕事が[嫌い]で、命令や強制がないと働かないとする人間観
Y理論	人間は本来仕事が[好き]で、自己実現のため[自主的]に問題解決に取り組むという人間観

ハーズバーグ

- 職務に対して満足・不満足を与える要因は異質なものであるとし、[動機づけ・衛生理論](2要因理論)を展開した(内容理論)

動機づけ要因	達成や承認、責任、昇進等の要因が、仕事そのものへの[満足]
衛生要因	会社の政策と経営、監督技術、給与、上司との関係など環境に対する[不満]

集団の力学

- 集団が形成されることで生じる行動の特性のことで、[グループダイナミックス]ともいう

主な集団力学の提唱者

[レヴィン]	・メンバーを自発的に集団にとどまらせる[凝集性]という概念を提唱 ・集団の[凝集性]が高ければ業績が高くなり、集団の[凝集性]が低ければ業績が低くなるとは限らない
アッシュ	・[集団圧力]を提唱 ・1人でも味方がいると、集団圧力とそれに対する[同調]を免れる ・集団のサイズがある大きさまでは同調を促進させるが、それ以上では差が生じないか、あるいは減少をもたらす
シェリフ	・2つの集団が協力して達成できる[目標]を取り入れることで、対立する感情が解消されるとした
ジャニス	・集団で話し合うと誤った決定が容認される(集団思考)を唱えた ・[集団思考・集団浅慮]は、リーダーを中心に凝集性が[高く]、閉鎖的な集団で、外部からのプレッシャーが大きい場合などに起こりやすい

- [コンフリクト]とは、集団内部に発生する対立や闘争であり、集団に有害な影響を与える場合(非生産的コンフリクト)もあれば、集団を活性化し肯定的な影響を与える場合(生産的コンフリクト)もある

チーム

- チームには[適正な規模]があり、メンバーの人数が多くなるほど、建設的な交流がしにくい
- 短期的目標や各自の役割・責任の配分などをチームメンバー同士で管理し合うチーム形態を[自己管理型]チームという
- 協働による[相乗効果]のため、チームの業績は、個々のメンバーによる努力の投入量の総和よりも[高い]
- 遂行するタスクが多様なスキルや判断を必要とする場合には、個人よりもチームの方が[高い]業績を上げることができる
- チームで[メンタルモデル](組織化された知識のフレームワーク)が[共有]されていると、チーム内のコミュニケーション量にかかわらずパフォーマンスを発揮する

リーダーシップ

- リーダーシップとは、与えられた目標達成のため、個人ないし集団に[影響]を及ぼすプロセスである

リーダーシップ理論の変遷

[リーダーシップ特性理論] (資質論)	リーダーシップを「生まれながらに持っている特性」とし、他より優れた何らかの[資質]を持つ者がリーダーになり得るという理論
[リーダーシップ行動理論] ／機能・職能論	・「行動によってリーダーをつくり上げる」ことを目的とし、どのような行動がリーダーとなり得るかとする理論 ・[リーダーシップの二要因論]、[PM理論]、[マネジリアル・グリッド論]がある
[リーダーシップ条件適合理論]	・特性論、行動論と異なり、すべての状況に当てはまる理論は存在しない。[状況]に適応できれば、誰でもリーダーシップを発揮できるとする理論 ・[SL理論]、[コンティンジェンシー理論]、[パス・ゴール理論]がある
[カリスマ的リーダーシップ理論]	「将来のビジョンを描く能力」を必要とし、メンバーにカリスマがあると[認知]されるか、メンバーから高い信頼を得ることで、みなを[導く力]を発揮するとする理論
◆[変革型リーダーシップ理論]	カリスマ的リーダーシップ理論よりも「 掲げるビジョン 」を重視し、[変革]を実現するために必要なリーダーシップを追求した理論
[ダイバーシティ]・ マネジメント	多様性が企業の売り上げや発展に貢献し、競争力の源泉となるという考えに基づくマネジメントアプローチ。[人材の多様性]が組織にさまざまな価値や利益をもたらすと考えられている
[サーバント]・ リーダーシップ	チームメンバーに奉仕をした上でチームメンバーを指導していく。部下を支え、チームに奉仕するためにリーダーが存在するという考えを重視した[支援]型または[奉仕]型のリーダーシップ
[シェアード]・ リーダーシップ	組織内の[複数]の人間、ときに[全員]がリーダーシップを取るという理論。従来のリーダーシップが[垂直型]の関係性であるのに対して、[水平型]の関係性となる

PM理論

- [三隅二不二]のPM理論のリーダーシップには、[P行動]の目標達成と[M行動]の集団維持の2つの機能があり、それぞれの頭文字を取って4つに類型化される
- 集団の生産性は[PM]型の場合に最も高く、[pm]型の場合に最も低くなる

・両機能とも高い[PM]型
・P機能が高くM機能が低い[Pm]型
・P機能が低くM機能が高い[pM]型
・両機能ともに低い[pm]型

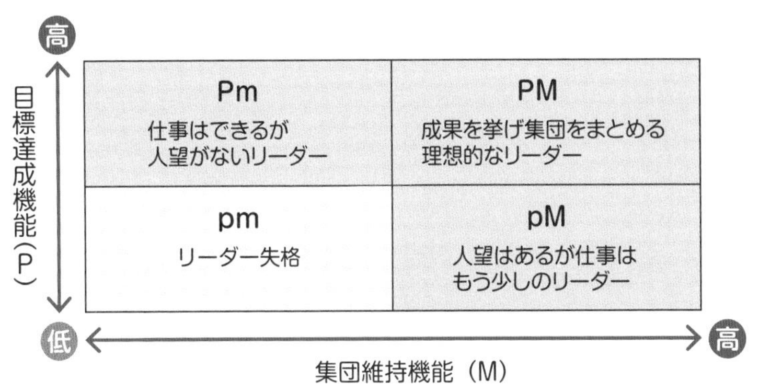

フィードラー理論

- [状況好意性](組織の状況がリーダーの行動に影響を与える程度)に応じて、有効なリーダーシップは異なるとする、[コンティンジェンシー]理論の1つである
- リーダーのスタイルを[任務(タスク)実行]志向と[人間関係]志向に分類した

状況好意性と有効なリーダーシップの関係

状況好意性	有効なリーダー
好意的(良い) リーダーが部下集団を強く統制できる	[タスク志向]型リーダーが有効
中程度(普通)	[人間関係志向]型リーダーが有効
非好意的(悪い) リーダーが部下集団の統制が非常に困難	[タスク志向]型リーダーが有効

15章 組織と経営

福祉サービスの管理・運営

福祉サービスのマネジメント

- 福祉サービス・サービスマネジメントにおいては、[価格]や[コスト]も含めて利用者にとっての[サービスの価値]を高めることが重要視されている

福祉サービスの特性

[無形性]	福祉サービスの多くはヒトの活動であり、[物質的実体]を有していないため、実際に使うまで品質はわからない
[生産]と[消費]の不可分性(同時性)	多くの福祉サービスは、生産と消費が[同時]に進行する
[消滅性]	サービスはモノと異なり、[在庫]しておくことができない
[異質性]	①提供者の異質性、②時期の異質性、③場所・環境の異質性、④利用者の異質性により、サービスの[品質管理]は困難

マーケティング

- マーケティングとは、企業が[顧客の支持]を得て拡大するために行う戦略的な取り組み

4つのP(マーケティングの要素)	[製品](Products)	商品(ハード)と、商品に伴ったサービス等(ソフト)を含めたもの
	[場所・販売チャンネル](Place)	商品やサービスの製造業者から最終消費者までの流通経路
	[販売促進活動](Promotion)	広告、販売促進、組織的な影響力などのこと
	[価格](Price)	需要、消費者行動、自社コストなどの様々な要因によって決定される値段

3つのP(サービスの品質を規定する要素)	[人材](People)	自社のビジネス環境において、協力会社までを含めた顧客にサービスを提供するすべての要員
	[物的環境要素](Physical evidence)	安全・安心の保証や証拠
	[サービス提供過程](Process of service assemble)	顧客にサービスを提供する様々な方法

組織のコンプライアンスとガバナンス

- [コンプライアンス](企業や組織の法令順守)を達成するには、[ガバナンス](企業統治)を徹底させることが重要であり、公益性の高い福祉サービス組織においてもその確立が求められる
- ディスクロージャーとは「企業内容開示」とも呼ばれ、法人や企業が投資家や取引先等に対して、経営内容に関する[情報公開]を行うことである

PDCAサイクル

- [Plan](計画)→[Do](実施)→[Check](確認)→[Action](処理)のプロセスを繰り返して[品質]の向上を図る管理システム

[Plan](計画)	目標と、それを達成するための計画を具体的に作成する
[Do](実施)	計画に沿って業務を実行する
[Check](確認)	実行した結果を確認し、目標と比較して評価を行う
[Action](処理)	計画通りに実行されないとき、改善のための処置を行う

- PDCAサイクルは、1950年代に[デミング]によって提唱されたため、[デミングサイクル]とも呼ばれる

ISO 9001

- [国際標準化機構](ISO)が1987年に発行した、品質マネジメントシステムについての要求事項を定めた国際規格
- ISO 9001の審査では、組織や社会のニーズを考慮した上で、マネジメントシステムの有効性審査、[プロセス]審査、[現場]審査などが行われる

リスクマネジメント

◆リスクマネジメントは一般的に[危機管理]といわれ、福祉サービス提供におけるリスクの[予防・軽減]と、リスク発生後の[対策]を適切に行い、組織運営を安定させることである

- 福祉サービスの[リスクマネジメント]は、積極的に利用者の満足度を高め、[よりよいサービス提供]を目指す観点で進めるべきである
- 事業の経営者は、日頃から職員の声に耳を傾けて課題等を明らかにしておき、現場の[創意工夫]を引き出しながら対応策を検討する

05 労働法規

労働安全衛生法

- 職場における労働者の[安全]と[健康]を確保し、快適な職場環境の形成を目的とする
- すべての業種で常時[50]人以上の労働者を使用する事業場においては、[衛生管理者]を選任しなければならない(常時[10]人以上[50]人未満の場合は、[安全衛生推進者]もしくは[衛生推進者]を選任)。また、[産業医]を選任しなければならない
- 事業者は、労働者に対し、[医師]、[保健師]、一定の研修を修了した[歯科医師]、[看護師]、[精神保健福祉士]または[公認心理師]による心理的な負担の程度を把握するための検査(ストレスチェック)を行わなければならない(労働者[50]人以上の事業場に実施義務)

労働契約法

- 労働契約法は、[労働契約]の基本的なルールを規定している

9条	使用者は、労働者と合意することなく、[就業規則]を変更することにより、労働者の不利益に労働契約の内容である労働条件を変更することはできない
12条	[就業規則]で定める基準に達しない労働条件を定める労働契約は、その部分については[無効]とする。無効となった部分は、[就業規則]で定める基準による

育児・介護休業法

- 育児・介護休業法は、育児や介護を行う労働者の[職業生活]と[家庭生活]との両立に寄与することを通じて、福祉の増進、経済及び社会の発展に資することを目的としている
- 介護休業は、負傷、疾病または身体上もしくは精神上の障害により、[2]週間以上の期間にわたり常時介護を必要とする(要介護)状態の家族を介護するためにする休業である
- 介護休業は、対象家族1人につき[93]日まで、[3]回を上限に分割して取得できる。2021年1月より、[時間単位]の取得が可能になった

◆「令和3年度雇用均等基本調査」(厚生労働省)によると、育児休業取得率は女性が[85.1]%、男性が[13.97]%で[男性]の取得率が増加傾向

人事労務管理

職場研修

- ◆OJT(On the Job Training):職場内で上司や先輩が具体的な[職務]を通して仕事に必要な知識・技術などの指導を行う
- OFF-JT(Off the Job Training):職務命令により、職場を[離れて]行う教育・研修の一形態で、[集合]研修と呼ばれる
- SDS(Self Development System):職場内外の主体的な活動を職務と認め、経済的・時間的な援助や施設などの提供を行う

人事考課

- [人事考課]とは、人事管理の適切な遂行のために、職員一人ひとりの人事情報を収集・整理することで、一定の基準に基づいて評価すること
- 評価基準に用いられる[コンピテンシー]とは、ある職務や役割において優れた業績を発揮する人に共通してみられる行動特性をいう
- ◆[ハロー効果]とは、部分的な特性に引きずられ、その人の全体の評価に影響することである
- [中心化傾向] とは、評価が平均的なところへ集中し、可もなく不可もない評価となることである
- [360度]評価(多面評価制度)は、上司だけでなく部下や同僚、関係のある他部門の担当者、取引先、顧客などにより、多方面から評価する制度である
- [成果主義]とは、業務のプロセスよりも[成果]によって評価し、給与や昇格に反映する仕組みで、生産性の[向上]を目指すものである
- ◆[目標管理]制度とは、組織の各部門や職員個人が[達成目標と方針]を具体的に設定し、その達成度を[自己評価]することによって動機づけを図る制度

高度プロフェッショナル制度

- [高度の専門的知識]等を有し、職務の範囲が明確で年収要件(1,075万円以上)を満たす労働者を対象として、一定の要件を満たす場合に、労働基準法に定められた[労働時間、休憩、休日および深夜の割増賃金]に関する規定を適用しない
- 対象となる業務は、金融商品の開発、ディーリング、アナリスト、コンサルタント、研究開発の業務

財務・会計

会計・財務管理

◆[財務会計]は組織外部に対して公表するもので、正規の簿記の原則に基づき作成される。[管理会計]は組織内部における管理を目的とし、通常、組織独自の会計ルールを用いる

- 会計上、[収益]から[費用]を差し引いたものを利益という

貸借対照表

- 会計期日の末日等一定時点における、法人や施設の[資産]や[負債]、[純資産]の金額を示したものである
- 固定資産の取得に要した支出を、その資産が使用できる期間にわたり、一定ルールでコストとして費用計上する手続きを[減価償却]という

減価償却資産	**時間**の経過とともに**価値**が[減っていく]もの (例)パソコン、建物、自動車など
非減価償却資産	**時間**が経っても**価値**が[減少しない]もの (例)骨董品、[土地]など

- 社会福祉法人が事業開始等に当たり財源として受け入れた寄附金の額は、貸借対照表の[基本金]に計上する
- 基本金は[借入金]の返済に充てることができる

事業活動計算書

- [会計年度]における事業活動の成果を明らかにしたものである
- 当該事業年度における社会福祉法人の、[1]年間の事業活動結果の[収益]と[費用]の状況を反映している

資金収支計算書

- [会計年度]における支払資金の収入及び支出の内容を明らかにしたものである

高齢者に対する支援と介護保険制度

【第37回試験以降】
高齢者福祉
保健医療と福祉

介護保険制度

介護保険法

- [2000]年施行の介護保険法により、医療保険制度が担っていた高齢者医療の一部が介護保険制度へ移行した
- 介護保険制度における保険者は、[市町村]及び[特別区（東京23区）]である
- 複数の市町村が集まって[広域連合]が保険者となることもできる
- 市町村及び特別区は、介護保険関係事務に関する収入及び支出について[特別会計]を設けなければならない
- 市町村及び特別区は、国が定める基本方針に即して、[3]年を1期とした介護保険事業計画を策定しなければならない
- [都道府県]は、介護保険の財政安定化に資する事業に必要な費用に充てるため、[財政安定化基金]を設ける
- 介護サービス事業者は、介護サービス情報を事業所または施設の所在地を管轄する[都道府県知事]に報告しなければならない。[都道府県知事]は報告の内容を[公表]しなければならない

介護保険給付費の財源構成と負担割合

<table>
<tr><th colspan="2" rowspan="2"></th><th colspan="3">公費50%</th><th rowspan="2">保険料50%</th></tr>
<tr><th>国</th><th>都道府県</th><th>市町村</th></tr>
<tr><td rowspan="2">給付費</td><td>居宅給付費</td><td>[25]%
調整交付金含む</td><td>[12.5]%</td><td rowspan="3">[12.5]%</td><td rowspan="3">第1号被保険者
23%
第2号被保険者
27%</td></tr>
<tr><td>施設等給付費</td><td>[20]%</td><td>[17.5]%</td></tr>
<tr><td rowspan="2">地域支援事業費</td><td>介護予防・日常生活支援総合事業</td><td>25%</td><td>12.5%</td></tr>
<tr><td>包括的支援事業・任意事業</td><td>38.5%</td><td>19.25%</td><td>19.25%</td><td>第1号被保険者
23%</td></tr>
</table>

※負担率は2023年の状況による

介護保険の被保険者

	第1号被保険者	第2号被保険者
対象者	[65]歳以上の者	◆[40]歳以上[65]歳未満の[医療]保険加入者
受給権者	[要支援状態]・ [要介護状態]の者	◆[特定疾病]による要支援状態・要介護状態の者

◆特定疾病(16種類)

・[がん](医師が一般に認められている医学的知見に基づき回復の見込みがない状態に至ったと判断したものに限る)
・関節リウマチ
・[筋萎縮性側索硬化症(ALS)]
・後縦靱帯骨化症
・骨折を伴う骨粗鬆症
・初老期における認知症(アルツハイマー病、脳血管性認知症など)
・進行性核上性麻痺、大脳皮質基底核変性症、パーキンソン病
・脊髄小脳変性症
・脊柱管狭窄症
・早老症(ウェルナー症候群)
・多系統萎縮症(シャイ・ドレーガー症候群など)
・糖尿病性神経障害、糖尿病性腎症、糖尿病性網膜症
・脳血管疾患(脳出血、脳梗塞)
・閉塞性動脈硬化症
・慢性閉塞性肺疾患(肺気腫、慢性気管支炎、気管支喘息など)
・両側の膝関節または股関節に著しい変形を伴う変形性関節症

保険料の徴収方法

	第1号被保険者	第2号被保険者
[特別]徴収	◆年額[18]万円以上の年金受給者は、年金から天引き徴収される ◆[老齢]年金、[退職]年金、[障害]年金、[遺族]年金が対象	・医療保険者が医療保険料に上乗せして徴収し、[社会保険診療報酬支払基金]に納付する ・[介護給付]交付金及び[地域支援事業支援]交付金として市町村に交付される
[普通]徴収	・特別徴収以外の対象者や無年金者等は、市町村が直接徴収 ・被保険者の[配偶者]及び[世帯主]に連帯納付義務がある	

16章 高齢者

費用負担

- 介護保険サービスを利用した場合、原則として費用の[9]割が保険から支払われ、利用者の自己負担は[1]割(ただし、一定以上の所得のある利用者は[2]割、[3]割負担(月限上限あり))
- 支給限度額を超えた部分は[自己負担]となる
- ◆ 居宅サービス及び施設サービスの[居住]費と[食]費については、利用者の全額負担である
- 自己負担額が1か月の合計で上限額を超えた場合は、超えた分が[高額介護(予防)サービス費]として支給される

要介護認定

- 要介護認定は、[介護認定審査会]の審査・判定に基づき、[市町村]及び[特別区](東京23区)が行う
- 介護認定審査会は、[市町村及び特別区]ごとに設置されるが、複数による共同設置も認められている
- [厚生労働大臣]は、[要介護状態区分]に応じて、居宅介護サービス費等区分支給限度基準額を定める
- 新規認定の有効期限は原則[6]か月で、更新の有効期限は原則[12]か月である(直前の要介護度と同じだった場合は48か月まで延長可能)
- 被保険者から新規の要介護認定の申請があったときは、[市町村及び特別区]は担当者を派遣し、[全国一律]の基準に基づいて[認定調査]を行う
- 被保険者は、[地域包括支援センター]や指定居宅介護支援事業者等に申請の代行を依頼することができる
- ◆ 要介護(要支援)認定や保険料その他徴収金について不服がある場合、被保険者は[都道府県]に設置されている[介護保険審査会]に審査請求ができる

介護報酬

- ◆ 介護サービスを提供した施設や事業者に支払われる介護報酬は、[厚生労働大臣]が社会保障審議会に諮問し、[3]年ごとに改定される
- 1単位の単価は[10]円を基本とし、サービスの種類や地域ごとの割合を乗じて算定されている
- 市町村及び特別区は、介護報酬の審査や支払いの事務を[国民健康保険団体連合会]に委託することができる

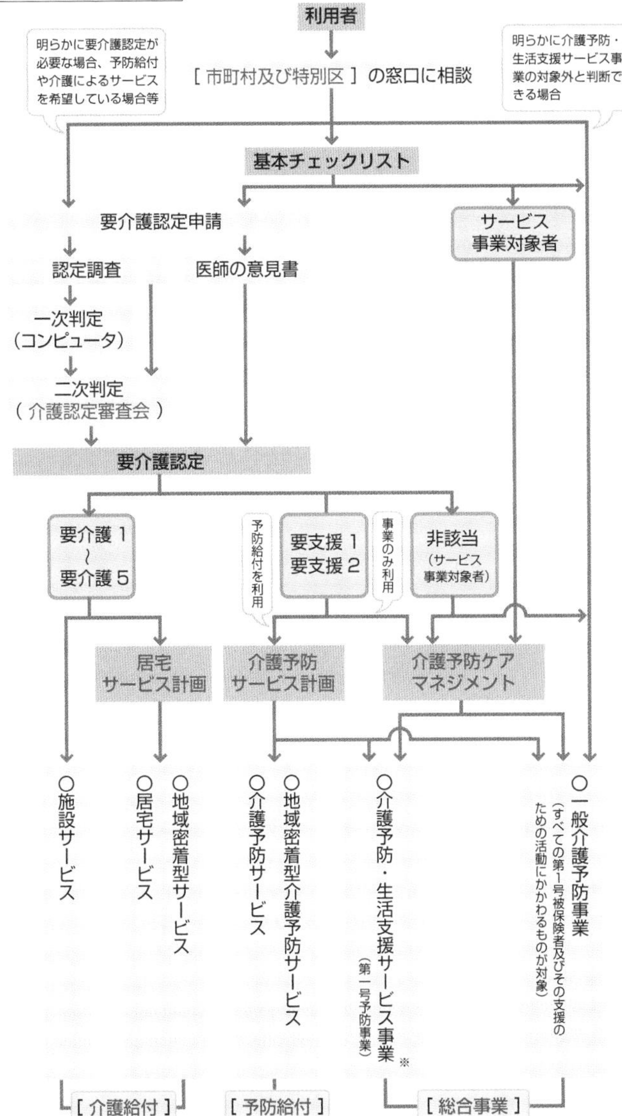

※2021（令和 3）年より、①従前から第一号予防事業を受けている、②市町村長が認める場合に、要介護者も利用できる

介護保険で利用できるサービス

介護保険サービスの種類

介護給付	・要介護[1～5]の認定を受けた者が受ける給付 ・居宅において訪問介護や通所介護等を利用する[居宅サービス]、介護老人福祉施設(特別養護老人ホーム)等へ入所する[施設サービス]、小規模多機能型居宅介護等の[地域密着型サービス]、居宅介護支援(ケアマネジメント)等のその他の在宅サービスからなる
予防給付	・要支援[1～2]の認定を受けた者が受ける給付 ・介護予防サービス、地域密着型介護予防サービス、介護予防支援(介護予防ケアマネジメント)等のその他の在宅サービスからなる ・2014(平成26)年の介護保険法改正より、要支援者に対する介護予防訪問介護、介護予防通所介護については、地域支援事業の[介護予防・生活支援サービス事業]における[訪問型サービス]、[通所型サービス]に移行

居宅サービス

- 居宅サービスには、訪問サービス、通所サービス、短期入所サービス、福祉用具貸与、特定福祉用具販売などがある
- 指定居宅サービス事業者とは、[都道府県知事]から指定を受けて居宅サービスを行う者であり、[6]年ごとに指定の更新を受ける必要がある
- 都道府県知事は、①事業者を[指定]したとき、②事業者から事業の[廃止]の届出があったとき、③指定の[取消]・効力の[停止]をしたときには、事業者の名称、所在地等を公示しなければならない

介護保険法による居宅サービス

訪問	**訪問介護**	訪問介護員等が利用者宅を訪問し、[身体介護](食事や排泄、入浴などの援助)や[生活援助](家事など)を行う
	訪問入浴介護	[介護]職員等が、利用者宅を訪問し、専用の浴槽等を提供して入浴の介助を行う
	訪問看護	[看護]職員が利用者宅を訪問し、医師の指導の下、療養上の世話や必要な診療の補助を行う
	訪問リハビリテーション	理学療法士等が利用者宅を訪問し、医師の指導の下、機能回復等に必要なリハビリテーションを行う
	居宅療養管理指導	[医師]や歯科医師、薬剤師、管理栄養士、歯科衛生士が利用者宅を訪問し、療養上の管理・指導を行う

通所	通所介護(デイサービス)	利用者が施設やデイサービスセンターに通所して、介護(食事、排泄、入浴など)や[機能訓練]等を受ける
	通所リハビリテーション	利用者が、介護老人保健施設、[介護医療院]、病院等に通所して、医師の指示の下、必要なリハビリテーションを受ける
短期入所	短期入所生活介護(ショートステイ)	利用者が、介護老人福祉施設等に短期間入所して、介護(食事、排泄、入浴など)や[機能訓練]等を受ける
	短期入所療養介護	利用者が、介護老人保健施設、[介護医療院]、介護療養型医療施設等に短期間入所して、[医学的管理]に基づく介護や機能訓練等を受ける
その他	特定施設入居者生活介護	利用者が、特定施設(有料老人ホーム 、養護老人ホーム 、軽費老人ホーム)に入所し、特定施設サービス計画に基づく介護(食事、入浴、排泄等)や日常生活上の世話、機能訓練等を受ける

福祉用具貸与・特定福祉用具販売

	介護給付	
		予防給付
貸与品目	車いす、車いす付属品、特殊寝台、特殊寝台付属品、床ずれ防止用具、体位変換器、認知症老人徘徊感知機器、自動排泄処理装置、移動用リフト(つり具部分を除く)	手すり、スロープ、歩行器、歩行補助つえ、自動排泄処理装置
販売品目	入浴補助用具、簡易浴槽、腰掛便座(ポータブルトイレ)、移動用リフトのつり具部分、自動排泄処理装置の交換可能部分、簡単浴槽、排泄予測支援機器	

施設サービス

介護老人福祉施設	・特別養護老人ホームのうち、入所定員が[30]人以上で、在宅での生活が困難な要介護高齢者が施設サービス計画に基づき生活全般の介助や[機能訓練]を受ける施設であり、当該高齢者にとって[生活の場]である ・[常時介護]が必要な者を入所させ、日常生活の介護や健康管理を行う ・[ユニットケア]とは、少人数の利用者と固定された介護職員による家庭に近い生活環境の実現を目指すものである ・対象者は、原則[要介護3]以上 〈ユニット型介護老人福祉施設〉 ・居室定員は原則[1]人で、サービスの提供上必要と認められる場合には2人とすることができる ・1ユニットの入居定員は、おおむね[10]人以下としなければならない ・洗面設備やトイレは、[居室]ごとに設けるか、[共同生活室]ごとに適当数設ける

介護老人保健施設	・[家庭]への生活復帰を目指す要介護者を入所させて、介護や機能訓練などを行う ・地方公共団体、医療法人、社会福祉法人等が開設でき、開設の際に[都道府県知事]より開設許可を受ける([6]年ごとに更新) ・[医師]、[看護師]、[介護支援専門員(ケアマネジャー)]が配置される
介護医療院	・2018年4月より制度化された、長期的に療養が必要な要介護者に対し、[医療]と[介護](日常生活上の世話)を[一体的]に提供する施設 ・介護保険法では[介護保険施設]、医療法では[医療提供施設]に位置づけられる ・従来からある[介護療養型医療施設]は、2024年3月をもって廃止される

地域密着型サービス

- 地域密着型サービスは、[市町村及び特別区]が指定・監督を行う
- 利用者は原則として、事業所が所在する[市町村及び特別区]の住民である

地域密着型サービスの内容

小規模多機能型居宅介護	1つの事業所内で、[通い]を中心に[訪問]や[泊まり]を組み合わせて提供することで、[在宅]での生活を支援するサービス。入浴・排泄・食事等の介護や日常生活上の世話、機能訓練を提供する
認知症対応型通所介護	認知症の要介護者等が[グループホーム]や老人デイサービスセンター等の施設に通い、入浴・食事等の介護及び機能訓練を受ける
認知症対応型共同生活介護(グループホーム)	[認知症]の要介護者等をグループホーム等の[家庭的]な環境の中で支援する
夜間対応型訪問介護	[ケアコール端末]を持つ要介護者に対して、夜間に定期的な巡回訪問や随時訪問等を行う
地域密着型特定施設入居者生活介護	[有料老人ホーム]や[ケアハウス]等、入所定員29人以下の特定施設で、介護その他の日常生活の世話、機能訓練、療養上の世話を行う
地域密着型介護老人福祉施設入所者生活介護	介護その他日常生活上の世話、機能訓練、療養上の世話を、入所定員29人以下の[特別養護老人ホーム]等地域密着型施設で行う
定期巡回・随時対応型訪問介護看護	[訪問介護]と[訪問看護]を組み合わせ、または密接に連携しながら、日中・夜間を通じて定期巡回訪問と随時の対応を行う
看護小規模多機能型居宅介護	[訪問看護]と[小規模多機能型居宅介護]を組み合わせて、一体的に提供することにより、医療ニーズの高い要介護者への支援の充実を図る

地域密着型 通所介護	定員18人以下の[小規模]な通所介護であり、少人数で生活圏域に密着したサービスを提供する

介護予防支援／居宅介護支援(ケアマネジメント)

- 介護予防支援は、[居宅要支援者]([要支援1～2]の認定を受けた人)が利用する介護予防サービスや、介護予防・生活支援サービス事業の種類や内容などを定めた[介護予防サービス計画]を作成し、介護予防サービス事業者等との連絡調整を行う[予防給付]である
- 介護予防支援の実施機関は[地域包括支援センター]だが、介護予防サービス計画の作成は、地域包括支援センター職員のほか、委託を受けた[指定居宅介護支援事務所]の[介護支援専門員(ケアマネジャー)]も行える
- 居宅要支援者が予防給付を受けず、介護予防・生活支援サービス事業のみを利用する場合は、[第1号介護予防支援事業]の対象となる
- 居宅介護支援とは、[居宅要介護者]([要介護1～5]の認定を受けた人)のための多様なサービスを利用者個人に合わせてコーディネートすることである
- 居宅介護支援の実施機関は[居宅介護支援事業者]で、要介護認定後に介護支援専門員が要介護者に対して[ケアプラン](居宅サービス計画)を作成する
- 居宅介護支援事業者の指定は、[市町村及び特別区]が行う
- 介護支援専門員は、居宅サービスにかかわる担当者や利用者家族等を集め、情報共有や専門的見地から意見を求める場として、[サービス担当者会議]を開催する
- やむを得ない理由がある場合は、サービス担当者会議によらず、担当者による[照会]等により、意見を求めることもできる
- 居宅サービス計画の作成に当たっては、利用者の日常生活全般を支援する観点から、介護給付等対象サービス以外の[保健医療]サービスまたは[福祉]サービス、[地域住民]の自発的な活動によるサービス等の利用も含めて居宅サービス計画上に位置づけるよう努めなければならない

介護予防サービス計画・居宅サービス計画作成のポイント

・介護給付等対象サービス以外の[保健医療]・[福祉]サービス、[地域住民]の自発的な活動によるサービス等の利用も含めて位置づける
・計画の原案について[利用者]・家族に説明し、[文書]による同意を得る
・サービス実施状況の把握(モニタリング)に当たって、[1か月に1回]は利用者宅を訪問して面接を行う

地域支援事業

介護予防・日常生活支援総合事業

目的

[市町村及び特別区]が中心となり、地域の実情に応じて住民等の[多様な主体]が参画し、多様なサービスを充実することで高齢者が要介護状態になることを[予防]するとともに、仮に要介護状態になっても可能な限り地域で[自立した]日常生活を営むことができるよう支援していく

介護予防・日常生活支援総合事業（統合事業）の内容

	事業	内容	対象者
介護予防・生活支援サービス事業※	訪問型サービス	居宅要支援者の介護予防を目的として、その[居宅等]において日常生活上の支援を行う	・[要支援認定]を受けた者 ・[基本チェックリスト]該当者 ・市町村及び特別区が認めた居宅要介護被保険者
	通所型サービス	居宅要支援者の介護予防を目的として、[施設]等に通所し、日常生活上の支援や機能訓練を行う	
	生活支援サービス	安否確認、食事の提供、外出支援、買い物、調理などの生活支援サービスを行う	
	介護予防ケアマネジメント（第1号介護予防支援事業）	総合事業のサービスを適切に提供できるよう、介護予防・生活支援サービス事業のケアマネジメントを行う	
一般介護予防事業	介護予防把握事業	収集した情報等の活用により、閉じこもり等、何らかの支援を要する者を把握し、介護予防活動につなげる	[第1号被保険者]のすべての者及びその支援のための活動にかかわる者
	介護予防普及啓発事業	介護予防活動の普及・啓発を行う	
	地域介護予防活動支援事業	地域住民主体の介護予防活動の育成・支援を行う	
	一般介護予防事業評価事業	[介護保険事業計画]に定める目標値の達成状況等を検証し、一般介護予防事業の評価をする	
	地域リハビリテーション活動支援事業	住民主体の通いの場などでのリハビリテーション専門職等による助言等を実施する	

※従来の予防給付に該当するものや、住民主体のもの、短期集中的に行うものなどがある

総合事業の利用の流れ

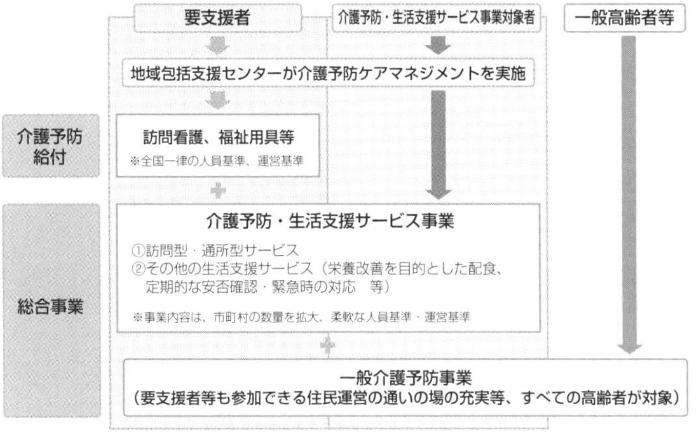

包括的支援事業

- 包括的支援事業として、[地域包括支援センター]は以下の事業を実施する

総合相談支援業務	相談を受け、高齢者の心身の状況や家族の状況等についての実態把握や地域における[ネットワーク]の構築など、総合的な支援を行う
権利擁護業務	高齢者などの権利擁護を図るための事業や[虐待]防止、早期発見に関する事業等を行う
包括的・継続的ケアマネジメント支援業務	介護支援専門員への日常的個別指導や相談、支援困難事例等への指導・助言、地域での介護支援専門員のネットワーク構築などが行われている

- [市町村及び特別区]は以下の業務の一部または全部を、適当と認められる地域包括支援センター以外の者に[委託]することができる

・在宅医療・介護連携推進事業
・認知症総合支援事業
（[認知症初期集中支援]事業、[認知症地域支援・ケア向上]事業、[認知症サポーター活動促進・地域づくり推進]事業）
◆生活支援体制整備事業（[生活支援コーディネーター]の配置、[協議体]の設置、（任意で）[就労的活動支援コーディネーター]の配置）
・地域ケア会議推進事業

- 認知症初期集中支援チームは、複数の[専門職](医師、保健師、看護師、作業療法士、精神保健福祉士、社会福祉士、介護福祉士等)で構成され、認知症が疑われる人や認知症の人及びその家族を訪問し、アセスメント、家族支援等の[初期]の支援を包括的・集中的(おおむね最長[6]か月)に行うチームである
- 認知症地域支援推進員とは、認知症地域支援・ケア向上事業において規定された医療機関や介護サービス、地域の支援機関の間の[連携]支援や、認知症の人やその[家族]を対象とした[相談]業務などを行う者である

地域包括支援センター

- [地域住民]の心身の健康の保持及び生活の安定のために必要な援助を行うことにより、その[保健医療]の向上及び[福祉の増進]を包括的に支援することを目的とする
- ◆[市町村]は地域包括支援センターを設置することができる
- ◆設置に係る担当圏域は、市町村及び特別区の[人口規模]、業務量、[財源]、[人材確保]等の状況を踏まえ設定される
- 地域包括支援センターの運営財源は、[公費]と[保険料]により賄われている
- ◆[保健師]、[社会福祉士]、[主任介護支援専門員]が必置であり、人員配置基準は担当区域における第1号被保険者数に応じて決められている

地域包括支援センター運営協議会

- 原則、[市町村及び特別区]ごとに1つ設置され、[地域包括支援センター]の設置・運営・評価等について審議し、公正・中立的な運営を図る
- 介護サービス事業者、医師、看護師、[介護支援専門員]等の職能団体、介護保険の[被保険者](利用者)、学識経験者などが構成員となる

地域ケア会議

- 地域ケア会議は、高齢者個人に対する支援の充実と、それを支える社会基盤の整備を同時に進めていく、[地域包括ケアシステム]の実現に向けた手法である
- [市町村及び特別区]には、地域ケア会議の設置の努力義務が規定されている
- [地域包括支援センター]と連携して市町村レベルで、他職種協働による地域のネットワークを構築することが求められている
- [個別ケース]の課題分析等を積み重ね、地域に共通した課題を明確化、その解決に必要な資源開発、政策形成へつなげる

老人福祉法

- 老人福祉法は、[1963]年に制定され、事業やサービス、老人福祉施設、市町村の業務、都道府県の業務、老人福祉計画などについて規定している

基本的理念

- ・老人は[多年にわたり]社会の進展に寄与してきたものとして、かつ、豊富な知識と経験を有する者として[敬愛]されるとともに、生きがいを持てる[健全で安らかな]生活を保障されるものとする
- ・老人は老齢に伴って生ずる心身の変化を自覚して、常に心身の健康を保持し、または、その知識と経験を活用して、[社会的活動]に参加するよう努めるものとする
- ・老人は、その[希望]と[能力]に応じ、適当な仕事に従事する機会、その他[社会的活動]に参加する機会を与えられるものとする

16章

高齢者

老人福祉法における都道府県・市町村の役割

種別	概要
都道府県	・市町村相互間の連絡調整、市町村への情報提供その他必要な援助を行い、広域的な見地から実情の把握に努めなければならない ・[老人福祉施設]を設置することができる
市町村	・老人の福祉に関し、必要な実情の把握に努め、情報提供、相談、調査、指導、並びにこれらに付随する業務を行わなければならない ・必要に応じて、居宅にて養護を受けることが困難な者を[養護老人ホーム]や[特別養護老人ホーム]に入所させる等の措置をとらなければならない

主な老人福祉施設

種別	概要
◆養護老人ホーム	原則[65]歳以上で、環境的・[経済的]な理由で、居宅で養護を受けることが困難な者を入所(措置入所)させる施設
特別養護老人ホーム	原則[65]歳以上で、[常時]の介護を必要とし、かつ居宅においてこれを受けることが困難な高齢者を入所(措置入所)させ、養護する施設(契約入所もある)
◆軽費老人ホーム	原則[60]歳以上で、[無料]または[低額]な料金で入所させ、食事の提供その他日常生活上必要な便宜を供与する

高齢者にかかわる法律

高齢者虐待防止法（高齢者虐待の防止、高齢者の養護者に対する支援等に関する法律）

- 虐待防止に関する国等の責務、虐待を受けた［ 高齢者 ］の保護、［ 養護者 ］に対する支援等を定めている

高齢者虐待防止法の主な規定

11条	［ 市町村長 ］は、虐待により高齢者の生命または身体に重大な危険が生じているおそれがあると認めるときは、［ 地域包括支援センター ］の職員等に［ 立入調査 ］をさせることができる
13条	虐待を受けた高齢者について養介護施設への入所措置がとられた場合、［ 市町村長 ］または［ 施設の長 ］は、虐待を行った養護者との［ 面会 ］を制限することができる
15条	［ 市町村 ］は、養護者による虐待防止や、虐待を受けた高齢者の保護及び養護者への支援に［ 専門的 ］に従事する職員を確保するよう努めなければならない
17条	［ 市町村 ］は、虐待防止のために行う高齢者や養護者に対する相談、指導、助言等を高齢者虐待対応協力者のうち適当と認められる者に［ 委託 ］することができる
21条	養介護施設従事者等は、高齢者虐待に係る通報をしたことを理由として、［ 解雇 ］その他不利益な取扱いを受けない
25条	［ 都道府県知事 ］は、毎年度、養介護施設従事者等による虐待の状況や、その時にとった措置等について［ 公表 ］しなければならない

高齢者住まい法（高齢者の居住の安定確保に関する法律）

- 高齢者の居住の安定確保と福祉の増進を目的に、高齢者が必要な福祉サービスを受けられる居住環境を備えた賃貸住宅等の［ 登録制度 ］や、高齢者が安定的に居住できる賃貸住宅について［ 終身建物賃貸借制度 ］を設ける等の措置を規定している
- サービス付き高齢者向け住宅事業とは、高齢者向けの賃貸住宅または有料老人ホームで、専用部分に高齢者を入居させ、福祉サービスを提供する事業であり、事業者は建築物ごとに［ 都道府県知事 ］の［ 登録 ］を受けることができる（更新は［ 5 ］年ごと）
- サービス付き高齢者向け住宅の必須のサービスは［ 状況把握 ］と［ 生活相談 ］だが、［ 食事 ］、［ 介護 ］、［ 生活支援 ］などのサービス提供はそれぞれの住宅によって異なる
- サービス付き高齢者向け住宅の登録を受けた場合、老人福祉法に規定する

[有料老人ホームに係る届出義務]は適用除外となる

バリアフリー法（高齢者、障害者等の移動等の円滑化の促進に関する法律）

- 高齢者、障害者等の[移動]上及び施設の利用上の[利便性]及び[安全性]の向上の促進を図り、公共の福祉の増進に資することを目的とする
- 国や都道府県、市町村、国民などのそれぞれの果たす[役割]、[責務]が明記されている
- 身体障害者だけでなく、知的障害者や精神障害者、高齢者、妊産婦など、日常生活に[制限]を受ける人々が対象
- 公共用通路の出入口は、移動等円滑化基準において[90cm]以上としなければならない
- 公共交通事業者等はその[職員]に対し、移動等円滑化を図るために必要な[教育訓練]を行うよう努めなければならない

高年齢者雇用安定法（高年齢者等の雇用の安定等に関する法律）

- 事業主が雇用する労働者の定年を定める場合には、原則として[60]歳を下回ることができない
- 事業主が[65]歳未満の定年を定めている場合は、[定年の引上げ]、[継続雇用制度]の導入、[定年制]の廃止のいずれか1つを選んで実施することが義務づけられている
- [シルバー人材センター]は、就業を希望する高年齢退職者に対し、臨時的かつ短期的な就業またはその他の軽易な業務に係る就業の機会を確保し、組織的な[提供] や[紹介]等を行う

高齢者医療確保法（高齢者の医療の確保に関する法律）

- 2008年に[老人保健法]を改称・改正し、以下を目的に施行された

> [医療費の適正化を図るための計画]の作成、保険者による[健康診査]、前期高齢者に係る保険者間の[費用負担]の調整、[後期高齢者医療制度]を設け、国民保険の向上及び高齢者の福祉の増進を図る

- 保険者は[40]～[74]歳の被保険者・被扶養者に対し、[特定健康診査]及び特定保健指導を行うことを規定している

06 介護の基本

介護の技法

- 着脱の介助では、片側に麻痺のある人の場合、麻痺のない[健側]から脱がせ、麻痺のある[患側]から着せる(脱健着患)ことが原則である
- ◆片麻痺の人のベッドから車いすへの移乗を介助する際は、車いすを[健側]に置いて行う(健側接近)ことが原則である
- 平地での杖を使用した3点歩行では、[杖]→[患側の足]→[健側の足]の順に動かすよう助言する
- 片麻痺の人が、杖歩行(三動作歩行)にて階段を上るときは、杖→[健側]の足→[患側]の足となる
- 片麻痺の人の食事の介助は、[健側]から行うことが適切である

住環境への配慮

- 適切な湿度はおおよそ[55～65]%(冬季)、[45～65]%(夏季)程度といわれている
- 居室の温度は、夏季には[25～28]℃、冬季には[18～22]℃が望ましい
- 冬季においては、浴室と脱衣所など、[温度差]によって生じる[ヒートショック]に注意する必要がある
- 居室、ドアなどの色彩はコントラストをはっきりさせた配色にし、[段差]や[境界]をわかりやすくするのが望ましい
- ドアは、開き戸や握りノブより[引き戸]や[レバーハンドル]を使用した方が開閉しやすい

褥瘡

- 褥瘡は、長時間にわたって[同一姿勢]をとっている人に生じやすい症状

褥瘡のできやすい部位
・[骨の突出]した部分
・[側臥位](横向き)の状態を長時間続けた場合、[肩関節部]や腰に当たる[大転子部]などに生じやすい
・[仰臥位](仰向け)の状態を長時間続けた場合、後頭部や肩関節部、[脊柱部]・[仙骨部]、踵骨部などに生じやすい

終末期ケア

- 医学的な対応では回復の見込みがない状態で、死期の近づいた状態の人に対して行うケアを[終末期ケア](ターミナルケア)という
- [リビングウィル]は、人生の最終段階(終末期)を迎えたときの医療の選択について、患者自らが事前(生前)に意思表示しておくこと(生前指示)である。「事前指示書」や「生前遺言書」とも訳される
- [アドバンス・ケア・プランニング](ACP)とは、終末期を含めた今後の治療・療養について患者・家族と医療従事者が[あらかじめ]話し合う自発的なプロセスのことである

身体的拘束の禁止

- 「入所者(利用者)等の生命又は身体を保護するため、[緊急やむを得ない]場合を除き、[身体的拘束]その他入所者(利用者)の行動を制限する行為を行ってはならない」とされている

身体拘束が「やむを得ない」場合
・[切迫性]:利用者本人または他の利用者等の生命または身体が危険にさらされる可能性が著しく高い
・[非代替性]:身体拘束などの行動制限を行う以外に代替する介護方法がない
・[一時性]:身体拘束その他の行動制限が一時的なものである

07 認知症対応

- 認知症ケアでの注意点として、個々の行動や状況に合わせて[尊厳]を保った援助、記憶障害の状況を踏まえたコミュニケーションなどがある
- 認知症の人の[自尊心]を傷つけないよう留意し、説得するのではなく本人が[納得]できるように根気強く説明していく
- [パーソンセンタードケア]とは、認知症の人の視点に立って、その人の価値観を大切にしながら、本人が「自分は大切な存在である」と感じられる環境を整えるケアのこと
- 代表的な認知症ケアの1つに、過去の思い出に働きかけ、心理的安定や意欲向上などを図る[回想法]がある
- 認知症の人の意思決定にかかわる人を[意思決定支援者]という
- 「認知症の人の日常生活・社会生活における意思決定支援ガイドライン」では、意思決定支援者として、ケアを提供する専門職種や行政職員等、[家族]、[成年後見人]、地域近隣において見守り活動を行う人、本人と接し本人をよく知る人などを想定している
- 意思決定支援にあたっては、本人の意思を踏まえて、身近な信頼できる家族・親族、福祉・医療・地域近隣の関係者と成年後見人等が[意思決定支援チーム]となって日常的に見守り、チームのメンバーを中心として開かれる[意思決定支援会議]で話し合う

ケアを提供する専門職種や行政職員の例

・医師　・歯科医師　・薬剤師　・看護師
・保健師　・ケアマネジャー　・認知症地域支援推進員
・相談支援専門員　・生活保護ケースワーカー　・社会福祉士
・精神保健福祉士　・民生委員　・医療機関　・訪問看護ステーション
・包括支援センター　・認知症初期集中支援チーム　・認知症疾患医療センター
・介護サービス事業所　・障害福祉サービス事業所　・市町村などの職員

※第1章-07「認知症の種類と特徴」も参照してください

児童や家庭に対する支援と児童・家庭福祉制度

【第37回試験以降】
児童・家庭福祉

児童・家庭福祉制度の歴史

1947(昭和22)	[児童福祉法]:児童福祉施設、児童相談所、児童福祉司などを規定
1961(昭和36)	[児童扶養手当法]:母子家庭に対する生活の安定と自立促進
1964(昭和39)	[母子福祉法]:母子家庭及び寡婦の生活の安定と向上
1965(昭和40)	[母子保健法]:母性並びに乳児及び幼児の健康の保持及び増進
1971(昭和46)	[児童手当法]:生活の安定と、児童の健全な育成及び資質の向上
1981(昭和56)	[母子及び寡婦福祉法]:母子福祉法の改正で寡婦も対象に
1994(平成6)	[エンゼルプラン]:1.57ショックを機に、子育て支援社会構築政策を策定
1999(平成11)	[新エンゼルプラン]:少子化対策推進基本方針に基づき、保育サービスや相談・支援体制、母子保健医療体制の整備の推進
2000(平成12)	[児童虐待の防止等に関する法律]:虐待の定義、行政の責任、早期の発見・安全確認等を規定
2001(平成13)	配偶者からの暴力の防止及び被害者の保護に関する法律
2003(平成15)	次世代育成支援対策推進法/少子化対策基本法
2004(平成16)	[子ども・子育て応援プラン]
2010(平成22)	[子ども・子育てビジョン]
2012(平成24)	[子ども・子育て支援法]:子ども・子育て支援給付
2013(平成25)	[子どもの貧困対策の推進に関する法律]
	[いじめ防止対策推進法]
	配偶者からの暴力の防止及び被害者の保護等に関する法律
2014(平成26)	母子及び父子並びに寡婦福祉法:母子及び寡婦福祉法を改正・改称
2015(平成27)	少子化社会対策大綱~結婚、妊娠、子ども・子育てに温かい社会の実現をめざして~:従来の少子化対策に結婚の支援も追加
	[子ども・子育て支援新制度]:子ども・子育て関連三法に基づく制度
2017(平成29)	子育て安心プラン
2018(平成30)	人づくり革命 基本構想:幼児教育・高等教育の[無償化]
2020(令和2)	新子育て安心プラン
2021(令和3)	医療的ケア児及びその家族に対する支援に関する法律
2022(令和4)	[こども基本法][こども家庭庁設置法]

02 子どもの権利

児童の権利保障

児童の主な権利

[受動的] 権利	・児童に関するすべての措置をとるに当たっては、児童の[最善の利益]が主として考慮されるものとする ・児童は出生後直ちに登録され、[名前・国籍]を得る権利を有する ・[父母]を知る権利や[父母に養育される]権利を有する ・父母の意思に反して児童を父母から[分離]してはならない
[能動的] 権利	・児童は自分に影響するすべてのことについて自由に[意見を表明する]権利を有する ・児童は[思想・良心・宗教]の自由についての権利を有する

20世紀以降の児童福祉

1909年	・第1回[ホワイトハウス]会議がアメリカで開催 ・「児童は緊急やむを得ない理由がない限り、[家庭生活]から引き離されてはならない」という声明が発表された
1924年	・「 児童の権利に関するジュネーブ宣言 」が国際連盟で採択 ・子どもの権利に関する[最初の国際的]宣言 ・「すべての国の男女は、人類が児童に対して最善のものを与える義務を負う」とした
1951年	・「 児童憲章 」が日本で制定 ・我が国初の子どもの権利に関する宣言であり、道義的規範として制定された
1959年	・「 児童の権利に関する宣言 」(児童権利宣言)が国連総会で採択 ・子どもが表現・思想・良心・宗教・結社・集会の自由の権利を有すると明記された
1989年	・「 児童の権利に関する条約 」が国連総会で採択 ・日本では「 子どもの権利条約 」とも称される
1994年	「児童の権利に関する条約」を[日本]が批准
2000年	児童虐待の防止等に関する法律(児童虐待防止法)の制定
2013年	ハーグ条約(1980年採択)が日本で承認(翌年批准)

児童福祉法

児童の定義

- 児童福祉法の対象は満[18]歳に満たない児童だけでなく、[妊産婦]や[児童の保護者]も含まれる

[乳児]:満1歳に満たない者
[幼児]:満1歳から小学校就学の始期に達するまでの者
[少年]:小学校就学の始期から、満18歳に達するまでの者

近年の主な改正ポイント

1997(平成9)年

- 保育所への入所方式を[措置制度]から[選択利用制度]に変更し、情報提供の義務または努力義務を[市町村]及び[保育所]に課した
- 第2種社会福祉事業として[児童家庭支援センター]及び[児童自立生活援助事業]を創設した

2001(平成13)年

- [保育士]資格を法定化し、名称独占を認めた

2004(平成16)年

- 専門性を要する事例の扱いなどは[児童相談所]、相談の受付や一般的な事例の扱いは[市町村]というように役割が明確化された
- 地方公共団体は[要保護児童対策地域協議会]を設置できるようになった
- ケアの連続性確保のために乳児院に[幼児]を、児童養護施設に[乳児]を入所させることができるとした
- 家庭裁判所の承認を得て都道府県が行う児童福祉施設への入所措置の期限が[2]年と定められた

2008(平成20)年

- [児童家庭支援センター]について、児童福祉施設への附置要件が廃止。一定の要件を満たすNPO法人や医療機関等も運営できることとなった

2012(平成24)年

- [障害児通所支援]が新設され、通所サービスの実施主体が都道府県から[市町村]へ移行された(入所施設の実施主体は引き続き[都道府県])

2016(平成28)年

- さらなる[児童虐待]対策(予防、発生時の迅速・的確な対応、被虐待児の自立支援)のための体制強化([特別区]で児童相談所を設置)

2017(平成29)年

- 高齢者と障害児者が同一の事業所でのサービスを受けやすくするため、介護保険と障害者福祉の制度に[共生型]サービスを位置づける
- 児童相談所長等が行う[一時保護]について、親権者等の意に反して[2]か月を超えて行う場合には、[家庭裁判所]の承認を得なければならない

2019(平成31／令和元)年

- [特別養子縁組]制度の利用促進(民法等を改正、[児童相談所長]が特別養子適格の確認の審判の手続きに参加できる制度)
- 児童虐待防止対策強化のため、児童の[権利擁護]、児童相談所の体制強化及び関係機関間の連携強化

2022(令和4)年

- 市区町村が[こども家庭センター]を設置(努力義務)し、子どもや妊産婦等への支援計画(サポートプラン)を作成
- 訪問支援、居場所づくり支援、親子関係の形成支援等の家庭支援事業を新設
- 児童発達支援センターが地域の障害児支援の中核的役割を担うことの明確化や、[児童発達支援]の類型(福祉型、医療型)の一元化
- 一時保護所及び児童相談所による児童への処遇や支援、困難を抱える妊産婦等への支援の質の向上(親子再統合事業の実施、[里親支援センター]を児童福祉施設へ位置づけ)
- [児童自立生活援助]の年齢による一律の利用制限を弾力化。社会的養育経験者等を支援する拠点設置事業の創設
- 障害児入所施設の入所継続を22歳まで可能とする
- 児童の意見聴取等の仕組みの整備
- 一時保護開始時の判断に関する司法審査の導入
- 子ども家庭福祉の実務者の専門性の向上
- 児童をわいせつ行為から守る環境整備

児童福祉施設

- [都道府県]は、児童福祉施設を設置しなければならない

児童福祉法による主な福祉施設

施設		対象及び目的
◆[乳児院]		乳児を[入院]させ、これを[養育]し、併せて退院した者について相談その他の援助を行う
◆[母子生活支援]施設		[配偶者]のいない女子またはこれに準ずる事情にある女子及びその者の[監護]すべき児童を入所させて、保護するとともに、自立の促進のためにその生活を支援し、併せて退所した者について相談その他の援助を行う
[保育所]		保育を必要とするその乳児または幼児を保育する
◆[児童養護]施設		[保護者のない]児童、[虐待]されている児童その他環境上養護を必要とする児童を入所させて、これを養護し、併せて退所した者に対する相談その他の自立のための援助を行う
[障害児入所]施設	福祉型	[障害児]を[入所]させて、保護、日常生活の指導及び独立自活に必要な知識技能の付与を行う
	医療型	[障害児]を[入所]させて、保護、日常生活の指導及び独立自活に必要な知識技能の付与及び[治療]を行う
◆[児童発達支援]センター ※2024年度より、福祉型と医療型の類型を一元化	福祉型	[障害児]を日々保護者のもとから[通わせて]、日常生活における基本的動作の指導、独立自活に必要な知識技能の付与または集団生活への適応のための訓練を行う
	医療型	[障害児]を日々保護者のもとから[通わせて]、日常生活における基本的動作の指導、独立自活に必要な知識技能の付与または集団生活への適応のための訓練及び[治療]を行う
[児童心理治療]施設		社会生活への適応が困難となった児童を、[短期間入所]させ、または保護者の下から通わせて、心理に関する[治療]及び[生活指導]を主として行い、併せて退所した者について相談その他の援助を行う

◆ 児童福祉施設への入所等の措置を行う者

[児童相談所長]	乳児院、児童養護施設、障害児入所施設、児童心理治療施設、児童自立支援施設
[都道府県知事]または[福祉事務所長]	母子生活支援施設、助産施設
[福祉事務所長]または[教育委員会]	保育所

◆ 児童自立生活援助事業は、義務教育終了後、[児童養護]施設、[児童自立支援]施設等を退所し、就職する児童等に対し、[共同生活]を営む住居(自立援助ホーム)において、相談その他日常生活上の援助、生活指導、就業の支援を行い、[社会的自立]の促進を目的とするものである

障害児通所支援

◆[児童発達]支援	[未就学]の障害児を[児童発達支援センター]等に通わせ、日常生活における基本的な動作の指導、知識技能の付与、集団生活への適応訓練などを供与する
[医療型児童発達]支援 ※2024年度より、児童発達支援に一元化	[肢体不自由]のある未就学の児童を、[医療型児童発達支援センター]等の指定発達支援医療機関に通わせ、児童発達支援及び治療を行う
◆[放課後等デイサービス]	[就学している]障害児に対して、授業の終了後または休業日に[児童発達支援センター]等に通わせ、生活能力の向上のための訓練などを供与する
[居宅訪問型児童発達]支援	[重度の障害の状態]にあり、児童発達支援、医療型児童発達支援または放課後等デイサービスを受けるために外出することが著しく困難な障害児に対し、[居宅を訪問]し、生活能力の向上のために必要な訓練等を供与する
◆[保育所等訪問]支援	[保育所]や[幼稚園]等の[集団生活]を営む施設に通う障害児に対し、施設を訪問し、集団生活適応のための専門的な支援を供与する

児童・家庭福祉の専門職

◆[家庭支援専門相談員] (ファミリーソーシャルワーカー)	・[乳児院]、[児童養護施設]、[児童心理治療施設]、[児童自立支援施設]に配置されている、総合的な[家族調整]を担う専門職 ・対象児童の[早期家庭復帰]のための保護者等への相談・援助、退所後の[児童]に対する継続した生活相談、[里親委託]推進のための相談・援助、里親の新規開拓などを行う ・①[社会福祉士]か[精神保健福祉士]の有資格者、②乳児院、児童養護施設等で児童の養育・指導に[5]年以上従事した者、③[児童福祉司]の資格要件に該当する者などが要件

[児童自立支援専門員]	・[児童自立支援施設]に配置が義務づけられている専門職で、入所・通所している非行児童、触法少年、犯罪少年などの自立支援、退所後の家庭復帰の支援などを行う ・①[社会福祉士]の有資格者、②精神保健に関して学識経験を有する[医師]、③[都道府県知事]の指定する児童自立支援専門員の養成校等の卒業者、④[教諭]資格を持ち児童自立支援事業に1年以上、または教員として2年以上従事した者などが要件
[家庭相談員]	・[福祉事務所]に配置される非常勤職員で、[家庭児童相談室]において、心身障害や家族関係、不登校などの家庭児童福祉に関する[相談援助]を行う ・①大学等で児童福祉、社会福祉、児童学、心理学、教育学、もしくは社会学を専修する学科を卒業した者、②[医師]、③社会福祉士、④[社会福祉主事]として2年以上児童福祉事業に従事した者などが要件
心理療法担当職員	・[児童養護施設]、[児童自立支援施設]、乳児院、母子生活支援施設、児童心理治療施設に配置される職員 ・虐待を受けた児童等への[心理療法]や[生活場面面接]による支援、施設職員への助言などを行う
個別対応職員	・[児童養護施設]、[乳児院]、児童心理治療施設、児童自立支援施設、母子生活支援施設に配置される職員 ・虐待を受けた（特に個別の対応が必要とされる）児童等への[個別面接]や生活場面での一対一の対応、[保護者]への援助などを行う

認定こども園／幼保連携型認定こども園

- 認定こども園は、2006年制定の「認定こども園法」に基づき設置された、[幼稚園]と[保育所]の機能を併せもつ施設で、[就学前]の子どもへの幼児教育・保育の提供と、[地域]における子育て支援を担う
- 認定こども園に入園できるのは、満[3]歳以上の子ども及び満[3]歳未満の[保育]を必要とする子どもである
- 認定こども園への入所は、利用者と施設との[直接契約]によりなされる
- 2012年の改正で[幼保連携型]認定こども園が創設された
- 幼保連携型認定こども園には、[園長]及び[保育教諭]を置かなければならない

05 児童相談所

児童相談所の役割

- 児童相談所は[児童福祉法]に基づいて設置される行政機関
- [都道府県]及び[指定都市]に設置義務があり、中核市や特別区も政令で指定する市(児童相談所設置市)になることで設置できる
- ◆子どもの安全確保のため必要と認められる場合には、子どもや保護者の[同意]を得なくても一時保護を行う(一時保護の強行性)

児童相談所の主な業務

・[専門的]な知識・技術を必要とする相談に応ずる
・児童の[一時保護]を行う
・[養子縁組]に関する相談・援助を行う
・[市町村]への必要な[情報提供]・援助

児童相談所の職員

- 児童相談所には、所長、[児童福祉司]、[児童心理司]、[医師](精神科医・小児科医)または[保健師]、[児童指導員]、[保育士]、[弁護士]、心理療法担当職員などが配置される
- 児童相談所長は、児童等の親権者に係る[親権喪失]、[親権停止]または[管理権喪失]の審判の請求または審判の取消の請求を行うことができる
- ◆[児童相談所長]は、必要があると認めるときは、児童の安全を迅速に確保し適切な保護を図るため、または児童の心身の状況、その置かれている環境その他の状況を把握するため、児童の[一時保護]を行うことができる

主な職員の役割

[児童福祉司]	担当区域内の子どもや保護者などからの相談に応じ、必要な調査や社会診断を行う
[児童心理司]	子どもや保護者などに対し心理診断を行うとともに、心理療法、カウンセリング、助言指導を行う
[児童指導員] [保育士]	一時保護している子どもの生活指導、学習指導、行動観察、行動診断などを行う

児童・家庭福祉に関する法律

母子及び父子並びに寡婦福祉法

- 1964年に[母子福祉法]として制定されたが、1981年の改正で母子家庭の母であった[寡婦]に対しても福祉の措置がとられるよう規定され、2002年の改正で[父子家庭]も法律の対象に加えられた

◆[都道府県]は、以下の福祉資金を貸し付けることができる

[母子]福祉資金	対象：①母子家庭の母、②母子家庭の児童、③父母のない児童
[父子]福祉資金	対象：①父子家庭の父、②父子家庭の児童
[寡婦]福祉資金	対象：①寡婦、②寡婦に扶養されている20歳以上の子、③配偶者のいない女子で40歳以上の者

売春防止法※2024年4月より、「困難な問題を抱える女性への支援に関する法律」制定にともなう改正あり

- 売春防止法では、保護更生のための[婦人相談所](2024年4月より、女性相談支援センター)、[婦人保護施設](同、女性自立支援施設)、[婦人相談員](同、女性相談支援員)などの規定がある
- 婦人相談所は、[都道府県]に設置義務があり、要保護女子の[保護更生]に関する業務を行う施設である
- 婦人保護施設は、要保護女子を[収容保護]するための施設である

配偶者からの暴力の防止及び被害者の保護等に関する法律(DV防止法)

- 配偶者からの暴力に係る[通報]、[相談]、[自立支援]等の体制の整備により、配偶者からの暴力の防止及び被害者の保護を図ることを目的とする
- 都道府県が、婦人相談所(2024年4月より、女性相談支援センター)などの適切な施設において、[配偶者暴力相談支援センター]の機能を果たすよう規定している
- 配偶者からの暴力を受けている者を発見した者は、その旨を[配偶者暴力相談支援センター]または[警察官]に通報するよう努めなければならない
- 2007年の改正で、配偶者からの生命等に対する[脅迫]を受けた被害者についての保護命令が追加。2013年の改正で、[生活の本拠]をともにする相手からの暴力やその被害者にも対象を拡大

子育てを支援する制度

児童手当

一般受給資格者　:日本国内に住所があり、[中学校]修了前の児童を監護し、かつ一定の生計関係にある者([所得制限]あり)
施設等受給資格者:[中学校]修了前の施設入所等児童が委託されている施設の[設置者]や[里親]

①所得制限額未満である者　(月額)
3歳未満:　[1万5,000]円
3歳以上小学校修了前:(第1子・第2子)　[1万]円、(第3子以降)[1万5,000]円
中学生:　[1万]円
②所得制限額以上である者(上限あり)　[5,000]円

児童手当の費用負担

	被用者	非被用者	公務員
0歳〜3歳未満	事業主:国:都道府県:市町村=21:16:4:4	国:都道府県:市町村=4:1:1	所属庁が[全額]
3歳〜中学校修了前	国:都道府県:市町村=4:1:1		

児童扶養手当

- 支給には所得制限があり、父または母から[養育費]の支払いがあった場合は、受給資格者の[所得]に算入される
- 父、母、または養育者が[老齢福祉年金]以外の公的年金を受けているときは支給されない(ただし、その受給額が児童扶養手当の額より低い場合は差額分の手当を受給可能)
- 児童扶養手当は、[児童手当]、[特別児童扶養手当]と併給することができる

◆以下のいずれかの状態にある、[18]歳に達する日以後の最初の3月31日までの間にある児童、あるいは[20]歳未満で政令で定める程度の[障害]の状態にある児童を扶養している父、母、または養育者に支給される

①父母が[婚姻]を解消した児童
②父または母が[死亡]した児童
③父または母が法令で定める程度の[障害]の状態にある児童
④父または母の[生死]が明らかでない児童
⑤その他、①〜④に準ずる政令で定める状態にある児童

08 母子保健法

母子保健法の概要

- 1965年に[母性]並びに[乳児]及び[幼児]の健康の保持・増進を図ることを目的として制定された
- 母子健康の向上に関する措置としては、保健指導、新生児訪問指導、[健康診査]、妊娠の届出などが規定されている
- 市町村は、妊娠の届出をした者に対して[母子健康手帳]を交付しなければならない
- 体重が[2,500]g未満の乳児が出生したときは、その保護者は、速やかに、その旨をその乳児の現在地の[市町村]に届け出なければならない
- [市町村]は、養育のため病院・診療所への入院が必要な未熟児に対し、[養育医療]の給付を行うことができる

用語の定義

妊産婦:妊娠中または出産後[1]年以内の女子
乳　児:[1]歳に満たない者
幼　児:満[1]歳から小学校就学の始期に達するまでの者
保護者:[親権]を行う者、[未成年後見人]その他の者で、乳児または幼児を現に[監護]する者
新生児:出生後[28]日を経過しない乳児
未熟児:[身体の発育]が未熟のまま出生した乳児であって、正常児が出生児に有する諸機能を得るに至るまでの者

母子健康包括支援センター(子育て世代包括支援センター)

- 2016年の母子保健法改正により、設置が[市町村]の[努力]義務となった
- 2024年度より、同法から母子健康包括支援センターの規定は削除され、[こども家庭センター]が業務を行う

母子健康包括支援センターの業務

・妊産婦等の支援に必要な[実情の把握]
・妊娠・出産・育児に関する[相談]に応じ、必要な情報提供・助言・[保健指導]
・関係機関との[連絡調整]
・支援プランの策定

09 児童の社会的養護

要保護児童対策地域協議会

- 児童福祉法に基づく、[地方公共団体]による協議会で、設置は[努力義務]
- ◆虐待を受けた子どもなどの[支援対象児童等]を早期発見し、保護・支援するために、地域の関係機関や民間団体などがネットワークをつくり、情報を共有して連携する機関

里親制度

- 里親の認定は、[都道府県児童福祉審議会]の意見を聞いた上で、[都道府県知事](指定都市、中核市、児童相談所設置市の市長)が行う
- 里親は[養子縁組を前提としない養育里親]、[養子縁組によって養親となることを希望する里親]、[専門里親]、[親族里親]の4種類に区分される
- [専門]里親の対象児童は、[虐待]を受けた児童、[非行]傾向のある児童、[障害児]など、一定の専門的なケアが必要な児童である
- [親族]里親の対象児童は、[3親等]内の親族であり、保護者の死亡、行方不明、長期入院、拘禁などの理由で、保護者からの養育が期待できない児童である

里親支援専門相談員(里親支援ソーシャルワーカー)

- 里親支援専門相談員は、里親支援を行う[児童養護施設]及び[乳児院]に配置される専門職
- 里親支援専門相談員は、①[社会福祉士]もしくは[精神保健福祉士]の有資格者、②[児童福祉司]任用資格に該当する者、③児童養護施設等(里親を含む)において児童の養育に5年以上従事し[里親制度]の理解と[ソーシャルワーク]の視点を有する者のいずれかが要件である
- ①所属施設の入所児童の里親委託の推進、②退所児童のアフターケアとしての里親支援、③所属施設からの退所児童以外を含めた地域支援としての里親支援を主に行う

10 児童虐待の防止

児童虐待の状況

- 「令和3年度福祉行政報告例」(厚生労働省)によると、児童相談所の児童虐待相談対応件数は[207,660]件で、年々[増加]している
- 同報告例によると、虐待の内容では、[心理的虐待]が60.1%と最も多く、次いで[身体的虐待](23.7%)、[ネグレクト](15.1%)、[性的虐待](1.1%)となっている
- 同報告例によると、児童相談所に寄せられた虐待の相談の経路で最も多いのは[警察等]で、次に[近隣・知人]、[家族・親戚]となっている

児童虐待防止法(児童虐待の防止等に関する法律)

- 虐待を受けたと思われる児童を発見した者は、速やかにこれを市町村、都道府県の設置する[福祉事務所]、もしくは[児童相談所]に[通告]しなければならない
- 児童の福祉に業務上関係のある団体([学校]、[児童福祉施設]、病院等)、児童の福祉に職務上関係のある者(教職員、児童福祉施設職員、[医師]、[歯科医師]、保健師、助産師、看護師、[弁護士]等)は、児童虐待を発見しやすい立場にあることを自覚し、児童虐待の[早期発見]に努めなければならない
- 通告を受けた[市町村]または[福祉事務所]の長は、必要に応じ近隣住民、学校の教職員、児童福祉施設の職員その他の者の協力を得つつ、当該児童との[面会]その他の[安全確認]を行うための措置を講ずるとともに、必要に応じて、児童の児童相談所への[送致]、出頭要求、立入調査や一時保護の実施が適当な場合は、都道府県知事または児童相談所長への[通知]を行う
- [都道府県知事]は、虐待のおそれがあると認めるときは、児童委員等をして[立入調査]を行うことができる
- 2019年の改正により、[親権者]のしつけにおける児童への[体罰]の禁止が規定された

第18章 就労支援サービス

【第37回試験以降】
高齢者福祉
障害者福祉
貧困に対する支援

労働市場の動向

労働力人口の動向

総務省統計局「労働力調査（基本集計）」における就業状態

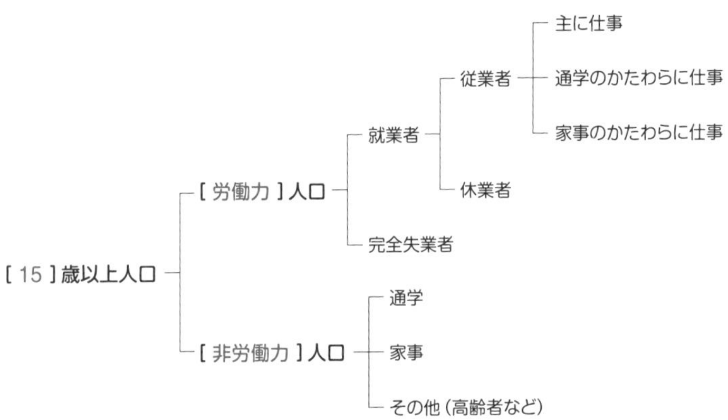

（「労働力調査（詳細集計）」における就業状態は、上図とは異なる。総務省ホームページを参照のこと）

- 完全失業者は、「[労働力]人口」に含まれる
- 休業者は、「 就業者 」に含まれる

総務省統計局「労働力調査（基本集計・詳細集計）」における従業上の地位

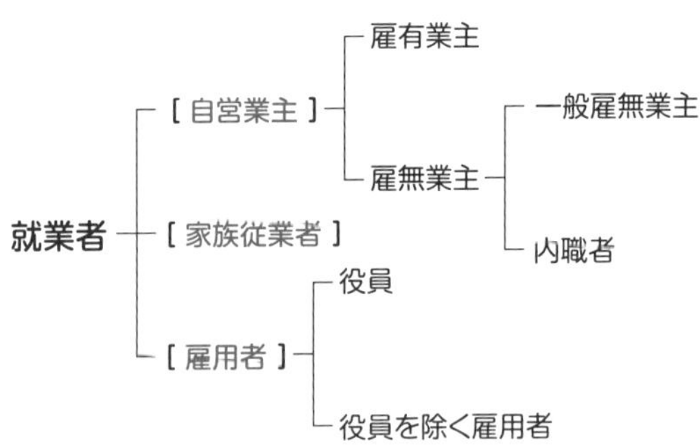

就業者	・就業者は6,723万人。2年連続の[増加] ・就業率は60.9%。2年連続の[上昇] ・正規の職員・従業員は3,597万人。8年連続の[増加] ・非正規の職員・従業員は2,101万人。3年ぶりの[増加] ・役員を除く雇用者に占める非正規の職員・従業員の割合は36.9%
完全失業者	・完全失業者は179万人。3年ぶりの[減少]
◆完全失業率	・完全失業率は2.6%。4年ぶりの[低下]
労働力人口	・労働力人口は6,902万人。2年ぶりの[減少]

出典：総務省統計局「労働力調査（基本集計）2022年（令和4年）平均結果」

完全失業者の定義（次の①～③をすべて満たすこと）

①仕事がなくて調査期間中に少しも仕事をしなかった（就業者ではなかった）

②仕事があればすぐに就くことができる

③調査期間中に求職活動や仕事を始める準備をしていた

非正規雇用

- ◆役員を除く雇用者に占める非正規雇用労働者の割合は、[3]割を超えている（上記出典による）
- 非正規雇用労働者の割合は、女性では[5]割を超え、65歳以上（男女計）では[7]割を超えている
- 非正規雇用労働者は、正社員と比べ、健康保険・厚生年金の適用比率が[低い]、能力開発の機会が[少ない]等の課題を抱えている

その他

- ◆2022年平均の有効求人倍率は[1.31]倍（前年比+0.15ポイント）である（厚生労働省「一般職業紹介状況について」）
- 2021年度の育児休業取得率は、女性で[85.1]%（前年比+3.5ポイント）、男性で[13.97]%（前年比+1.32ポイント）（厚生労働省「令和3年度雇用均等基本調査（事業所調査）」）

非正規労働者は、「ワーキングプア」や「ネットカフェ難民」などの社会的な問題の原因にもなっています

18章 就労支援

労働法規

労働法規

- 日本国憲法28条では、勤労者の権利として、労働三権と呼ばれる[団結権]、[団体交渉権]、[団体行動権 (争議権)]を定めている

労働三権	[団結権]	労働組合結成の権利
	[団体交渉権]	経営者との団体交渉の権利
	[団体行動権 (争議権)]	ストライキを行う権利

- 労働三法と呼ばれる[労働組合法]、[労働基準法]、[労働関係調整法]は、労働者を守り、労働関係の根幹となるものである
- 過労死等防止対策推進法(2014年)では、[11]月を過労死等防止啓発月間とすること、政府の過労死等についての[国会]への年次報告義務、政府の過労死等の防止のための対策に関する大綱策定義務、[厚生労働省]への過労死等防止対策推進協議会の設置などを規定している
- [働き方改革関連法](2018年)は、労働者がそれぞれの事情に応じた多様な働き方を選択できる社会を実現する働き方改革を総合的に推進するため、[長時間労働]の是正、多様で柔軟な働き方の実現、[雇用形態]にかかわらない公正な待遇の確保等のための措置を講じている
- セクハラ・パワハラを禁止する初の国際基準となる、仕事の世界における暴力及びハラスメントの撤廃に関する[条約]が、2019年6月のILO(国際労働機関)総会で採択された
  →日本は、同条約をまだ批准してい[ない]。また、日本には、ハラスメントそのものを禁止する法規定は[ない]が、2019年の改正[労働施策総合推進法]により、職場におけるパワハラ対策が義務づけられた

労働基準法

- 労働者の労働条件の[最低基準]を定めた法律で、労働者(パートタイム労働者などを含む)を使用するすべての事業場に適用される

労働基準法の主な内容

[男女同一賃金]の原則

・使用者は、労働者が女性であることを理由として、[賃金]について、男性と差別的取扱いをしてはならない(4条)
　→男女同一賃金の原則は、日本国憲法・男女雇用機会均等法には規定されていない

[解雇予告]

・使用者は、労働者を解雇しようとする場合においては、少なくとも[30]日前にその予告をしなければならない(20条1項)

[労働時間]

・使用者は、労働者に、休憩時間を除き1週間について[40]時間を超えて、労働させてはならない(32条1項)
・使用者は、1週間の各日については、労働者に、休憩時間を除き1日について[8]時間を超えて、労働させてはならない(32条2項)

[休日]

・使用者は、労働者に対して、毎週少なくとも[1]回の休日を与えなければならない(35条1項)

[時間外及び休日]の労働

・使用者は、労働組合、または労働者の[過半数]を代表する者との書面による協定をし、これを[行政官庁]に届け出た場合においては、その協定で定めるところにより[労働時間]を延長し、または[休日]に労働させることができる(36条1項)

[最低年齢]

・使用者は、児童が満[15]歳に達した日以後の最初の3月31日が終了するまで、これを使用してはならない(56条1項)

[産前産後]

・使用者は、[6]週間(多胎妊娠の場合[14]週間)以内に出産する予定の女性が休業を請求した場合は、その者を就業させてはならない(65条1項)
・使用者は、産後[8]週間を経過しない女性を就業させてはならない。ただし、産後[6]週間を経過した女性が請求した場合において、医師が支障がないと認めた業務に就かせることは差し支えない(65条2項)
・妊娠婦が請求した場合においては、[深夜業]をさせてはならない(66条3項)

[就業規則]作成・届出の義務、作成の手続、周知義務

・常時[10]人以上の労働者を使用する使用者は、[就業規則]を作成し、[行政官庁]に届け出なければならない(89条)
・使用者は、就業規則の作成または変更について[労働組合]または、労働者の[過半数]を代表する者の意見を聴かなければならない(90条1項)
・使用者は、[就業規則]等の掲示、書面による交付等によって労働者に周知させなければならない(106条1項)

※第16章－05「高齢者にかかわる法律」も参照してください

03 障害者に対する就労支援

障害者総合支援法

- 障害者総合支援法に基づく就労支援には、就労移行支援、就労継続支援A型、就労継続支援B型、就労定着支援があり、[訓練等給付]に位置づけられる

	対象者等	利用期間
◆就労移行支援	就労を希望し、通常の事業所に雇用されることが見込まれる人	[2年]
◆就労継続支援A型	・企業等に就労することが困難で、雇用契約に基づき、継続的に就労することが可能な[65]歳未満の人 ・雇用契約[に基づく]支援	[制限なし]
◆就労継続支援B型	・就労移行支援等を利用したが企業等の雇用に結びつかない人、一定年齢に達している人等 ・雇用契約[を結ばずに]支援	[制限なし]
就労定着支援	[就労移行支援]等を利用した後、通常の事業所に新たに雇用され、就労継続期間が[6か月]を経過した人	[3年]

	配置される主な職員＝○				
	サービス管理責任者	就労支援員	職業指導員	生活支援員	就労定着支援員
就労移行支援	○	○	○	○	
就労継続支援A型	○		○	○	
就労継続支援B型	○		○	○	
就労定着支援	○				○

- 就労支援員は[就労移行支援]事業所に配置され、サービス管理責任者を補佐し、個別支援計画に沿った就労支援を行う

障害者雇用促進法

- 同法の対象となるのは[身体]障害者、[知的]障害者、[精神]障害者([精神障害者保健福祉手帳]の交付あり)である
- 事業主には、障害者に対する[合理的配慮]の提供義務がある。ただし、事業主に対して[過重な負担]を及ぼす場合は、この限りでない
- [障害者職業生活相談員]は、障害者である労働者の職業生活に関する[相談] や[指導]を行う

障害者雇用率制度

- [事業主]に対して、一定の割合以上の障害者を雇用することを義務づける制度で、2018年より[精神障害者(精神障害者保健福祉手帳所持者)]も雇用義務の対象となった

◆ 法定雇用率

	現行	2024年4月～	2026年7月～
民間企業	[2.3]%	[2.5]%	[2.7]%
特殊法人等	[2.6]%	[2.8]%	[3.0]%
国・地方公共団体	[2.6]%	[2.8]%	[3.0]%
都道府県等の教育委員会	[2.5]%	[2.7]%	[2.9]%

法定雇用率における障害者数のカウント方法

単位：人

週所定労働時間		[30]時間以上	短時間労働者 [20]時間以上 [30]時間未満	[10]時間以上 [20]時間未満 (2024年度から)
身体障害者		[1]	[0.5]	－
	重度	[2]	[1]	[0.5]
知的障害者		[1]	[0.5]	－
	重度	[2]	[1]	[0.5]
精神障害者		[1]	[0.5]※	[0.5]

※当分の間、1人をもって1人とみなす

18章 就労支援

障害者雇用調整金・納付金

<table>
<tr><th>制度名</th><th>条件</th><th>企業規模・常用労働者数</th><th colspan="2">金額</th></tr>
<tr><td>障害者雇用
[調整金]</td><td rowspan="2">法定雇用率
[達成]</td><td>[101]人以上</td><td rowspan="2">超過
1人につき
月額</td><td>[2万9,000]円を
支給</td></tr>
<tr><td>報奨金</td><td>100人以下</td><td>2万1,000円を支給</td></tr>
<tr><td>障害者雇用
[納付金]</td><td>法定雇用率
[未達成]</td><td>[101]人以上</td><td>不足
1人につき
月額</td><td>[5万]円を徴収</td></tr>
</table>

◆納付金が課された企業に対する雇用義務の[免除]規定はない

職業リハビリテーション

職業リハビリテーション機関

<table>
<tr><td rowspan="3">障害者職業
センター</td><td>[障害者職業総合]
センター</td><td>・職業リハビリテーションに関する[調査研究]
・障害者の雇用に関する[情報収集]
・専門職員の養成　等</td><td rowspan="4">障害者雇用
促進法</td></tr>
<tr><td>[広域障害者職業]
センター</td><td>・障害者職業能力開発校や療養施設などと密接に[連携]した系統的な職業リハビリテーションを実施</td></tr>
<tr><td>◆[地域障害者職業]
センター</td><td>・障害者に対する職業評価、職業指導、職業準備訓練等[専門的]な職業リハビリテーションを実施
・事業主に対する雇用管理に関する助言
・精神障害者総合雇用支援
・[職場適応援助者（ジョブコーチ）]による支援
・[障害者職業カウンセラー]によるカウンセリング　等</td></tr>
<tr><td colspan="2">[障害者就業・生活支援]センター</td><td>身近な地域での拠点となっている機関で、[就業]面、[生活]面への総合支援を行う</td></tr>
<tr><td colspan="2">[障害者職業能力開発校]</td><td>障害者が職業的に自立し、生活の安定と地位向上を図れるように、就職に必要な知識、技能・技術を学べる場である</td><td>職業能力
開発促進法</td></tr>
</table>

職業リハビリテーションに係る主な専門職

<table>
<tr><td rowspan="4">職場適応援助者
（ジョブコーチ）</td><td colspan="2">・障害者手帳を保持しない障害者も支援対象
・職場外での支援は行わない。職場に出向いて支援を行う
・支援当初は支援対象者と一緒にいる時間を長くし、徐々にその時間を減らす。なお、支援期間は、標準的には2〜4か月であるが、1〜8か月の範囲で個別に設定される</td></tr>
<tr><td>[配置]型</td><td>[地域障害者職業センター]に配置</td></tr>
<tr><td>[訪問]型</td><td>[障害者の就労支援を行う社会福祉法人]等に雇用される</td></tr>
<tr><td>[企業在籍]型</td><td>[障害者を雇用する企業]に雇用される</td></tr>
<tr><td>就業支援担当者</td><td colspan="2" rowspan="2">[障害者就業・生活支援センター]に配置</td></tr>
<tr><td>生活支援担当者</td></tr>
<tr><td>障害者職業カウンセラー</td><td>[障害者職業センター]に配置</td><td rowspan="3">[障害者雇用促進]法</td></tr>
<tr><td>障害者職業生活相談員</td><td>[5]人以上の障害者を雇用する事業主に選任[義務]</td></tr>
<tr><td>障害者雇用推進者</td><td>労働者数43.5人以上の事業主に選任努力義務</td></tr>
</table>

障害者優先調達推進法

- [国・独立行政法人]等は、優先的に障害者就労施設等から物品等を調達するよう努めなければならない
- [地方公共団体・地方独立行政法人]は、障害者就労施設等の受注機会の増大を図るための措置を講ずるよう努めなければならない

職業能力開発促進法

- [国]及び[都道府県]は、職業を転換しようとする労働者その他職業能力の開発及び向上について特に援助を必要とする者に対する[職業訓練]の実施に努めなければならない
- ◆ 公共職業訓練は、国や都道府県、市町村、独立行政法人等が設置または運営する[公共職業能力開発施設]で行う。離職者に対しては、民間教育訓練機関等による委託訓練もある
- [障害者職業能力開発校]は、一般の公共職業能力開発施設において職業訓練を受けることが困難な障害者に対する職業訓練を行う

04 様々な就労支援制度

就労支援

- 就労支援には、一般就労だけではなく、[福祉的]就労や[社会参加]に結びつく就労なども含まれる
- 利用者の希望に沿って行うべきものであるが、[就労意欲]が十分でない者も支援の対象となる
- ◆ハローワークは、[国]の機関であり、[職業紹介]、[職業指導]、[雇用保険]に係る業務などを[無料]で実施している

生活保護受給者等に対する就労支援

- [稼働能力]を有する者に対して就労支援を行い、自立(就労自立、日常生活自立、社会生活自立)を助長する
- 生活保護受給者も就労支援を受けることができる。ただし、就労支援を受けることは、生活保護受給を[継続]する条件ではない
- 生活保護受給者への就労支援では、本人の同意を得て[自立活動確認書]の作成を求める
- 生活保護制度における就労支援に、[被保護者就労支援事業]、[生活保護受給者等就労自立促進事業]、[被保護者就労準備支援事業]がある
- 生活保護受給者等就労自立促進事業の対象者は、原則、①[稼働能力]を有する者、②[就労意欲]が一定程度ある者、③就労に当たって著しい[阻害要因]がない者、④事業への参加等に[同意]している者である
- 生活困窮者自立支援法に基づく就労支援に、[生活困窮者就労準備支援事業](利用期間：[1年]以内)、[生活困窮者就労訓練事業]等がある
- 生活困窮者自立支援制度における住居確保給付金は、離職後[2年]以内の人を対象とし、[3か月間]支給(要件により9か月間まで)される

※第 9 章 -09 の「低所得者対策」も参照してください

更生保護制度

【第37回試験以降】
刑事司法と福祉

01 更生保護制度

更生保護法の概要

◆目的(更生保護法1条)

[犯罪をした者]及び[非行のある少年]に対し、[社会内]において適切な処遇を行うことにより、再び犯罪をすることを防ぎ、又はその非行をなくし、これらの者が善良な社会の一員として[自立]し、[改善更生]することを助けるとともに、[恩赦]の適正な運用を図るほか、[犯罪予防]の活動の促進等を行い、もって、社会を保護し、[個人]及び[公共の福祉]を増進することを目的とする

少年法における少年の定義

少年(20歳に満たないもの)	[犯罪]少年	14歳以上20歳未満で罪を犯した少年
	[触法]少年	14歳に満たないで刑罰法令に触れる行為をした少年
	[虞犯]少年	次に掲げる事由があって、その性格または環境に照らして、将来、罪を犯し、または刑罰法令に触れる行為をするおそれのある20歳未満の少年 ①保護者の正当な監督に服しない性癖のあること ②正当の理由がなく家庭に寄り附かないこと ③犯罪性のある人もしくは不道徳な人と交際し、またはいかがわしい場所に出入りすること ④自己または他人の徳性を害する行為をする性癖のあること
	[特定]少年	成年年齢を18歳とする民法の一部改正に伴い、2022年4月より、18歳及び19歳は少年法が適用されるが逆送対象事件が拡大され、推知報道禁止が一部解除となっている

非行少年に対する手続き

- 少年に係る事件は、原則[家庭裁判所]に送致される(全件送致主義)
- ◆触法少年及び虞犯少年で14歳に満たない者に係る事件は、[児童福祉法]の措置が優先され、[児童相談所]が関与する
- 触法少年及び虞犯少年で14歳に満たない者については、家庭裁判所は[都道府県知事]または[児童相談所長]から送致を受けた場合に限り、審判に付することができる

仮釈放

- 刑務所からの［ 仮釈放 ］、少年院、婦人補導院からの［ 仮退院 ］を総称して［ 仮釈放 ］等といい、その許否は、［ 地方更生保護委員会 ］が判断する
- ◆仮釈放、仮退院の期間中は［ 保護観察 ］に付される

地方更生保護委員会における仮釈放の手続き

矯正施設の長から身上調査書受理

↓

委員・保護観察官による調査
- ●面接
- ●関係書類の精査

↓

矯正施設の長から申出を受理

↓

［ 地方更生保護 ］委員会による審理
- ●委員による面接
- ●関係書類の精査

↓

◆［ 地方更生保護 ］委員会による評議
- ●仮釈放の許否や解放すべき日などを検討

↓

仮釈放を許す旨の決定

保護観察

更生保護制度は刑事司法制度であって、社会福祉制度ではありません

保護観察

保護観察の概要

◆保護観察は、権力的・監督的な性格を有する[指導監督]と、援助的・福祉的な性格を有する[補導援護]の2つの側面で成り立っている

指導監督・補導援護の方法

指導監督	・[面接]等により保護観察対象者と接触を保ち、その行状を把握する ・保護観察対象者が[遵守事項]を守り、[生活行動指針]に即して生活・行動するよう、必要な措置をとる ・特定の犯罪傾向を改善するための[専門的処遇]を実施する
補導援護	・適切な[住居]・[宿泊場所]等を得たり、そこへ帰住することを助ける ・医療、療養、職業補導を受けることを助ける ・就職を助ける ・[生活環境]の改善・調整、社会生活適応に必要な生活指導等を行う

- [保護観察所長]は、保護観察対象者について、[指導監督]を適切に行うために必要な場合、改善更生に資する[生活行動指針]を定めることができる。定められた対象者は、生活行動指針に即して生活・行動するよう[努め]なければならない
- 保護観察の実施機関は[保護観察所]である
- 保護観察の実施者は、[保護観察官]または[保護司]である
- 矯正施設での処遇が[施設内処遇]と呼ばれるのに対して、保護観察を中心とする更生保護は社会の中で処遇を行うものであることから[社会内処遇]と呼ばれる
- 保護観察対象者は、[一般遵守事項]または[特別遵守事項]を守る必要がある
- 遵守事項が守られない場合は、仮釈放の取消などの[不良措置](矯正施設への再収容など)がとられることがある
- 特定の犯罪的傾向を有する保護観察対象者に対しては、その傾向を改善するために、特別遵守事項として[専門的処遇プログラム]が義務づけられる

専門的処遇プログラム	・性犯罪者処遇プログラム ・薬物再乱用防止プログラム ・暴力防止プログラム ・飲酒運転防止プログラム

- 専門的処遇プログラムには、[認知行動療法]が導入されている
- 薬物再乱用防止プログラムでは、[簡易薬物検出検査]を定期的に実施する
- [特別遵守事項]に、社会貢献活動が含まれる

<table>
<tr><td rowspan="2">[一般]
遵守事項</td><td>保護観察対象者[全員]が守るべきもの</td></tr>
<tr><td>①再び犯罪をすることがないよう、または非行をなくすよう健全な生活態度を保持する
②次の事項を守り、[保護観察官]及び[保護司]による[指導監督]を誠実に受ける
・保護観察官または保護司の呼出しまたは訪問を受けたときは、これに応じ、面接を受ける
・保護観察官または保護司から、労働または通学の状況、収入または支出の状況、家庭環境、交友関係その他の生活実態を示す事実で指導監督を行うため把握すべきものを明らかにするよう求められたときは、事実を申告し、資料を提示する
③保護観察に付されたときは、速やかに、[住居]を定め、その地を管轄する[保護観察所長]に届出をする
④③の届出に係る住居に居住する
⑤[転居]または[7日以上]の旅行をするときは、[あらかじめ]、[保護観察所長]の許可を受ける</td></tr>
<tr><td rowspan="2">[特別]
遵守事項</td><td>・[個々]の保護観察対象者に定められるもの
・[保護観察所長]または[地方更生保護委員会]が定める
・変更・取消が可能</td></tr>
<tr><td>①犯罪性のある者との交際、いかがわしい場所への出入り、遊興による浪費、過度の飲酒その他の犯罪または非行に結びつくおそれのある特定の行動をしてはならない
②労働に従事すること、通学することその他の再び犯罪をすることがなくまたは非行のない健全な生活態度を保持するために必要と認められる特定の行動を実行し、または継続する
③[7日未満]の旅行、離職、身分関係の異動その他の指導監督を行うため事前に把握しておくことが特に重要と認められる生活上または身分上の特定の事項について、緊急の場合を除き、[あらかじめ]、[保護観察官]または[保護司]に申告する
④医学、心理学、教育学、社会学その他の専門的知識に基づく特定の犯罪的傾向を改善するための体系化された手順による処遇として[法務大臣]が定めるものを受ける
⑤[法務大臣]が指定する施設、保護観察対象者を監護すべき者の居宅その他の改善更生のために適当と認められる特定の場所で、宿泊の用に供されるものに一定期間宿泊して指導監督を受ける
⑥善良な社会の一員としての意識の涵養及び規範意識の向上に資する地域社会の利益増進に寄与する社会的活動を一定時間行う
⑦その他指導監督を行うため特に必要な事項</td></tr>
</table>

保護観察対象者の種類

号種	保護観察対象者	保護観察の期間
1号観察	保護観察処分少年（家庭裁判所で決定）	[20]歳に達するまで（20歳になるまでに2年に満たない場合は2年間）
2号観察	少年院仮退院者	・[仮退院]期間が満了するまで ・原則、[20]歳まで
3号観察	仮釈放者	[刑期]が満了するまで（残刑期間）
4号観察	保護観察付執行猶予者	[執行猶予]期間が満了するまで
5号観察	婦人補導院仮退院者	[補導処分]の残余期間を満了するまで

更生緊急保護

- 対象者の[改善更生]を助け再犯を防ぐために、最低限必要な衣食住などについての一時的な応急手当を行う制度
- [本人]から保護の申し出を行うことが必要である
- 対象となるのは、刑事上の手続きまたは保護処分による[身体の拘束を解かれた人]である
- 対象となる人はすでに法的な拘束状態にないので、本人の意思に反して[更生緊急保護]を実施することはできない
- [保護観察所長]がその必要があると認めたときに限り行う
- ◆刑事上の手続きまたは保護処分による身体の拘束を解かれた後[6]か月を超えない範囲内において行う。ただし、特に必要があると認められるときは、さらに[6]か月を超えない範囲内において行うことができる

更生緊急保護の実施内容

・[金品]を給与または貸与すること
・[宿泊場所]を供与すること
・[医療]や療養を助けること
・[就職]または教養訓練を助けること
・社会生活に適応させるために必要な[生活指導]を行うこと　など

03 更生保護の担い手・機関

保護観察官

保護観察官とは「保護観察、調査、生活環境の調整その他犯罪をした者及び非行のある少年の更生保護並びに犯罪の予防に関する事務に従事する」者(更生保護法31条2項)

- ◆[地方更生保護委員会事務局]及び[保護観察所]に置かれる国家公務員
- 更生保護の専門的知識をもとに、[不良措置]、[所在調査]、[犯罪予防活動]、[緊急更生保護]などの業務に当たる

保護司

保護司とは「保護観察官で十分でないところを補い、地方委員会又は保護観察所の長の指揮監督を受けて、地方委員会又は保護観察所の所掌事務に従事する」者(更生保護法32条)
※地方委員会=地方更生保護委員会

- [法務大臣]により[都道府県]の区域を分けて定める区域(保護区)に配置されている
- [保護観察所の長]が推薦し、[法務大臣]が委嘱する
- 非常勤国家公務員だが、報酬はない(実費弁償は[ある])
- 活動中の災害について、[国家公務員災害補償法]が適用される
- 欠格事項は[禁錮]以上の刑に処せられた者等である
- ◆保護観察官とともに、保護観察に付されている者の[指導監督]、[補導援護]、[生活環境の調整]を行う
- ◆犯罪や非行を未然に防ぎ、地域社会の理解を求めるための啓発・宣伝、[犯罪予防活動]などを行う
- 任期は[2]年とされているが、[再任]が可能
- 保護司は、その置かれた保護区ごとに[保護司会]を組織する

更生保護施設

- [法務大臣]の許可を受けて運営している施設であり、[保護観察所]から委託を受けて、[保護観察]に付されている者や[更生緊急保護]対象者を[宿泊]させ、自立を援助する[民間]の施設

◆ 運営者の多くは、[更生保護法人]だが、社会福祉法人、NPO法人、一般社団法人も運営している

更生保護施設の主な役割

・[生活基盤]の提供
・[円滑な社会復帰]のための指導・援助
・[自立]に向けた指導や援助
・入所者の特性に応じた[専門的な処遇]

その他更生保護の担い手・機関

更生保護 サポートセンター	・[保護司]の面接場所、[保護司会]による組織的な処遇活動や犯罪予防活動のための機関 ・保護司会が公共施設の一部を借用するなどし、経験豊富な[企画調整保護司]が配置されている
更生保護女性会	地域社会の犯罪・非行の未然防止のための啓発活動を行うとともに、青少年の健全な育成を助け、犯罪をした人や非行のある少年の改善更生に協力することを目的とする[ボランティア]団体
BBS会 (Big Brothers and Sisters Movement)	様々な問題を抱える少年と、[兄]や[姉]のような身近な存在として接しながら、少年が自分自身で問題を解決したり、健全に成長していくのを支援するとともに、犯罪や非行のない地域社会の実現を目指す青年[ボランティア]団体
協力雇用主	・犯罪・非行の前歴のために定職に就くことが容易でない刑務所出所者・[保護観察]対象者・[更生緊急保護]対象者を、その事情を理解した上で雇用し、改善更生に協力する[民間]の事業主 ・対象者を雇用し、就労継続に必要な指導・助言を行う[協力雇用主]に対して、年間最大72万円(最長1年間)の[奨励金]が支給される(対象者への支給ではない)
自立準備ホーム	・あらかじめ保護観察所に登録された[NPO法人]等が委託されて、一時的に住居を提供し、職員が生活指導等を行い、自立を促す施設 ・[緊急的住居確保・自立支援]対策により活用が始まった
自立更生促進センター	・一般の更生施設等では受け入れ困難な[刑務所出所者]等を対象に、[国]が設置した一時的な宿泊場所を提供する施設 ・[保護観察官]が直接、指導監督と就労支援を行う

◆地域生活定着支援センター	・[高齢]または[障害]のために福祉的な支援を必要とする[矯正施設退所者]に対し、[保護観察所]と連携して地域生活定着促進事業を実施する施設 ・[都道府県]が設置
日本司法支援センター（法テラス）	・[犯罪被害者支援]、経済的に余裕のない人のための無料法律相談、国選弁護関連業務等を行っている ・[総合法律支援法]に基づき設立され、総合法律支援に関する事業を迅速かつ適切に行うことを目的としている
社会福祉アドバイザー	・[検察庁]で採用されている社会福祉士 ・社会福祉の専門家として、釈放見込みの被疑者・被告人について、福祉的支援の必要性の検討等を行う
福祉専門官	[刑事施設]に配置されている、社会福祉士または精神保健福祉士の資格を有する常勤職員
矯正就労支援情報センター（通称：コレワーク）	・[法務省]所管の国の機関 ・受刑者・少年院在院者の雇用を希望する[事業主]に対し、雇用情報提供サービス、採用手続き支援サービス、就労支援相談窓口サービスを提供
中央更生保護審査会	[法務省]に置かれ、法務大臣への個別恩赦の申出等の権限を有する
法務省保護局	仮釈放、保護観察、恩赦、犯罪予防活動、犯罪被害者等施策に関する[事務]等を行う

（一部、法務省ホームページを基に作成）

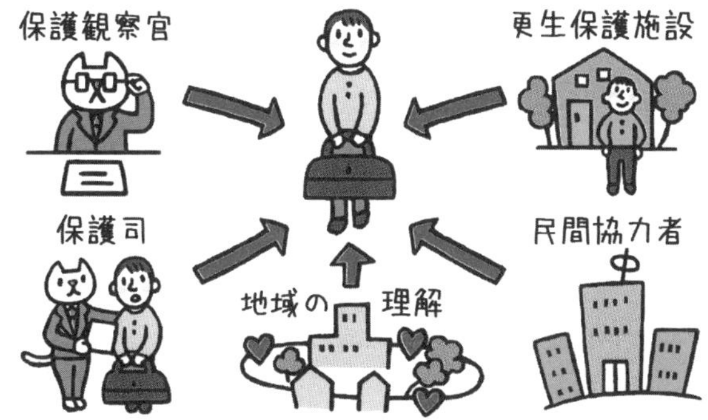

医療観察制度

医療観察制度の概要

- 医療観察制度は[医療観察法]に基づいて行われる
- 医療観察法は、心神喪失等の状態で、重大な[他害行為](殺人、放火、強盗、強制性交等、強制わいせつ(以上、未遂含む)、傷害)を行った者の[社会復帰]を促進することを目的として、2005年に施行された
- 1名の[裁判官]と1名の[精神保健審判員]の合議体による審判で処遇の要否と内容(入院・通院)を決定する
- 保護観察所は[ケア会議]を開催し、指定通院医療機関や都道府県知事、市町村長等と協議の上、「処遇の実施計画」を作成する
- ◆入院による医療の決定を受けた人には、[厚生労働大臣]が指定した[指定入院医療機関]において専門的な医療の提供が行われるとともに、入院期間中から[社会復帰調整官]により退院後の生活環境の調整が実施される
- 通院決定や退院決定を受けた人は、地域において[指定通院医療機関]で治療を受けるとともに、社会復帰調整官による[精神保健観察]に付される
- 精神保健観察の下で通院治療を行う期間は[3]年間とされているが、病状などによって、裁判所は[2]年を超えない範囲で期間を延長することができる

医療観察法の対象者

・心神喪失者または心神耗弱者と認められて[不起訴処分]となった人
・心神喪失を理由として[無罪の裁判]が確定した人
・[心神耗弱]を理由として刑を減軽する旨の裁判が確定した人

社会復帰調整官

- ◆[保護観察所]に配置され、[精神保健福祉士]または保健師、看護師、作業療法士、社会福祉士、公認心理師等から任用される
- 対象者の[生活環境の調査]、[生活環境の調整]、[精神保健観察]、[関係機関の連携の確保]を行う

索引

英字

あ

か

さ

た

な

執筆者（科目順）【執筆科目名】

■大谷佳子（おおや・よしこ）

【第1章：人体の構造と機能及び疾病／第2章：心理学理論と心理的支援】

NHK 学園社会福祉士養成課程講師、日本知的障害者福祉協会社会福祉士養成所講師（「心理学理論と心理的支援」他、担当）。コロンビア大学大学院教育心理学修士課程修了。修士（教育心理学）。昭和大学保健医療学部講師などを経て2023年4月より現職。

主な著書に『最新介護福祉士養成講座1　人間の理解』（中央法規出版、分担執筆）、『最新介護福祉士養成講座11 こころとからだのしくみ』（中央法規出版、分担執筆）、『対人援助のスキル図鑑』（中央法規出版）、『対人援助の現場で使える 傾聴する・受けとめる技術便利帖』（翔泳社）など。

■柳 采延（リュウ・チェヨン）

【第3章：社会理論と社会システム】

常葉大学外国語学部講師。東京大学大学院総合文化研究科国際社会科学専攻修士課程・博士課程修了。博士（学術）。主な著書に『専業主婦という選択』（勁草書房、2021年）、『ジェンダーとセクシュアリティで見る東アジア』（勁草書房、共著、2017年）など。

■高柳瑞穂（たかやなぎ・みずほ）

【第4章：現代社会と福祉／第9章：低所得者に対する支援と生活保護制度】

愛知県立大学教育福祉学部講師。東京都立大学大学院修士課程・博士後期課程修了。埼玉・東京・神奈川などの4年制大学で非常勤講師、専任助手、専任講師、准教授として社会福祉士養成に従事したのち2023年4月より現職。

主に知的障害児者やその家族の福祉の歴史、ドイツの福祉史について研究している。2018年、虐待や貧困、不登校等で苦しむ若者を支援する「一般社団法人学生福祉サポートセンター Marici」を設立し、2022年12月に女性やシングルマザーの法的支援部門を新設。同団体代表理事・相談員。博士（社会福祉学）、社会福祉士。

■佐藤 惟（さとう・ゆい）

【第5章：地域福祉の理論と方法】

淑徳大学総合福祉学部専任講師。日本社会事業大学大学院社会福祉学研究科博士後期課程満期退学。博士（社会福祉学）。障害福祉サービス事業所勤務、デイサービス相談員、東京福祉大学講師などを経て2023年4月より現職。社会福祉士、介護福祉士、保育士、介護支援専門員。

主な著書に『はじめてのソーシャルワーク演習』（ミネルヴァ書房、分担執筆、2020年）、主な論文に「地域福祉ボランティアとしての市民後見人の位置づけに関する検討」（茶屋四郎次郎記念学術学会誌12、2022年）など。

■大門俊樹（だいもん・としき）

【第6章：福祉行財政と福祉計画／第17章：児童や家庭に対する支援と児童・家庭福祉制度】

東京福祉大学社会福祉学部社会福祉学科准教授。早稲田大学社会科学部・第二文学部英文学専修卒業後、私立中学・高等学校教諭、東洋大学大学院社会学研究科福祉社会システム専攻修了、専門学校専任教員を経て現職。社会福祉士国家試験受験指導に携わる（児童・家庭福祉論、福祉科指導法、スクールソーシャルワーク演習等も担当）、東京社会福祉士会スクールソーシャルワーク委員会副委員長、日本学校ソーシャルワーク学会関東・甲信越ブロック運営委員も務める。社会福祉士、精神保健福祉士。

主な著書に『福祉社会を創る—社会人学生たちの挑戦—』（学文社、共著）、『スクールソーシャルワーカー養成テキスト』（中央法規出版、共著）、『学校福祉とは何か』（ミネルヴァ書房、共著）。

■佐々木貴雄（ささき・たかお）

【第7章：社会保障／第18章：就労支援サービス】

日本社会事業大学社会福祉学部准教授。一橋大学大学院社会学研究科博士後期課程修了。博士（社会学）。

主な著書に『『厚生（労働）白書』を読む 社会問題の変遷をどう捉えたか』（ミネルヴァ書房、共著、2018年）、『世界はなぜ社会保障制度を創ったのか　主要9カ国の比較研究』（ミネルヴァ書房、共著、2014年）がある。主な論文に「市町村国保の保険料（税）における資産割賦課の動向」（週刊社会保障3204、2023年）など。

■望月隆之（もちづき・たかゆき）

【第8章：障害者に対する支援と障害者自立支援制度】

聖学院大学心理福祉学部心理福祉学科准教授。東洋大学大学院福祉社会デザイン研究科福祉社会システム専攻修了。障害者グループホーム職員（世話人・サービス管理責任者）、社会福祉協議会専門員、生活介護事業所生活支援員、田園調布学園大学子ども未来学部助教、専任講師を経て現職。神奈川県意思決定支援専門アドバイザー。東京家政大学人文学部教育福祉学科非常勤講師。修士（社会福祉学）、社会福祉士。主な著書に『つながり、支え合う福祉社会の仕組みづくり』（中央法規出版、共著、2018年）がある。

■馬場さやか（ばば・さやか）

【第10章：保健医療サービス／第19章：更生保護制度】

国際医療福祉大学東京事務所教務企画部。国際医療福祉大学医療福祉学部卒業後、病院に勤務し、職員教育担当主任や医療ソーシャルワーカーとして業務に従事後、大学での実習助手を経て現職。社会福祉士、精神保健福祉士、公認心理師。

■高橋修一（たかはし・しゅういち）

【第11章：権利擁護と成年後見制度】

立命館大学法学部法学科法律コース卒業。社会福祉士。北海道社会福祉士会所属。これまで同会において権利擁護センターぱあとなあ北海道の運営、会員の成年後見受任案件の調整等に携わる。北海道社会福祉協議会に従事。

■佐藤麻衣（さとう・まい）

【第12章：社会調査の基礎】

淑徳大学兼任講師。担当科目は社会調査関係科目ほか。岩手大学人文社会学部卒業、淑徳大学大学院総合福祉研究科にて博士号（社会学）取得。専門社会調査士。

■関 秀司（せき・しゅうじ）

【第13章：相談援助の基盤と専門職】

東洋大学大学院修士課程福祉社会システム専攻修了。知的障害者通所更生施設生活指導員、特別養護老人ホームケアワーカー、路上生活者自立支援センター生活相談員、早稲田速記医療福祉専門学校講師を経て、現在はフリーランスで福祉活動を行う。成年後見人活動等にも携わる。神奈川県にある介護保険事務所（株）青龍の特別顧問。障害者認定委員会委員。社会福祉士、介護福祉士、精神保健福祉士、介護支援専門員。

■水島正浩（みずしま・まさひろ）

【第14章：相談援助の理論と方法】

東京福祉大学社会福祉学部／教育学研究科教授。日本社会事業大学社会福祉学部児童福祉学科卒業、東京福祉大学大学院社会福祉学研究科博士前期課程修了・同博士後期課程単位取得満期退学。博士（社会福祉学）。教育実践としては、東京福祉保育専門学校教務主任・専任教員、群馬大学非常勤講師、東京福祉大学通信教育課長・講師・国家試験対策室長・准教授等を経て、福祉実践としては、特別養護老人ホーム介護職、障害者在宅生活支援、神奈川県教育委員会スクールソーシャルワーカー等を経て現職。茶屋四郎次郎記念学術学会理事等も務める。社会福祉士、介護福祉士。

主な共著書に、『社会福祉概論』（勁草書房）、共編著書に『はじめてのソーシャルワーク演習』（ミネルヴァ書房）等がある。

■山本恭久（やまもと・やすひさ）

【第15章：福祉サービスの組織と経営】

山本社会福祉士事務所所長。日本社会事業大学大学院福祉マネジメント研究科卒業。修士（福祉マネジメント）。特別養護老人ホーム生活相談員を経て現職。公益社団法人日本社会福祉士会会員、公益社団法人東京社会福祉士会会員も兼ねる。社会福祉士国家試験対策講座講師、東京アカデミー関東ブロック講師、アルファ医療福祉専門学校講師、社会福祉法人千代田区社会福祉協議会講師、株式会社サンシャイン講師。社会福祉士。

■渡邉浩文（わたなべ・ひろふみ）

【第16章：高齢者に対する支援と介護保険制度】

武蔵野大学人間科学部社会福祉学科教授。日本社会事業大学大学院社会福祉学研究科博士後期課程修了。博士（社会福祉学）。社会福祉法人浴風会 認知症介護研究・研修東京センター研究主幹を経て、2013年4月より、武蔵野大学人間科学部社会福祉学科准教授。2018年4月より現職。

著者紹介 社会福祉士試験対策研究会

社会福祉士養成の履修科目・試験対策研修の講師や、実務経験が豊富な社会福祉士または医療関係者の有志で構成される研究会。社会福祉に造詣が深く、質の高い保健医療福祉職の合格に向けて尽力している。試験対策テキスト作成のコンセプトは、効率のよい勉強ができるテキストであり、合格してからも活用できるテキストの両立を目指すことである。

装丁デザイン　小口 翔平 + 青山 風音（tobufune）
装丁イラスト　ハヤシ フミカ
本文イラスト　フクモト ミホ
DTP　株式会社 トップスタジオ

■会員特典データのご案内
会員特典データは、以下のサイトからダウンロードして入手いただけます。
第32 ～ 34 回社会福祉士国家試験の問題と解答・解説
（内容は『社会福祉士 完全合格問題集』2021 ～ 2023年版に掲載当時のもの）
https://www.shoeisha.co.jp/book/present/9784798180106
●注意
※会員特典データのダウンロードには、SHOEISHA iD（翔泳社が運営する無料の会員制度）への会員登録が必要です。詳しくは、Webサイトをご覧ください。
※会員特典データに関する権利は著者および株式会社翔泳社が所有しています。許可なく配布したり、Webサイトに転載することはできません。
※会員特典データの提供は予告なく終了することがあります。あらかじめご了承ください。

福祉教科書

社会福祉士 出る! 出る! 要点ブック 第4版

2023年7月18日　初版第1刷発行

著　者　社会福祉士試験対策研究会
発行人　佐々木 幹夫
発行所　株式会社 翔泳社（https://www.shoeisha.co.jp）
印刷・製本　日経印刷 株式会社

本書へのお問い合わせについては、19ページに記載の内容をお読みください。

造本には細心の注意を払っておりますが、万一、乱丁（ページの順序違い）や落丁（ページの抜け）がございましたら、お取り替えいたします。03-5362-3705までご連絡ください。

ISBN978-4-7981-8010-6　Printed in Japan